Le bouddhisme zen

Petite Bibliothèque Payot/70

Alan W. Watts

Le bouddhisme zen

Traduit de l'anglais (États-Unis)
par P. Berlot

Cet ouvrage est paru, dans sa première édition,
dans la collection « Bibliothèque scientifique ».

Prononciation des mots chinois

(Note du traducteur : La transcription romanisée des mots chinois adoptée par l'auteur a été conservée. Nous indiquons ci-dessous la valeur phonétique des lettres lorsqu'elles diffèrent sensiblement du français).

Les consonnes se prononcent en général comme en français. Celles marquées d'une apostrophe sont aspirées et dures.

ch' se prononce *tch*
ch — *dj*
hs et *sh* se prononcent *ch*
j se prononce comme un *r* très doux.

Certaines voyelles diffèrent légèrement

e se prononce *è*
eh — comme un *e* long
ih — *eur*
u — *ou*
ü — *u*

Diphtongues :

ai se prononce *aï*
ieh — *ieu*

Enfin, dans les combinaisons *an* et *ang*, *in* et *ing*, etc., toutes les lettres se prononcent.

Avant-propos

Au cours des dernières années et en particulier depuis la seconde guerre mondiale, le bouddhisme zen a suscité un intérêt considérable, à un point que cette doctrine semble devoir acquérir droit de cité dans les milieux intellectuels et artistiques du monde occidental. Ceci n'est sans doute pas sans rapport avec l'engouement, peut-être passager d'ailleurs, qui s'est manifesté vis-à-vis de la culture japonaise et qui constitue l'un des résultats positifs de cette guerre. Mais la raison profonde de cet intérêt réside dans le fait que le bouddhisme zen est très proche des tendances marginales de la pensée occidentale.

Les aspects les plus alarmants et les plus destructeurs de notre civilisation ne doivent pas nous faire oublier qu'elle se trouve dans une de ses périodes les plus fécondes. Des concepts, des perspectives pleines de promesses se révèlent dans les domaines les plus modernes de notre culture, en psychologie et en psychothérapie, en logique et en philosophie scientifique, en sémantique et dans la théorie des communications. Certains de ces progrès pourraient avoir été suggérés par la philosophie asiatique, mais dans l'ensemble, je tends plutôt à croire qu'il s'agit moins d'une influence directe que d'un développement parallèle dont nous prenons conscience et qui promet des échanges de vues très fructueux pour l'avenir.

La pensée occidentale a subi un remaniement si rapide, au cours du XXe siècle, que la situation est actuellement très confuse. Non seulement les milieux intellectuels éprouvent des difficultés à garder le contact avec le grand public, mais la marche de notre pensée et de notre histoire a sérieusement ébranlé les postulats de bon sens sur lesquels reposent nos conventions sociales et nos institutions. Les concepts familiers d'espace, de temps et de vitesse, de nature et de loi naturelle, d'histoire et de transformation sociale, le concept même de personnalité humaine, se sont désagrégés, et nous nous retrouvons à la dérive, sans point de repère, dans un univers qui s'apparente de plus en plus à la notion bouddhiste du Grand Vide. Les diverses éthiques de l'Occident, religieuses, philosophiques et scientifiques, n'offrent guère de règles de conduite adaptées à un tel univers, et l'idée d'avoir à naviguer sans boussole dans un océan de relativité nous angoisse quelque peu, car nous sommes habitués à des principes et à des lois rigides sur lesquels nous voulons pouvoir nous appuyer, pour notre sécurité spirituelle et psychique.

C'est pourquoi, je pense, l'attention a été attirée vers un mode de vie culturellement fécond qui, depuis environ quinze cents ans, se complait dans la Vacuité et en retire une certaine félicité. Pour employer ses propres termes, la position du Zen a toujours été :

Au-dessus, sans un toit pour la tête,
Au-dessous, sans un pouce de terre pour y poser le pied.

Un tel langage nous apparaîtrait moins étrange si nous étions vraiment préparés à admettre que « les renards ont des tanières et les oiseaux du ciel leurs nids, mais le Fils de l'Homme n'a rien pour reposer sa tête ».

Je ne suis pas partisan d' « importer » le bouddhisme zen sur notre continent car il est profondément lié à des institutions culturelles qui nous sont totalement étrangères. Mais il est indubitable qu'il contient certaines choses méritant d'être apprises, ou désapprises, et susceptibles de recevoir une application adaptée à notre mode de vie. Il a l'avantage particulier de comporter des modes d'expression aussi intelligibles, et peut-être aussi surprenants pour l'intellectuel que pour l'illettré, offrant des possibilités de communications que nous n'avons pas explorées. Il fait preuve d'une netteté, d'un enthousiasme, d'un humour et d'un sens de la beauté et de l'absurde à la fois exaspérant et délicieux. Mais il a pardessus tout le pouvoir de disséquer l'esprit humain et de ramener les problèmes les plus angoissants pour l'homme à des questions du genre absurde. On y découvre à la base une compassion profonde mais totalement dénuée de sentiment, à l'égard des humains engagés dans leurs tentatives désespérées pour parvenir au salut.

Il existe d'excellents ouvrages sur le Zen, mais les meilleurs sont épuisés ou introuvables. Jusqu'à présent, personne, pas même le Pr Suzuki, ne nous a donné d'étude claire du sujet du point de vue historique et dans ses rapports avec la pensée hindoue et chinoise. Les 3 volumes de Suzuki, *Essays in the Zen Buddhism*, constituent un ensemble non systématisé de travaux d'érudition abordant les divers aspects de la doctrine, utile certes pour l'étudiant déjà avancé, mais absolument décourageant pour le profane. Son intéressante *Introduction to Zen Buddhism* est un peu limitée et par trop spécialisée ; elle ne fait pas état d'un point essentiel, les rapports du Zen avec le taoïsme chinois et le bouddhisme hindou ; en outre, cet ouvrage est à certains égards trop ésotérique. Ses autres ouvrages sont consacrés à des détails qui exigent du lecteur des connaissances générales et historiques sérieuses.

Le livre de R. H. Blyth, *Zen in English Literature and Oriental Classics*, est l'une des meilleures introductions, mais lui aussi néglige d'en rappeler les origines. De plus, il n'a été publié qu'au Japon. Il se présente sous la forme d'observations décousues magnifiquement senties que l'auteur n'a pas cherché à exposer méthodiquement.

J'ai voulu dans mon propre ouvrage, *Spirit of Zen*, faire une vulgarisation des premiers travaux de Suzuki, mais il est resté trop schématique et il se trouve du reste dépassé maintenant, quelles qu'aient pu être ses qualités du point de vue clarté et simplicité. Le *Zen Buddhism* de Christmas Humphrey, publié en Grande-Bretagne seulement, est également une vulgarisation des écrits de Suzuki, mais, quoique rédigé dans un style clair et agréable, il ne replace pas réellement la doctrine dans son contexte culturel et il prétend découvrir des rapports entre le bouddhisme et la théosophie qui me paraissent tout à fait contestables. Les autres études du Zen par des auteurs occidentaux ou asiatiques ont un caractère plus spécialisé ou sont de simples discussions à propos d'autres sujets : psychologie, art ou histoire de l'art.

En l'absence d'étude fondamentale, méthodique et compréhensible du sujet, il n'est pas surprenant que notre connaissance du Zen reste assez confuse, en dépit de tout l'enthousiasme et de tout l'intérêt qu'il suscite. C'est donc pour pallier à cette lacune que j'ai rédigé cet ouvrage puisque personne parmi ceux qui le connaissent mieux que moi, ne semblait vouloir ou pouvoir le réaliser. A mon avis, un tel ouvrage devrait être l'œuvre d'un maître zen, mais à l'heure actuelle, aucun d'eux ne possède suffisamment nos idiomes occidentaux. Du reste, une étude émanant d'un tel personnage, qui verrait le sujet de l'intérieur de la tradition, et surtout de l'intérieur de la hiérarchie institutionnelle, risquerait de manquer de perspective et d'objectivité. Soulignons-le, l'un des obstacles les plus sérieux aux échanges entre les maîtres zen et les Occidentaux est le manque de clarté dans les différences des prémisses culturelles fondamentales. Les deux parties sont si « ancrées » dans leurs systèmes qu'ils n'ont pas conscience des limitations de leurs moyens de communications.

L'auteur le plus compétent pour un tel travail serait peut-être un Occidental qui aurait passé quelques années à assimiler la doctrine sous l'égide d'un maître japonais. Du point de vue « scientifique » occidental, cela soulèverait encore des objections car un tel auteur serait devenu un « partisan », peut-être enthousiaste, mais incapable de rester objectif et désintéressé. Heureusement, ou malheureusement, le Zen se situe au-delà de toute expérience ; il est verbalement insaisissable et inaccessible à une formulation purement littéraire et intellectuelle. Pour savoir ce qu'est le Zen, il n'y a pas d'autre moyen que de le pratiquer, de l'expérimenter concrètement, afin de découvrir ce que cèlent les mots. Et ceux parmi les Occidentaux qui suivirent l'enseignement spécial de l'école zen Rinzai ne sont guère enclins à faire part de leur expérience, suivant en cela le principe selon lequel :

Ceux qui savent ne parlent pas,
Ceux qui parlent ne savent pas.

Mais tout en n'étant pas « diserts », ils ne sont cependant pas complètement « muets ». Dans un sens, ils aimeraient partager leur expérience avec d'autres alors que par ailleurs, ils sont convaincus que les mots sont, en dernière analyse, inutiles, et en outre, ils sont tenus de respecter leur promesse de ne pas divulguer certains aspects de l'enseignement reçu. Ils finissent ainsi par adopter l'attitude du « Viens et trouve toi-même ». Mais l'Occidental ayant une culture scientifique est un individu qui, circonspect et sceptique non sans raison, aime savoir de quoi « il retourne ». Il connaît trop la tendance à l'auto-illusion de l'esprit humain pour pénétrer là où l'entrée est impossible sans laisser à la porte toute possibilité de critique. Les Asiatiques sont si portés à mépriser cette attitude, et leurs condisciples occidentaux encore plus, qu'ils négligent de communiquer au chercheur scientifique les choses parfaitement accessibles au langage et à l'intellect.

Écrire sur le Zen est par conséquent aussi difficile pour l'observateur extérieur « objectif » que pour le disciple subjectif. Je me suis trouvé moi-même dans des conditions diverses, de l'un et de l'autre côté de la « barricade ». J'ai collaboré et étudié avec des observateurs objectifs et suis convaincu que, malgré leurs qualités, ils font invariablement fausse route, « confondant, sans le vouloir, le menu avec le repas proprement dit ». Je me suis également trouvé à l'intérieur d'une hiérarchie traditionnelle, autre que celle du Zen, et suis pareillement persuadé que dans cette position, on perd conscience de la nature du « repas que l'on mange ». On devient alors techniquement « idiot », c'est-à-dire incapable d'entrer en communication avec ceux de l'extérieur.

Il est à la fois absurde et dangereux pour notre monde qu'il soit constitué par un ensemble de communautés s'excommuniant mutuellement, comme c'est surtout le cas des grandes civilisations de l'Orient et de l'Occident pour lesquelles les échanges seraient les plus féconds, et l'absence d'échange le plus gros des dangers. Ayant passé quelque vingt ans à essayer de faire comprendre l'Orient aux Occidentaux, je suis maintenant de plus en plus certain que pour interpréter un phénomène comme le bouddhisme zen, il est indispensable, d'une part, de lui accorder une sympathie sincère et d'expérimenter personnellement son mode de vie dans la mesure du possible, d'autre part, de résister à la tentation d'en devenir un disciple et de se soumettre aux obligations institutionnelles. Restant dans cette position amicalement neutre, on risque assurément d'être désavoué des deux côtés, mais dans l'hypothèse la plus défavorable, une interprétation erronée de la doctrine aurait l'avantage de les inciter à préciser leur pensée. Les échanges entre deux parties sont en effet beaucoup plus clairs lorsqu'une troisième joue le rôle d'arbitre. Ainsi, même si cette étude ne fait qu'exprimer un point de vue qui n'est ni zen, ni occidental, elle aura au moins le mérite de constituer un troisième point de référence.

Il est toutefois indéniable que le Zen se refuse à être une organisation ou la doctrine exclusive d'une institution. S'il existe quelque chose au monde qui transcende les conditions d'une structuration culturelle, c'est bien le Zen, quel que soit le mot par lequel on le désigne. Et c'est là une excellente raison pour qu'il ne s'organise pas en une institution ; les anciens maîtres étaient d'ailleurs souvent des « individualistes universels » qui restèrent toujours en dehors de toute organisation et ne cherchèrent jamais à assumer une autorité reconnue.

Telle est donc ma position à l'égard du Zen, et je me dois d'être franc pour le lecteur, à une époque où l'on attache tant d'importance aux « qualifications » et aux « quantifications » des individus. Je ne puis me présenter comme un adepte de cette doctrine, ou comme un bouddhiste ; ce serait vouloir cataloguer l'univers. Je ne puis non plus me présenter comme un docte académicien scientifiquement objectif : on n'étudie pas le chant des oiseaux, dirait le Zen, sur une collection de rossignols empaillés. Je n'ai aucune autorité pour parler du Zen. J'ai eu simplement le bonheur d'avoir étudié sa littérature et observé ses manifestations artistiques depuis presque ma plus tendre enfance, et d'avoir entretenu d'amicales relations avec un certain nombre de Japonais et de Chinois qui, comme moi, cheminaient sur cette route infinie.

Ce livre a été écrit à l'intention des profanes et des lettrés déjà instruits dans ce domaine, et j'espère que les premiers me pardonneront l'emploi de certains termes techniques, l'appendice en caractères chinois et autres précisions utiles à ceux désirant approfondir le sujet. L'ouvrage est divisé en deux parties, la première consacrée aux origines et à l'histoire du bouddhisme zen, la seconde à ses principes et à sa pratique. Les sources d'informations auxquelles j'ai fait appel sont de trois ordres. En premier lieu, j'ai puisé dans presque tous les ouvrages publiés dans les langues européennes. Je me suis évidemment beaucoup inspiré des ouvrages du Pr Suzuki, mais en m'efforçant de ne pas trop m'y baser, non pas qu'ils comportent des erreurs, mais parce que j'estime qu'il fallait offrir aux lecteurs autre chose qu'un simple condensé de ses points de vue.

Deuxièmement, j'ai voulu que cet exposé soit établi d'après des études soigneuses des documents chinois les plus importants, en particulier *Hsin-hsin Ming*, *T'an Chinp* ou *Sutra of the Sixth Patriarch*, *Lin-chi Lu* et *Ku-tsun-hsü Yü-lu*. Mes connaissances personnelles concernant la dynastie chinoise T'ang étaient certainement insuffisantes pour traiter certaines subtilités de la littérature correspondante, mais suffisantes, je pense, pour avoir une idée assez précise de la doctrine de base. J'ai été grandement aidé dans ce travail par des collègues et associés de recherches de l'Académie Américaine d'Études Asiatiques (American Academy of Asian Studies), et j'adresse ici mes remerciements aux Prs Sabro Hasegawa et Gi-ming Shien, aux Drs Paul et Georges Fung, Frederick Hong, et à MM. Charles Yick et Kazumitsu Kato, prêtre de l'école Soto.

Troisièmement, j'ai recueilli certains renseignements lors de rencontres personnelles échelonnées sur plus de vingt années, avec des maîtres et des disciples zen.

Les traductions à partir des textes originaux ont été faites par moi-même, sauf dans certains cas où un autre traducteur est mentionné. J'ai ajouté à la bibliographie quelques-unes parmi les citations et les expressions les plus importantes des textes chinois originaux à l'intention de ceux qui connaissent cette langue. La reproduction de ces caractères est essentielle à mon avis, car les érudits les plus qualifiés sont parfois très hésitants sur la signification précise de certains textes zen de la dynastie T'ang. Les références aux textes chinois sont indiquées par une lettre minuscule, dans l'ordre alphabétique.

Pour les autres travaux, le nom de l'auteur est toujours indiqué, ce qui permet au lecteur de se reporter à l'index bibliographique pour de plus amples renseignements. Les érudits voudront bien m'excuser de n'avoir pas employé les signes diacritiques dans les mots sanscrits romanisés, car ils ne font que gêner le profane et sont inutiles au spécialiste familiarisé avec l'écriture devanagiri. En ce qui concerne les noms des maîtres zen et les titres des textes, ils sont indiqués dans leur forme romanisée du mandarin ou du japonais, selon le pays d'origine, les termes techniques étant mentionnés en mandarin, sauf lorsqu'il s'agit d'expressions propres au Zen japonais. De par l'usage, on est pratiquement obligé d'adopter pour le mandarin la phonétisation de Wade-Giles, et à cet effet, nous avons inclus une table de prononciation car cette adaptation ne correspond pas toujours aux sons réels.

Mill Valley, Californie. Alan W. WATTS.

PREMIÈRE PARTIE

ORIGINE ET HISTORIQUE

1. La philosophie du Tao

Le bouddhisme zen est une conception et un mode de vie qui n'appartiennent à aucune des catégories formelles de la pensée occidentale moderne. Ce n'est ni une religion, ni une philosophie. Ce n'est ni une psychologie, ni une science. C'est un exemple de ce que l'on appelle aux Indes et en Chine, un « Moyen de Libération », qui s'apparente au taoïsme, au vedanta et au yoga. Comme nous le verrons plus loin, un Moyen de Libération peut n'avoir aucune définition positive. Il faut qu'il soit suggéré en précisant ce qu'il n'est pas, un peu comme le sculpteur révèle son œuvre en taillant dans le bloc de marbre brut.

Historiquement, le Zen peut être considéré comme l'aboutissement de vieilles traditions des cultures hindoues et chinoises, quoiqu'en réalité il soit plus chinois qu'hindou, et que, depuis le XIIe siècle, il se soit profondément enraciné et développé dans la culture japonaise. Fruit de ces grandes civilisations, et exemple à la fois unique et particulièrement instructif d'un moyen de libération, le Zen est l'un des dons les plus précieux de l'Asie au monde entier.

Les origines du Zen sont tout autant taoïstes que bouddhistes et son parfum est si caractéristique de la Chine que c'est dans cette direction que doit être dirigée en premier lieu son étude, illustrant ainsi par l'exemple du taoïsme ce que l'on entend par « moyen de libération ».

La plupart des difficultés et la sensation d'ésotérisme qu'éprouve l'Occidental à l'étude du Zen résultent de ce que nous ne sommes pas familiarisés avec les modes de pensée chinois, modes qui diffèrent considérablement des nôtres, et qui, précisément pour cette raison, présentent un intérêt tout spécial ici en nous donnant l'occasion d'analyser les nôtres avec un esprit critique. Il ne s'agit pas seulement de comprendre des idées différentes comme, disons, les théories de Kant diffèrent de celles de Descartes, ou la doctrine calviniste de la doctrine catholique, il s'agit de percevoir les différences dans les prémisses de la pensée et les méthodes de pensée proprement dites, différences si souvent méconnues que nos interprétations de la philosophie chinoise ne sont parfois qu'une projection d'idées typiquement occidentales accommodées à la terminologie orientale. C'est là un écueil inévitable lorsqu'on étudie ces philosophies d'une manière purement livresque, car les mots ne prennent toute leur signification qu'entre ceux partageant des expériences similaires.

On n'ira pas jusqu'à dire que les langues occidentales sont incapables d'exprimer des idées chinoises. Au contraire, elles peuvent exprimer beaucoup plus que ne le pensaient certains érudits d'Extrême-Orient dont les connaissances de nos idiomes laissaient à désirer. La difficulté réside moins dans le langage que dans les normes de pensée qui semblaient jusqu'à présent inséparables d'une attitude intellectuelle académique et scientifique. Le fait que ces normes soient inadaptées pour des sujets tels que le taoïsme et le Zen explique l'impression de mystère, d'irrationnel et d'impénétrabilité que suscite l'esprit « oriental ». Il n'est pas nécessaire d'admettre que ces sujets, étant spécifiquement chinois ou japonais, n'ont aucun point commun avec quoi que ce soit dans notre culture occidentale. Bien qu'aucune des classifications formelles de la science et de la pensée occidentales ne corresponde à un moyen de libération, R. H. Blyth (*Zen in English Literature*) a bien montré que les principes zen sont universels.

La raison pour laquelle le taoïsme et le Zen apparaissent si étranges à première vue à l'esprit occidental, est que nous avons une conception étroite des sciences humaines. Pour nous, la presque totalité de nos connaissances englobe ce qu'un taoïste qualifierait de *conventionnel*, car nous n'admettons connaître quelque chose que si nous sommes capables de lui donner une forme verbale, ou de l'exprimer par un système quelconque de signes arbitraires tels que la notation musicale ou les symboles mathématiques. De telles connaissances sont qualifiées de conventionnelles car elles reposent sur des conventions qui en permettent la communication, tout comme ceux parlant une même langue ont conclu des accords tacites quant à la signification des mots qu'ils utilisent. Les membres de tous les groupes sociaux sont donc reliés entre eux par des liens de communication, reconnus par tous, concernant les classifications et les valeurs à attribuer aux choses et aux actes.

Le rôle de l'éducation consiste par conséquent à conditionner les enfants de manière qu'ils s'adaptent à la société, en les persuadant d'assimiler et d'accepter les codes par lesquels elle se maintient. En premier lieu, le langage parlé. On enseigne à l'enfant que telle chose (qu'on lui désigne du doigt) s'appelle par exemple « arbre » et non « abro ». Nous comprenons sans difficulté que le mot « arbre » est arbitraire. Ce qui est moins évidant, c'est que la catégorie de l'objet auquel le mot se rapporte repose aussi sur une convention. Il faut enseigner en effet à l'enfant quels mots recouvrent quels objets, mais aussi les classifications respectives selon lesquelles la société les délimite dans le cadre de l'expérience journalière. Ainsi, une convention scientifique précise si l'anguille est un poisson ou un serpent, et des conventions grammaticales déterminent ce que l'on qualifiera d'objets et ce que l'on qualifiera d'actions. On voit bien tout l'arbitraire de telles conventions lorsqu'on s'interroge sur ce que devient notre poing lorsque nous ouvrons la main. L'objet ainsi désigné s'évanouit comme par enchantement car une action se trouvait camouflée sous un mot qui désigne habituellement un objet! Dans nos langues occidentales, les différences entre objet et action sont en général nettement délimitées, sinon toujours logiques, mais un grand nombre de mots chinois désignent à la fois l'objet et le verbe correspondant, si bien que quelqu'un pensant en chinois éprouve peu de difficultés à concevoir que les objets sont également actions, et que notre monde est plutôt constitué par des processus que par des entités.

Outre le langage, l'enfant doit assimiler beaucoup d'autres codes encore, car les nécessités de la vie en commun exigent des conventions juridiques, artistiques, mathématiques, de comportement, etc., et surtout des conventions déterminant le rôle de chacun dans la société. Les échanges avec autrui seraient malaisés si nous ne pouvions nous identifier à un rôle social : rôles de père, de professeur, d'ouvrier, d'artiste, d'homme du monde, de sportif, etc. Nous *ressentons* que nous sommes quelqu'un dans la mesure où nous nous identifions avec ces types et où nous respectons le comportement qui leur correspond, les autres ayant ainsi moins de difficultés à nous accepter, à nous reconnaître et à admettre que nous sommes intégrés dans la collectivité. Une rencontre de deux inconnus dans une soirée mondaine est toujours un peu embarrassante lorsque le maître de maison n'a pas précisé leurs positions respectives en les présentant, car aucun d'eux ne sait quel maintien adopter vis-à-vis de l'autre.

Il est assurément aisé de déceler le caractère conventionnel des rôles sociaux : un homme qui est père, peut aussi être professeur et artiste, employé et frère. Et il est évident que la totalité de ces étiquettes sociales sont loin de fournir une description adéquate de l'homme lui-même, mais elles donnent cependant déjà une idée assez complète de sa place dans la société. Les conventions qui régissent l'identité de l'homme sont encore plus subtiles et moins évidentes que celles-ci. Nous apprenons de façon précise, quoique beaucoup moins explicitement, à nous identifier nous-même selon une conception du « moi » tout aussi artificielle, car le « soi » conventionnel, ou la « personne », est essentiellement constitué par toute une succession de souvenirs sélectionnés dont l'histoire débute à partir de la naissance : je ne suis pas seulement ce que je fais actuellement, je suis aussi ce que j'ai fait, et ma version conventionnelle de mon propre passé représente presque mieux le « moi » réel que ne le fait le moi du moment présent. Ce que je *suis* semble éphémère et impalpable, mais ce que je *fus* est immuable et définitif ; c'est la base solide d'après laquelle on peut prévoir ce que je serai dans l'avenir. Il se trouve donc que je suis identifié de façon plus précise par ce qui n'existe plus que parce qui *est* présentement !

Il importe de remarquer que les souvenirs et les événements passés qui contribuent à établir l'identité historique d'un individu ne sont qu'un condensé : quelques-uns seulement parmi l'infinie multitude des événements et des expériences vécues sont choisis, extraits en quelque sorte, comme étant caractéristiques de la personne en fonction de normes reconnues. La nature propre de la connaissance conventionnelle est d'être faite d'abstractions, c'est-à-dire de signes et de symboles par lesquels les objets et les événements sont réduits à un schéma général, tout comme l'idéogramme chinois *jen* [a] représente la simplification et la généralisation ultimes de la forme humaine (1).

Ceci est pareillement vrai pour des termes autres que des idéogrammes. Les mots homme, poisson, fleur, étoile, courir, croître représentent tous des catégories d'objets ou d'actions classifiés d'après des critères très simples extraits de leur complexité.

Cette sélection, elle est par conséquent presque une nécessité si l'on veut communiquer, car elle permet de faire part de nos expériences par une schématisation mentale simple et rapide. Lorsque nous disons que nous ne pouvons penser qu'une seule chose à la fois, cela revient à dire que l'océan Pacifique ne peut être avalé d'un seul trait et qu'il faut le mettre dans une tasse pour le boire à petites gorgées. Les abstractions et les symboles sont comme la tasse, ils réduisent l'expérience en unités suffisamment simples pour être comprises une à une. D'une manière analogue, on mesure les courbes en les considérant comme des séquences de petites lignes

(1) Les lettres en indice : [a], [b], [c], etc. renvoient aux textes chinois, pages 228 à 244.

droites, ou encore, par rapport aux carrés qu'elles traversent lorsqu'elles sont tracées sur du papier quadrillé.

Les clichés photographiques des journaux et la télévision nous fournissent d'autres exemples de cette simplification. Dans le premier cas, la réalité est reproduite sous forme de points plus ou moins denses de manière à donner l'illusion des noirs et blancs et des nuances grisées quand on regarde à l'œil nu. Si fidèle que soit la reproduction, elle n'est cependant qu'une reconstruction par l'intermédiaire d'une trame, un peu comme nos expressions et nos pensées conventionnelles sont des reconstructions de l'expérience sous une forme abstraite. Avec une similitude encore plus grande, la caméra de télévision transmet les images naturelles au moyen d'impulsions linéaires capables de cheminer dans des conducteurs.

Nous avons donc par ce mode de communication, basé sur des signes symboliques, une représentation fractionnée (une image à la fois) d'un univers dans lequel les choses s'accomplissent ensemble et simultanément, d'un univers dont la réalité concrète échappe toujours à une parfaite description en termes abstraits. La description parfaite d'un minuscule grain de poussière prendrait ainsi un temps infini, car il faudrait rendre compte de chacun des points de son volume.

Le caractère linéaire et fractionné de la parole et de la pensée est particulièrement net dans toutes les langues faisant appel à un alphabet et dont les concepts s'expriment par de longues séquences de lettres juxtaposées. Il n'est pas facile d'expliquer pourquoi, lors de nos échanges avec les autres (par la parole), ou avec nous-même (par la pensée), nous devons nous plier à ce mode de communication fractionné. La vie ne procède pourtant pas selon ce mode linéaire peu commode et notre organisme pourrait difficilement survivre longtemps s'il nous fallait exercer son autorégulation en prenant conscience de chaque inspiration pulmonaire, de chaque battement de cœur et de chaque excitation nerveuse. Mais si l'on cherche quelque explication à ce caractère de la pensée, le sens de la vue nous apporte une analogie suggestive. Nous avons en effet deux types de vision, la vision centrale et la vision périphérique, un peu comme l'on fait la distinction entre la lumière d'un étroit faisceau lumineux et un éclairement diffus. La vision centrale sert lorsqu'on veut diriger son attention sur un point précis, lorsqu'on veut lire par exemple et qu'il faut orienter le regard sur des zones limitées, comme l'on « balaie » une zone obscure avec le fin faisceau d'une lampe électrique. La vision périphérique par contre est moins consciente, moins « aiguë » que l'intense rayon du pinceau lumineux. Elle sert pour la vision nocturne, et pour voir « inconsciemment » les objets et les mouvements en dehors du champ de la vision centrale : contrairement à cette dernière, elle permet de voir globalement une grande quantité de choses à la fois.

Il existe donc une analogie, et peut-être même plus qu'une analogie, entre la vision centrale et la pensée consciente fractionnée (qui n'intègre qu'une idée à la fois) et entre la vision périphérique et ce processus assez mystérieux qui régit à notre insu la régulation de l'incroyable complexité fonctionnelle de notre organisme. Il faut cependant souligner que notre corps nous *semble* complexe parce que nous essayons de le comprendre selon les critères de la pensée linéaire, par des mots et des concepts. Mais la complexité n'est pas tant dans notre corps que dans notre tentative de comprendre son fonctionnement par notre seul mode de pensée. C'est comme si l'on voulait voir en une seule fois tous les murs d'une vaste chambre obscure sans autre éclairement qu'un rayon de lumière ou comme si l'on voulait boire de l'eau avec une fourchette au lieu d'un verre.

A cet égard, le langage chinois écrit a un léger avantage sur les nôtres et ceci résulte peut-être d'un mode de pensée différent. C'est certes aussi un langage linéaire, un système d'abstractions juxtaposées une à une, mais les signes écrits sont un peu plus proches de la vie que nos assemblages de signes alphabétiques, car il s'agit de signes images, et, comme le dit un proverbe chinois, « un dessin vaut mieux que cent paroles ». Il est infiniment plus aisé de montrer à quelqu'un comment faire un nœud que de l'expliquer par des mots.

Nous autres Occidentaux avons tendance à croire que nous ne pouvons comprendre véritablement que ce que nous sommes capables de représenter, que ce que nous pouvons transmettre par des signes linéaires, par la pensée. Nous sommes au fond comme ces gens incapables d'apprendre à danser si on ne leur dessine pas le schéma des pas : ils ne « sentent » pas le rythme. Nous laissons inutilisée la « vision périphérique » de notre esprit, nous ne lui faisons pas confiance. Lorsque nous voulons apprendre la musique par exemple, il nous faut la figurer par une notation d'intervalles rythmiques et sonores bien déterminés, notation inapplicable à la musique orientale. Le musicien oriental dispose assurément d'une grossière notation, mais il ne s'en sert que comme aide-mémoire. Il étudie la musique non pas en lisant des notes, mais en écoutant des maîtres jouer, en la « sentant » et en imitant ; et cela lui permet d'acquérir les subtilités mélodiques et rythmiques que seuls les artistes de jazz occidentaux arrivent à égaler parce qu'ils appliquent cette méthode.

Nous ne voulons pas dire que les Occidentaux n'utilisent pas leur pensée « périphérique ». Nous sommes des humains et, en tant que tels, y faisons appel à chaque instant ; chaque ouvrier, chaque athlète, chaque artiste est amené à l'utiliser dans son propre domaine. Mais ce mode n'est valable ni théoriquement, ni scientifiquement. Nous avons à peine commencé à prendre conscience des possibilités de cette pensée diffuse et il nous arrive rarement de concevoir que l'une de ses applications les plus importantes concerne précisément cette « connaissance de la réalité » que nous essayons d'atteindre par les spéculations laborieuses de la théologie, de la métaphysique et de la déduction logique.

La société chinoise antique reposait sur deux traditions « philosophiques » complémentaires, le confucianisme et le taoïsme. D'une façon générale, la première d'entre elles régissait les conventions linguistiques, éthiques, légales et rituelles qui coordonnent les relations sociales. En d'autres termes, le confucianisme était consacré à la connaissance conventionnelle et c'est selon ses principes qu'étaient éduqués les enfants en vue de dompter leurs tendances naturellement fantaisistes et capricieuses et de les adapter à ce « lit de Procuste » qu'est l'ordre social. En quelque sorte, l'individu se définit lui-même et définit son rôle dans la société en formules confucéennes.

Le taoïsme par contre était surtout l'affaire de gens plus âgés, en particulier de ceux qui se retiraient de la vie active. Cet abandon de l'activité sociale était une sorte de témoignage d'une libération intérieure à l'égard des modes de pensée et de comportement conventionnels. Le taoïsme, par conséquent, c'est la poursuite de la connaissance non conventionnelle, de la compréhension directe de la vie, sans passer par la médiation d'une représentation mentale linéaire et symbolique.

Le confucianisme vise à plier la spontanéité primitive de la vie aux règles rigides de la collectivité, tâche qui implique non seulement des conflits et des souffrances, mais également la perte de ce naturel et de cette spontanéité spécifique si séduisants chez les petits enfants, et que retrouvent parfois les saints et les sages. Le rôle du taoïsme par contre est de guérir les inévitables désordres qu'entraîne cette discipline, et puis, non seulement de guérir, mais également de développer la spontanéité originale désignée sous le nom de *tzu-jan* [b], qui signifie « le fait d'être soi ». Chez certains, les conflits qui opposent le formalisme social et la spontanéité refoulée sont si violents qu'ils peuvent engendrer le crime, la folie ou la névrose : c'est le tribut que nous devons payer en compensation des avantages par ailleurs indiscutables que nous retirons de l'ordre social.

Mais le taoïsme ne doit en aucune façon être considéré comme une révolte contre l'ordre établi, malgré qu'il ait pu parfois en être le prétexte. C'est un moyen de libération qui ne peut en aucun cas s'accomplir par la révolution car il est notoire qu'une révolution contribue presque toujours à établir une tyrannie plus grande encore que celle qu'elle détruit. Se libérer des conventions ne signifie pas les mépriser, mais ne pas se laisser tromper par elles. C'est être capable de s'en servir comme d'un instrument, au lieu d'en être le jouet.

Il n'existe pas en Occident d'institution reconnue

correspondant au taoïsme parce que la tradition judéo-chrétienne identifie l'absolu, c'est-à-dire Dieu, avec l'ordre moral et logique conventionnel. On pourrait presque dire que c'est une catastrophe culturelle, car elle exerce sur l'ordre social une autorité excessive et stimule précisément ces révolutions contre les religions et les traditions qui jalonnent l'histoire occidentale. Se sentir en conflit avec les conventions socialement admises est une chose, mais se sentir en conflit avec les racines et les bases mêmes de la vie, avec l'Absolu lui-même, en est une autre. Il en découle un sentiment de culpabilité si absurde que l'on est amené, ou bien à nier sa propre nature, ou bien à rejeter Dieu. Étant donné qu'il est impossible de nier notre propre nature — on ne peut mâcher ses propres dents —, on ne peut que rejeter Dieu lorsque les remèdes confessionnels ne sont plus efficaces. La révolte contre Dieu, comme toute révolte, fait place à une tyrannie plus sévère, celle du régime étatique absolu, plus sévère car elle est sans merci et qu'elle ne reconnaît rien en dehors des pouvoirs de sa juridiction. Tant que cette juridiction restait soumise à l'ordre divin, son représentant temporel, l'Église, était toujours disposée à admettre que personne ne pouvait prévoir les limites de sa magnanimité, bien que les lois divines soient immuables. Lorsque le trône de l'Absolu devient vacant, le relatif l'usurpe et c'est alors qu'il commet l'idolâtrie vraie, l'authentique agression contre Dieu en transposant un concept, une abstraction conventionnels dans l'absolu. Mais il est improbable que le trône soit devenu vacant s'il ne l'était en quelque sorte déjà et si la tradition occidentale avait eu à sa disposition quelque moyen de concevoir directement l'Absolu, sans passer par l'intermédiaire de l'ordre conventionnel.

Le mot « Absolu » nous suggère évidemment quelque chose d'abstrait et de conceptuel, tel qu'une « Entité Pure ». L'idée que nous nous faisons de « l'esprit », par opposition à la « matière », semble plus apparentée à l'abstrait qu'au concret. Mais pour le taoïsme comme pour les autres modes de libération, l'absolu ne doit jamais être confondu avec l'abstrait. En outre, si nous disons que le *Tao* [c], ainsi que l'on désigne la Réalité

Ultime, représente plutôt le concret que l'abstrait, d'autres confusions peuvent encore surgir car nous avons accoutumé d'associer le concret avec le matériel, le physiologique, le biologique et le naturel, par opposition au surnaturel. Selon les conceptions taoïstes et bouddhistes, ce sont là encore des termes propres aux sphères conventionnelles et abstraites de la connaissance.

La biologie et la physiologie, par exemple, sont des sciences ayant pour but de décrire le monde réel en fonction de leurs modes de classification propres, adaptés aux usages particuliers que l'on veut en faire, un peu comme le géomètre, l'entrepreneur ou l'ingénieur agronome voient le monde, c'est-à-dire en fonction du nombre d'hectares d'un domaine, du nombre de tonnes de terre à terrasser ou de la structure chimique du sol. Dire que la réalité concrète de l'organisme humain *est* d'ordre physiologique revient à dire que la terre représente tant de tonnes ou tant d'hectares. Et dire que cette réalité est naturelle est assez exact si l'on entend par là qu'elle est spontanée (*tzu-jan*) ou *natura naturans* (nature naturante), mais tout à fait faux si on l'entend dans le sens de *natura naturata* (nature naturée), c'est-à-dire classifiée, codifiée selon ses caractéristiques naturelles, comme lorsqu'on pose la question : « Quelle est la *nature* de tel objet ? » C'est dans ce sens que l'on doit concevoir le naturalisme scientifique, doctrine qui n'a rien à voir avec le naturalisme taoïste.

Ainsi, pour commencer à entrevoir ce qu'est le taoïsme, il faut au moins être disposé à admettre la possibilité d'une représentation du monde autre que conventionnelle, la possibilité d'une connaissance autre que celle que nous avons par l'intermédiaire de notre conscience superficielle, sous forme d'une abstraction (ou d'une pensée, en chinois, *nien* [d]) à la fois. Cela ne pose pas de véritable difficulté car nous « savons » déjà comment mouvoir nos membres, comment prendre une décision ou comment respirer, quand bien même nous ne saurions l'expliquer par des mots. Nous savons comment le faire précisément parce que nous le faisons ! Le taoïsme est une extrapolation de cette sorte de connaissance, une extension qui nous fournit une représentation de nous-mêmes très différente de celle à laquelle nous sommes conventionnellement habitués, et qui délivre l'esprit humain de son identification limitative avec l'ego abstrait.

Selon la tradition, le promoteur du taoïsme, Lao-tzu, était un contemporain plus âgé de Kung-Fu-tzu, ou Confucius, mort en 479 av. J.-C. (1). On pense que Lao-tzu est l'auteur de *Tao Te Ching*, un court ouvrage d'aphorismes exposant les principes du Tao et sa puissance ou vertu (*te* [e]). Mais la philosophie traditionnelle chinoise attribue au taoïsme et au confucianisme une origine plus ancienne d'après un document remontant à l'an 3000 à 1200 av. J.-C., et qui serait la base réelle de la pensée et de la culture chinoises : c'est le *I Ching* ou *Livre des Changements*.

Le *I Ching* est manifestement un ouvrage de divination contenant des oracles basés sur 64 figures abstraites, chacune d'elles étant composée de 6 traits. Ces traits sont de 2 sortes, traits divisés ou négatifs, et non divisés ou positifs. On suppose que ces figures de 6 traits, ou hexagrammes, ont été dessinées d'après les craquelures d'écailles de tortue chauffées (2). Ce document rappelle une antique méthode de divination qui consistait pour le devin à percer un trou dans une écaille de tortue, à la chauffer et à prédire l'avenir d'après les fissures qui se formaient dans l'écaille, un peu comme les chiromanciens interprètent les lignes de la main. Ces craquelures formaient évidemment des dessins extrêmement complexes et les 64 hexagrammes en seraient une classification simplifiée et schématisée. Cette méthode de divination est maintenant tombée en désuétude depuis quelques siècles et remplacée par l'interprétation de l'enchevêtrement

(1) Les érudits modernes ont contesté à la fois la date et l'historicité de Lao-tzu, mais il est malaisé de dire s'il s'agit là d'une simple mode, car périodiquement, l'existence des grands sages ou l'authenticité de leur ancienneté est remise en question. Des doutes similaires ont été émis à l'égard de Jésus et du Bouddha. Il y a des raisons sérieuses de penser que cette date est inexacte et qu'il est moins ancien, mais il est préférable de s'en tenir à la date traditionnellement admise jusqu'à ce que la preuve de son inexactitude soit établie. Cf. FUNG YU-LANG (1), vol. 1, p. 170-176.

(2) FUNG YU-LANG (1), vol. 1, p. 379-380.

d'une poignée de 50 tiges de mille-feuilles disposées au hasard.

Mais un expert en oracles *I Ching* n'est pas tenu d'utiliser obligatoirement les écailles de tortue ou les tiges de mille-feuilles ; il peut faire ses prédictions d'après un hexagramme quelconque, d'après l'arrangement de hasard d'un bouquet de fleurs, d'objets sur une table, ou les marbrures d'un caillou. Un psychologue moderne y verrait une analogie avec le test de Rorschach dont le but est d'établir le portrait mental d'un individu d'après les idées spontanées que lui suggère une tache d'encre au dessin tarabiscoté. Le sujet capable de percevoir ses projections dans la tache d'encre pourrait en déduire des renseignements utiles pour guider son comportement futur. Considéré sous cet angle, l'art divinatoire du *I Ching* ne peut être taxé de vulgaire superstition.

Un pratiquant du *I Ching* pourrait en effet soulever une critique de poids concernant les méthodes auxquelles nous faisons appel lorsque nous avons d'importantes décisions à prendre. Nous sommes convaincus que nos décisions sont rationnelles parce que nous nous appuyons sur un faisceau de données valables touchant tel ou tel problème : nous ne nous en remettons assurément pas au jeu de pile ou face ou au hasard des dessins de feuilles de thé ou des craquelures des écailles de tortue. Il pourrait cependant demander si nous savons quelle information est vraiment valable étant donné que nos plans sont constamment bouleversés par des événements absolument imprévisibles. Il pourrait demander comment nous déterminons le moment où nous avons rassemblé suffisamment d'informations pour prendre une décision. Si nous étions rigoureusement rationnels dans le choix des informations destinées à guider notre comportement, il faudrait tellement de temps que le moment de l'action serait écoulé bien avant que l'on ait recueilli suffisamment de données. Comment pouvons-nous donc savoir que nous avons suffisamment d'informations ? Est-ce l'information elle-même qui nous renseigne à ce sujet ? En fait, si nous nous lançons à la recherche de ces informations d'une façon initialement scientifique, nous sommes rapidement contraints d'agir, soit sur un caprice intuitif, soit parce que nous sommes fatigués de réfléchir, soit que le moment soit venu de choisir. Le devin pourrait alors nous demander si, dans ce cas, notre décision ne dépendait pas autant du hasard que si nous nous étions fiés aux tiges de mille-feuilles !

Autrement dit, on ne peut appliquer de méthode de prévision « rigoureusement scientifique » que dans des cas bien précis, lorsque le choix à faire n'est pas urgent, lorsque les facteurs en cause sont mécaniquement déterminés, ou dans des circonstances assez limitées pour être sans importance. La majeure partie de nos décisions les plus importantes sont basées sur des impressions, c'est-à-dire sur la « vision périphérique » de l'esprit. Le bien-fondé de nos choix est à la merci de notre capacité à « sentir », à « jauger » une situation, et dépend du degré « d'acuité » de notre « vision périphérique ».

Tout pratiquant de *I Ching* sait cela. Il sait que sa méthode n'est pas une science exacte, mais un instrument utile et efficace s'il possède une « intuition » suffisante, ou, comme il dirait, s'il est « dans le Tao ». On ne consulte donc pas l'oracle sans une préparation convenable, sans avoir observé sereinement et méticuleusement le rituel prescrit afin d'amener l'esprit dans cet état de quiétude supposée être favorable à « l'intuition ». Il semblerait que si les origines du taoïsme remontent au *I Ching*, elles résident moins dans le texte de l'ouvrage proprement dit que dans son application et dans son inspiration, car les décisions prises par l'intuition tendraient à démontrer que cette sphère « périphérique » de l'esprit fonctionne mieux lorsque nous ne tentons pas de la contrecarrer, c'est-à-dire lorsque nous la laissons fonctionner spontanément, *tzu-jan*, par elle-même.

Les principes de base du taoïsme commencent ainsi à se dessiner. En premier lieu, il y a le Tao, l'indéfinissable et concret « processus » du monde, le Mode de vie. Le mot chinois signifie primitivement « le chemin, la voie » et quelquefois aussi « parler », si bien que la première ligne du *Tao Te Ching* contient un calembour portant sur ces 2 définitions :

« Le Tao qui peut être exprimé par des paroles n'est pas l'éternel Tao [f] (1). »

Mais en essayant de suggérer tout au moins ce qu'il veut dire, Lao-tzu déclare :

« Il régnait quelque chose de vague avant que le ciel et la terre apparaissent. Quelle quiétude! Quel vide! C'est la solitude, inchangeante. Partout l'action, inlassable. On peut le considérer comme la mère de toutes choses sous le ciel. J'ignore son nom, mais le désigne par le mot *Tao* (25). »

Il dit encore :

Le Tao est quelque chose de sombre et d'indistinct.
Comme c'est sombre! comme c'est obscur!
Cependant il renferme des images.
Comme c'est obscur! Comme c'est sombre!
Cependant on y trouve des choses.
Comme c'est flou! Comme c'est vague!
Cependant au-dedans réside une puissance mentale.
Et, parce que cette puissance est vraiment réelle,
En elle est la confiance (21).

La « puissance mentale » est désignée par *ching* [g], mot qui associe à la fois les idées d'essentiel, de subtil, de psychique ou spirituel et de savoir-faire. Il semble en effet que, tout en ne signifiant rien, tout « en n'étant rien » pour les yeux, la tête qui porte ces yeux est cependant la source de l'intelligence, de même, le vague, l'indéfinissable Tao frère du vide est l'intelligence qui modèle le monde avec une habileté qui dépasse notre entendement.

La différence essentielle entre le Tao et le concept habituel de Dieu est que Dieu engendre le monde en le créant (*wei* [h]), alors que le Tao l'engendre sans le créer (*wu-wei* [i]), c'est-à-dire, approximativement, en le « faisant devenir ». Les choses créées sont constituées d'élé-

(1) Duyvendak suggère que *tao* n'avait pas la signification de « parler » à cette époque et traduit ainsi le passage : « La Voie qui peut être vraiment considérée comme la Voie est autre qu'une voie permanente ». Cela revient en réalité au même, car ce que Duyvendak entend par « voie permanente » est une notion constante du Tao, c'est-à-dire une définition. Presque tous les autres traducteurs et commentateurs chinois admettent le second *tao* comme signifiant « parlé, exprimé ».

ments séparés que l'on assemble, comme dans le cas des machines, ou que l'on modèle de l'extérieur, comme dans le cas de sculptures dépourvues d'organes internes, mais les choses développées selon des processus de croissance se segmentent d'elles-mêmes en éléments plus simples de l'intérieur vers l'extérieur. Étant donné que l'univers naturel se comporte essentiellement selon des principes de croissance, il semblerait tout à fait bizarre à l'esprit chinois de demander comment il fut créé. Si l'univers avait été créé, il existerait évidemment quelqu'un qui saurait *comment* il le fut, qui pourrait expliquer comment il fut assemblé élément par élément, tout comme l'ingénieur peut expliquer comment fut assemblée telle ou telle machine. Mais un univers en croissance dans sa totalité exclut la possibilité de savoir comment il croît par les moyens de la pensée et du langage, et il ne viendrait jamais à l'esprit d'un taoïste de chercher si le Tao sait comment il crée l'univers, car il opère spontanément, et non pas selon un plan établi. Et Lao-tzu dit :

Le principe du Tao est la spontanéité [j] (25).

La spontanéité ne constitue cependant en aucun cas une tendance aveugle et désordonnée, ni une simple manifestation de caprice. Une philosophie limitée aux seules possibilités du langage conventionnel ne dispose d'aucun moyen pour concevoir une intelligence n'agissant pas selon un plan ou un ordre de pensée fractionné dans le temps. Le fonctionnement inconscient des structures organiques de notre corps est la preuve concrète de l'existence d'une telle forme d'intelligence (1). Le Tao ne « sait » pas comment il crée l'univers, pas plus que nous

(1) J'avais écrit cela avant d'avoir lu le second volume du remarquable ouvrage de Joseph Needham, *Science and Civilisation in China*, dans lequel il discute la nature organismique de la conception chinoise et surtout taoïste de l'univers. Cf. en particulier paragraphe 13 f, p. 279. Needham attire également l'attention sur les différences essentielles entre les conceptions judéo-chrétienne et chinoise de la loi naturelle, qui émane pour la première de la « parole » d'un législateur divin, et pour la seconde, qui découle d'une relation entre les processus spontanés se manifestant dans un ensemble organismique. Cf. paragraphe 18 f et h, p. 557-564 et 572-583.

ne « savons » comment nous construisons notre cerveau. Chuang-tzu, le fameux successeur de Lao-tzu, dit en substance :

« Les choses se créent autour de nous, mais personne n'en sait l'origine. Elles surgissent, mais personne ne voit d'où elles sortent. Tous les hommes apprécient cette connaissance partielle qui en est accessible. Ils ne savent pas profiter de l'Inconnu pour parvenir à la connaissance. N'est-elle pas mal orientée (1) ? »

Les rapports conventionnels entre celui qui sait et l'objet de la connaissance sont souvent ceux du contrôleur vis-à-vis du contrôlé, et en conséquence, du maître vis-à-vis du valet. Mais, alors que Dieu est le maître de l'univers parce qu'il « sait tout sur tout », les rapports du Tao avec ce qu'il crée sont d'un genre entièrement différent.

Le grand Tao coule partout,
Vers la gauche et vers la droite,
Toutes choses existent par lui,
Et il ne les abandonne pas.
Il ne pose pas de condition à ses réalisations,
Il aime et nourrit toutes choses,
Mais il ne les tyrannise pas (34).

Selon la conception occidentale courante, Dieu est conscient de lui-même, c'est-à-dire qu'il est absolument transparent à l'égard de son propre entendement, comme l'homme lui-même se voudrait : contrôleur et maître conscient, dictateur absolu de son propre corps et de son propre esprit. Le Tao lui, par contre, reste mystérieux et obscur (*hsüan* [k]), comme l'exprimait il n'y a pas si longtemps un bouddhiste zen :

« Il y a une chose : au-dessus, il supporte le Ciel ; au-dessous, il soutient la Terre. Il est noir comme la laque et toujours en activité [l] (2). »

Bien entendu *hsüan* est l'obscurité prise dans son sens métaphorique, et non pas l'obscurité de la nuit, comme le noir est opposé au blanc, mais l'inconcevabilité pure à

(1) H. A. Giles (1), p. 345.
(2) T'ung-shan Liang-chieh, Dumoulin et Sasaki (1), p. 74.

laquelle se heurte l'esprit lorsqu'il essaie de se souvenir de l'époque prénatale, ou d'explorer ses propres profondeurs.

Les critiques occidentaux tournent bien souvent en dérision ces conceptions vagues de l'absolu, les qualifiant de « nébuleuses et d'ésotériques », en les comparant à leurs concepts bien nettement définis. Mais écoutons Lao-tzu :

Lorsque l'homme supérieur entend parler du Tao,
Il fait de son mieux pour le pratiquer.
Lorsque l'homme moyen entend parler du Tao,
Parfois il le garde, parfois il le perd.
Lorsque l'homme inférieur entend parler du Tao,
Il rit bruyamment,
S'il n'en riait pas, ce ne serait pas le Tao (41).

Il est en effet impossible d'apprécier ce que signifie le Tao sans devenir, dans un sens assez spécial, stupide. Tant que l'intellect s'efforce frénétiquement d'emprisonner le monde dans son réseau d'abstractions, et persiste à vouloir étiqueter la vie en catégories rigides, le sens du Tao reste incompréhensible et l'intellect se consume lui-même. Le Tao n'est accessible qu'à l'esprit capable de pratiquer l'art simple et subtil du *wu-wei*, qui, après le Tao, est le second principe essentiel du taoïsme.

Nous avons vu que le *I Ching* avait apporté aux Chinois, en quelque sorte, la possibilité de prendre des décisions spontanées, efficaces dans la mesure où l'esprit est livré à lui-même et où on le laisse fonctionner librement. C'est le *wu-wei*, car *wu* signifie « ne... pas » et *wei*, « action », « faire », « agir », « effort », « se donner la peine de », « être occupé ». Pour reprendre notre analogie avec la vision, c'est lorsque nous regardons du coin de l'œil, et non lorsque nous fixons directement un objet, que la vision périphérique travaille le plus efficacement, comme c'est le cas dans l'obscurité. D'une manière analogue, lorsque nous voulons voir les détails d'un objet lointain, tel qu'une horloge, les yeux doivent être en état de relaxation et non pas fixer en faisant *effort* pour voir. Ce n'est pas en mettant les muscles de la bouche et de la langue en mouvement que l'on perçoit plus intensément la saveur d'un aliment. Il faut laisser les yeux et la langue remplir librement leur fonction.

Mais, ayant accordé une confiance excessive à la perception centrale, à l'étroit faisceau de l'œil et de l'esprit, nous ne pouvons retrouver les facultés de la perception périphérique globale sans tout d'abord se détendre. L'équivalent mental ou psychologique de cette relaxation consiste en une stupidité particulière à laquelle Lao-tzu et Chuang-tzu font si souvent allusion. Il ne s'agit pas seulement d'une quiétude de l'esprit, mais d'une « déconnection », d'un « dé-saisissement ». « L'esprit de l'homme parfait est comme un miroir. Il ne saisit rien, mais ne repousse rien. Il reçoit, mais il ne conserve pas », dit Chuang-tzu. On pourrait presque dire qu'il s'évapore lui-même afin de compenser une clarté trop vive. C'est ainsi que Lao-tzu dit de lui-même :

Écarte l'intelligence et il n'y a pas d'anxiété !...
Les gens en général sont si heureux, comme s'ils assistaient
[à un festin,
Ou comme s'ils gravissaient une tour, au printemps.
Moi seul suis paisible, et n'ai pas fait un geste,
Comme un bébé encore incapable de sourire ;
Délaissé comme si je n'avais pas de toit où m'abriter.
Tous les autres ont plus que le nécessaire,
Et moi seul semble dans le dénuement.
Peut-être ai-je l'esprit d'un insensé,
Si ignorant !
Les gens ordinaires sont brillants,
Moi seul semble stupide.
Les gens du commun sont perspicaces,
Moi seul apparais obtus.
Je suis indifférent comme si j'étais obscur ;
Ballottant comme si je n'étais attaché à rien ;
Les gens ont tous en général quelque chose à faire ;
Moi seul semble inutile et maladroit ;
Moi seul suis différent des autres,
Mais je sais la valeur qu'il y a à rechercher la nourriture
*[de la mère (*Tao*)* (20) (1).

On retrouve dans la plupart des écrits taoïstes un certain degré d'exagération, qui est en fait une sorte d'hu-

(1) Sauf en ce qui concerne la première ligne, j'ai suivi Ch'u Ta-kao (1), p. 30.

mour, ou d'autocaricature. Sur le même thème, voici ce qu'écrit Chuang-tzu :

« L'homme de caractère (*te*) vit chez lui sans se livrer à des activités mentales et agit sans souci. Il ne s'inquiète pas de savoir s'il a raison ou tort, les louanges et le blâme le laissent indifférent. Si à l'intérieur des quatre mers tous les hommes peuvent se réjouir, il en est heureux... De maintien triste, il ressemble à un bébé qui aurait perdu sa mère ; l'air stupide, il erre comme celui qui a perdu son chemin. Il a beaucoup d'argent à dépenser, mais ne sait d'où il vient. Il boit et mange juste selon ses besoins, et ignore d'où vient la nourriture (3 : 13) (1). »

Lao-tzu est encore plus catégorique dans sa condamnation apparente de l'intelligence conventionnelle :

Écarte la sagacité, repousse le savoir,
Et les gens en bénéficieront cent fois.
Chasse « l'humanité », repousse la justice,
Et les gens retrouveront l'amour du prochain.
Chasse l'intelligence, chasse l'utilitaire,
Et il n'y aura plus ni voleur, ni brigand...
Sois toi-même (2).
Recherche la sincérité;
Minimise ce qui est personnel;
Réduis tes désirs (19).

Il ne s'agit pas de cantonner l'esprit humain dans un vide stupide, mais de faire intervenir son intelligence innée et spontanée sans la forcer. Il est essentiel pour la pensée taoïste comme pour la pensée confucéenne, de faire confiance à l'homme naturel, et si l'on juge selon leur point de vue, la méfiance occidentale, théologique ou technologique, à l'égard de la nature humaine, apparaît comme une sorte de schizophrénie. Il serait impossible du point de vue taoïste ou confucéen, de se croire « naturellement » mauvais sans discréditer sa propre

(1) LIN YUTANG (1), p. 129.
(2) Ceci traduit approximativement le caractère chinois *su* [m], qui se rapporte primitivement à la soie non blanchie ou au support de soie non peinte d'un tableau. « Humanité » se rapporte ici au principe confucéen central du *jen* [n], qui signifie ordinairement : « sympathie, cordialité » à l'égard du prochain, bien que de toute évidence, Lao-tzu le prend ici dans son sens « affecté et sophistiqué ».

croyance, car toutes les notions d'un esprit faussé seraient elles-mêmes faussées. Si « émancipé » qu'il soit dans le domaine religieux, l'esprit technologique révèle qu'il a hérité de la même méfiance envers lui-même lorsqu'il tente de soumettre tout l'ordre humain au contrôle de la raison consciente. Il oublie que l'on ne peut faire confiance à la raison si l'on ne peut faire confiance au cerveau, car la puissance de la raison dépend d'organes qui se sont développés sous l'égide d'une « intelligence inconsciente ».

L'art de laisser son esprit « en paix » est bien décrit par un autre auteur taoïste, Lieh-tzu (vers 398 av. J.-C.), fameux par son mystérieux pouvoir de « chevaucher le vent ». Ceci, à n'en pas douter, fait allusion à la sensation particulière de « marcher sur l'air » ressentie lorsque l'esprit vient d'être libéré. On raconte que lorsqu'on demanda un jour au Pr D. T. Suzuki ce que l'on éprouvait en parvenant au *satori* [o], c'est-à-dire l'expérience zen de l'Éveil, il répondit : « C'est une expérience très banale, sauf que l'on se sent à deux pouces du sol. » Et lorsqu'on interrogea Lieh-tzu sur l'art de chevaucher le vent, il rappela en ces termes son séjour avec le maître Lao-Shang :

« Après que je l'eus servi pendant 3 ans, mon esprit ne s'aventurait plus à méditer ce qui était juste ou pas, mes lèvres ne se risquaient plus à parler de profit et de perte. Alors, pour la première fois, mon maître m'accorda un regard, et ce fut tout.

» Au bout de 5 ans, un changement s'était manifesté ; mon esprit reflétait le juste et le non-juste et mes lèvres parlaient de profit et de perte. Alors, pour la première fois, mon maître relâcha son attitude et sourit.

» Au bout de 7 ans, une autre transformation s'était opérée. Je laissais mon esprit méditer librement, mais il ne se préoccupait plus de ce qui était juste et de ce qui ne l'était pas. Je laissais mes lèvres prononcer les paroles qu'elles voulaient, mais elles ne parlaient plus de profit et de perte. Enfin, mon maître me fit asseoir sur la natte à son côté.

» Au bout de 9 ans, mon esprit donnait libre cours à ses réflexions [p], et mes lèvres aux paroles. Je ne savais plus rien du juste et du non-juste, du profit et de la perte, aussi bien en ce qui me concernait, qu'en ce qui concernait autrui.

» ... L'externe et l'interne se trouvaient confondus. Il n'y avait plus de différence entre l'œil et l'oreille, l'oreille et le nez, le nez et la bouche : tout était semblable. Mon esprit était gelé, mon corps dissous, ma chair et mes os ne faisaient plus qu'un. J'étais totalement inconscient du support de mon corps, et sur quoi reposaient mes pieds. J'étais transporté sur le vent comme un fétu de paille sec ou une feuille morte tombant de l'arbre. En fait, je ne savais plus si je chevauchais le vent, ou si le vent me chevauchait (1). »

Cet état mental n'est pas sans analogie avec une légère ivresse, tout en ne laissant pas les effets secondaires que l'on ressent le lendemain matin ! Chuang-tzu en remarqua d'ailleurs la similitude, puisqu'il écrit :

« Un homme ivre qui tombe de son chariot ne se tue pas, bien qu'il puisse en souffrir. Ses os ne sont pas différents de ceux des autres, mais il subit son accident d'une façon différente. Il est dans un état d'esprit de sécurité. Il n'a pas conscience de conduire son véhicule, ni de faire une chute. Les idées de vie, de mort, de crainte, etc., lui sont étrangères ; ainsi, il ne souffre pas du contact brutal avec la réalité objective. Et si le vin peut conférer une telle sécurité, la Spontanéité peut en donner encore beaucoup plus (19) (2). »

Lao-tzu, Chuang-tzu et Lieh-tzu étaient tous, sans nul doute, des personnages ayant suffisamment de bon sens pour écrire des choses compréhensibles ; il faut donc considérer encore une fois que leur style est un style métaphorique. La « perte de conscience » à laquelle ils font allusion n'est pas un état comateux, mais ce que les sectateurs du zen appelaient plus tard *wu-hsin* [q], littéralement, « absence d'esprit », c'est-à-dire absence de prise de conscience de soi. C'est un état de plénitude, d'intégrité mentale par lequel l'esprit fonctionne librement et aisément, sans qu'une sensation d'esprit second ou ego viennent se superposer et l'entraver. Autrement dit, si

(1) H. A. Giles (1), p. 40-42. D'après Lieh-tzu, ii.
(2) H. A. Giles (1), p. 232.

l'on considère que l'homme ordinaire doit relever ses jambes avec ses mains pour marcher, le taoïste est celui qui a appris à laisser fonctionner ses jambes toutes seules.

Divers passages des écrits taoïstes suggèrent que la « non-conscience » a pour effet de faire appel à l'esprit tout entier, tout comme nous faisons appel à tout notre pouvoir visuel lorsque nous regardons divers objets à la fois sans en fixer aucun en particulier. Selon Chuang-tzu : « Le bébé regarde tout à longueur de journée sans cligner des paupières ; c'est parce que ses yeux ne fixent aucun objet en particulier. Il va sans savoir où il se dirige. Il s'amalgame à l'entourage et se meut avec lui. Ce sont là les principes de l'hygiène mentale (23) (1).

Ailleurs il dit encore : « Si vous équilibrez votre corps et unifiez votre attention, l'harmonie du ciel se répandra sur vous. Si vous intégrez votre connaissance et unifiez vos pensées, l'esprit fera sa demeure en vous. *Te* (la vertu) sera votre tunique et le Tao vous protègera. Vos yeux seront comme ceux d'un nouveau-né qui ne cherche pas le pourquoi (22). »

Chacun des autres organes des sens pourrait servir à illustrer le fonctionnement « non actif », « passif » de l'esprit : entendre sans s'astreindre à écouter, odorer sans faire effort pour inhaler, goûter sans remuer la langue, percevoir tactilement sans chercher à accentuer le contact. Chacun de ces sens est un exemple particulier de la fonction mentale qui se manifeste à travers tout et que les Chinois désignent sous le nom spécial de *hsin* [r].

Ce terme est si important pour la compréhension du Zen qu'il nous faut essayer de préciser ce que la pensée chinoise entend par là (2). On traduit généralement par

(1) Lin Yutang (1), p. 86.

(2) Le principe central Zen du « non-esprit » ou *wu-hsin* se trouve déjà dans Chuang-tzu (22) :

Le corps comme un os desséché,
L'esprit comme des cendres mortes ;
Cela est la vraie connaissance,
Ne pas chercher à savoir le pourquoi.
Dans le noir et l'obscurité,
Celui qui est sans esprit (wu-hsin) *ne peut faire de projet ;*
Quel genre d'homme est-ce ?

Cf. H. A. Giles (1), p. 281.

« esprit » ou « cœur », mais aucune de ces traductions n'est satisfaisante. L'idéogramme primitif [s] semble être l'image du cœur, ou encore du poumon, ou du foie, et lorsqu'un Chinois parle de *hsin*, il montre souvent avec son index le centre de sa poitrine, en un endroit situé un peu plus bas que le cœur.

La difficulté réside dans le fait que le mot « esprit » implique quelque chose de trop intellectuel, de trop cortical, et que le mot « cœur » dans son sens figuré courant, a une acception trop émotionnelle, sentimentale même. En outre, *hsin* n'est pas toujours employé dans le même sens. Il peut impliquer parfois la notion d'obstacle à écarter, comme dans *wu-hsin*, « absence d'esprit » ; dans certains cas, il peut être synonyme de Tao, en particulier dans la littérature zen qui abonde en termes tels que « esprit original » (*pen hsin* [t]), esprit de Bouddha (*fu hsin* [u]) ou « foi en l'esprit » (*hsin hsin* [v]). Cette apparente contradiction se résout d'elle-même par le principe selon lequel le « véritable esprit est l'absence d'esprit », c'est-à-dire que le *hsin* est véritable, fonctionne convenablement lorsqu'il fonctionne comme s'il était absent. De la même manière, les yeux voient convenablement lorsqu'ils ne perçoivent pas leurs propres projections dans l'air, sous forme de points noirs ou de « mouches volantes ».

En résumé, il semble que *hsin* signifie « la totalité de notre fonctionnement psychique », et plus spécifiquement, le centre de ce fonctionnement supposé en rapport avec le point central de la partie supérieure du corps. L'équivalent japonais, *kokoro*, comporte encore une signification plus subtile, mais pour l'instant, il suffit de savoir qu'en le traduisant par « esprit », mot suffisamment vague, on ne sous-entend pas exclusivement l'intellect pensant, ni la conscience de surface. Le fait essentiel est que, selon le taoïsme et le zen, la base de l'activité mentale ne réside pas dans le processus de pensée conscient, ni dans l'ego.

Lorsqu'un homme a appris à donner libre cours à son esprit de manière qu'il fonctionne selon le mode spontané et global qui lui est naturel, il fait preuve de cette « vertu » ou « faculté » spéciale que l'on appelle *te*. Il ne s'agit pas de vertu au sens courant de rectitude morale, mais dans son sens primitif de « capacité », comme l'on parle des vertus thérapeutiques d'une plante. Le *te* représente en outre une vertu à l'état pur, spontanée, que l'on ne peut développer ou imiter par l'application délibérée d'une méthode quelconque. Lao-tzu dit :

Le te *supérieur n'est pas le* te,
Et ainsi possède le te.
Le te *inférieur ne se passe pas de* te,
Et ainsi n'est pas le te.
Le te *supérieur est non-actif* (wu-wei) *et sans but.*
Le te *inférieur est actif et poursuit un but* (38).

La traduction littérale possède une force et une profondeur qui n'apparaissent pas dans les périphrases telles que « la vertu supérieure n'est pas consciente d'elle-même en tant que vertu, et est ainsi véritablement la vertu. La vertu inférieure ne peut se passer de virtuosité, ce n'est donc pas la vertu ».

Lorsque les confucéens recommandaient une vertu dépendant de l'observance artificielle de règles et de préceptes, les taoïstes faisaient remarquer qu'une telle vertu était conventionnelle et non pas authentique. A ce sujet, Chuang-tzu rapporte le dialogue imaginaire suivant entre Confucius et Lao-tzu :

« Dis-moi, dit Lao-tzu, en quoi consiste la charité et le devoir vis-à-vis du prochain ?

» Cela consiste, répondit Confucius, à pouvoir se réjouir en toutes choses ; dans l'amour universel sans qu'intervienne le soi. Ce sont là les caractéristiques de la charité et du devoir envers le prochain.

» Balivernes, s'écria Lao-tzu. L'amour universel ne se contredit-il pas lui-même ? Votre élimination du soi n'est-elle pas une manifestation positive du soi ? Maître, si vous empêchiez l'empire de perdre sa source de nourriture, il y a l'univers, sa régularité est permanente ; il y a le soleil et la lune, leur clarté est permanente ; il y a les étoiles, leurs positions sont invariables ; il y a les oiseaux et les bêtes, ils s'attroupent selon un mode invariable ; il y a les arbres et les buissons, tous croissent vers le ciel sans exception. Soyez comme eux : suivez le Tao et vous serez parfait. A quoi bon ces vaines querelles sur la charité et les devoirs envers le prochain, comme si l'on battait le tambour derrière un fugitif? Hélas, maître, vous avez mis beaucoup de confusion dans l'esprit de l'homme » (13) (1).

La critique taoïste à l'égard de la vertu conventionnelle ne s'appliquait pas seulement au domaine moral, mais également aux arts, à l'artisanat et au commerce. Selon Chuang-tzu :

« Chu'ui l'artisan était capable de tracer des cercles avec ses mains mieux qu'avec un compas. Ses doigts semblaient s'accommoder si naturellement à ce qu'il façonnait qu'il était superflu pour lui de fixer son attention. Ses facultés mentales fonctionnaient ainsi globalement (c'est-à-dire, en restant intégrées), et n'éprouvaient aucune inhibition. N'avoir pas conscience de ses pieds témoigne que l'on est à l'aise dans ses chaussures. N'avoir pas conscience de sa taille signifie que la ceinture n'est pas trop serrée. L'intelligence qui n'est pas consciente du positif et du négatif implique que le « cœur » (*hsin*) est à l'aise.

« ... Et celui qui, commençant avec aise, n'est jamais gêné, est inconscient de l'aise qu'il y a à être à l'aise (19) (2). »

Tout comme l'artisan qui possède le *te* pourrait se passer de l'aide artificielle du compas, le peintre, le musicien et le cuisinier n'auraient jamais besoin de faire appel aux conventions propres à leur art respectif. Écoutons Lao-tzu :

Les cinq couleurs éblouiront l'œil d'un homme.
Les cinq sons assourdiront l'ouïe d'un homme.
Les cinq saveurs émousseront le palais d'un homme.
La poursuite et la chasse rendront l'homme sauvage.
Les choses difficiles à acquérir nuiront à la conduite d'un [*homme.*
C'est pourquoi le sage fait des provisions pour l'estomac et [*non pour l'œil* (12) (3).

(1) H. A. Giles (1), p. 167.
(2) H. A. Giles (1), p. 242.
(3) Ch'u Ta-kao (1), p. 22.

Ceci ne doit en aucun cas être interprété comme une haine de l'ascète à l'égard de l'expérience sensorielle, car il s'agit précisément de souligner que la sensibilité de l'œil à la couleur est handicapée par l'idée qu'il n'y a que cinq couleurs réelles. Il existe en fait une gamme continue et infinie de nuances, et la dissocier par une classification a pour effet d'en masquer toute la subtilité. C'est la raison pour laquelle « le sage fait des provisions pour l'estomac et non pour l'œil », c'est-à-dire qu'il juge d'après le contenu concret de l'expérience, et non en fonction de sa conformité avec des normes purement théoriques.

En somme, le *te* est le génie et le pouvoir créateur inconcevables des fonctions naturelles et spontanées de l'homme, pouvoir qui est inhibé lorsqu'on essaie de l'exploiter par les méthodes et les techniques formelles. Ceci est à rapprocher de l'histoire du mille-pattes capable de mouvoir simultanément tous ses membres :

Le mille-pattes était heureux, très heureux,
Jusqu'au jour où un crapaud facétieux
Lui demanda : « Dis-moi, je t'en prie, dans quel ordre meus-
[tu tes pattes ?
Cela le préoccupa tant et tant
Qu'il ne savait plus comment faire
Et qu'il resta immobilisé dans son trou !

Toute la culture extrême-orientale accorde une si grande importance au *te* que l'on en a fait le principe de base de toutes les activités artistiques et artisanales. Bien qu'il soit exact que ces arts font appel à des disciplines techniques hautement difficiles à nos yeux, on considère toujours qu'elles sont instrumentales et secondaires, et que le chef-d'œuvre a le caractère d'un accident. Il ne s'agit pas d'une imitation fidèle de l'accidentel, d'une spontanéité affectée dont la méticuleuse préméditation resterait invisible. Il se situe sur un plan plus élevé et plus authentique, car, ce que les cultures taoïste et zen proposent, c'est que l'on peut devenir le type de personne qui, involontairement, est la source d'accidents merveilleux.

Le taoïsme est donc le mode de libération chinois

primitif qui s'est amalgamé au bouddhisme mahayana hindou pour donner naissance au Zen. Son but était de libérer des conventions et de *révéler* le pouvoir créateur du *te*. Toute tentative pour le décrire ou le formuler en mots ou en symboles fractionnés et juxtaposés le déforme obligatoirement. Il est donc inévitable que cet exposé le présente comme une doctrine philosophique vitaliste ou naturaliste ; les philosophes occidentaux constatent toujours avec regret qu'ils *ne peuvent* penser en dehors de certaines ornières bien tracées, et quels que soient leurs efforts, leurs « nouvelles » conceptions ne sont que des reprises de notions anciennes, monistes ou pluralistes, réalistes ou nominalistes, vitalistes ou mécanistes. C'est pourquoi ce sont les seules que les idées conventionnelles peuvent exprimer et il est impossible d'aborder d'autres concepts sans faire appel aux termes consacrés. Lorsqu'on tente de représenter une troisième dimension sur une surface bidimensionnelle, il semble encore nécessaire de l'assimiler aux notions préexistantes de longueur et de largeur. Ainsi parlait Chuang-tzu :

« Si le langage le permettait, il ne faudrait qu'un jour entier pour expliquer le Tao. Étant donné qu'il est inadéquat, il faut ce laps de temps pour expliquer les existences matérielles. Le Tao est au-delà des existences matérielles. Il ne peut être communiqué ni par des mots, ni par le silence (25) (1). »

(1) H. A. Giles (1), p. 351.

2. Les origines du Bouddhisme

La civilisation chinoise était âgée de deux mille ans au moins lorsqu'elle entra pour la première fois en contact avec le bouddhisme. Cette nouvelle philosophie pénétrait donc dans une structure culturelle solidement établie et pouvait difficilement acquérir droit de cité sans subir de profonds remaniements pour s'adapter à la mentalité chinoise, bien que certains traits communs très marqués aient pu laisser supposer que les deux doctrines étaient entrées en contact beaucoup plus tôt. La Chine assimila le bouddhisme comme elle avait assimilé bien d'autres choses, qu'il s'agisse de philosophies ou d'envahisseurs étrangers. Cette faculté d'assimilation est sans doute due, dans une certaine mesure, à la stabilité et à la maturité extraordinaire que les Chinois retirèrent du confucianisme. Raisonnable, tolérant, humaniste, le confucianisme est l'un des systèmes de convention sociale les plus souples que le monde ait connu. En se combinant à l'attitude taoïste du « laissez-faire », il contribua à engendrer cette mentalité paisible et bon-enfant qui, en assimilant le bouddhisme, en fit un mode de vie *possible* et « praticable » pour des êtres *humains*, pour des êtres ayant une famille, une tâche journalière à assumer, des instincts normaux ou des passions.

Il existe un grand principe confucéen disant : « c'est l'homme qui valorise la vérité, et non la vérité qui valorise l'homme ». C'est pourquoi le sens de « l'humain », ou « sensibilité du cœur » (*jen* [a]) a toujours été considéré comme supérieur à la justice (*i* [b]), car l'homme est plus grand que n'importe quelle idée qu'il peut inventer. Il est des moments où les passions des hommes sont plus fortes que les principes. Les guerres idéologiques par exemple tendent à la destruction mutuelle car les principes ou les idéologies opposés sont inconciliables. Les guerres de conquête par contre sont beaucoup moins destructrices car l'agresseur s'efforce toujours de ne pas anéantir ce qu'il veut s'approprier. Raisonnables, c'est-à-dire humains, les hommes seront toujours capables de compromis alors que ceux qui se sont déshumanisés en se faisant les aveugles champions d'une idée ou d'un idéal, sont des fanatiques dont la dévotion aux abstractions les rend ennemis de la vie.

Remanié dans ce sens, le bouddhisme extrême-oriental est encore plus attirant et conforme à la nature que ses équivalents hindous ou tibétains dont les idéaux de vie semblent par moments surhumains, plus faits pour des anges que pour des hommes. Cependant, toutes les formes de bouddhisme admettent une Voie Intermédiaire entre les extrêmes, entre l'ange (*deva*) et le démon (*preta*), entre l'ascétique et le sensuel, et proclament que l'Éveil suprême ou bouddhéité ne peut être atteint qu'à l'état humain.

On se heurte à de sérieuses difficultés lorsque l'on veut se livrer à une étude historiquement précise aussi bien du bouddhisme hindou que de toute la tradition philosophique dont il émane. Il faut donc en tenir compte avant de se livrer à une analyse de la pensée asiatique et tout jugement sur la culture hindoue antique doit être formulé avec circonspection.

La première difficulté, et la plus importante, réside dans l'interprétation des vieux écrits de la littérature hindoue rédigés en pali et en sanscrit. Ceci est surtout vrai pour les textes sanscrits, le langage sacré de l'Inde, et plus particulièrement pour ceux de la période védique. Les érudits occidentaux et les hindous eux-mêmes hésitent bien souvent sur la signification à leur donner, et tous les dictionnaires modernes ont été rétablis en grande partie sur une base commune, à savoir le lexique compilé par Böthlingk et Roth à la fin du siècle dernier, dont on admet maintenant qu'il comporte maintes indications hypothétiques. On voit donc que notre compréhension des sources primitives de l'hindouisme, les *Védas* et les *Upanishads*, s'en trouve notablement affectée. Les premiers lexicographes, dont le but immédiat était de faciliter la tâche des missionnaires, s'empressaient tous de faire des interprétations correspondant aux termes théologiques occidentaux, ce qui a considérablement gêné la recherche d'équivalents convenables pour les termes philosophiques (1).

Il est bien malaisé de savoir quelle forme revêtait primitivement le bouddhisme : c'est là la seconde difficulté. On connaît deux sortes d'écrits bouddhistes, le canon pali du Theravada, ou école bouddhique méridionale, qui prospère à Ceylan, en Birmanie et en Thaïlande, et le canon sanscrit-tibéto-chinois du Mahayana, ou école nordique. Les érudits s'accordent généralement pour admettre que le canon pali est sans doute le plus ancien et que les *sutras* (c'est ainsi que l'on nomme les textes sacrés) principaux du Mahayana ont tous été composés après l'an 100 av. J.-C. Cependant, d'après la forme littéraire du canon pali, il ne semble pas qu'il s'agisse des paroles authentiques du Bouddha Gautama. Les *Upanishads* sont plutôt rédigées dans le style d'un instituteur hindou qui aurait vécu entre 800 et 300 av. J.-C., que dans le style ampoulé et scolastique de la plupart des documents bouddhistes. Il est probable que la plupart des deux canons sont l'œuvre des pandits du Shanga, l'ordre monastique bouddhiste, car on y retrouve la marque de l'élaboration respectueuse d'une doctrine originale. Comme c'est le cas avec les icônes russes, le sujet primitif a presque disparu sous l'abondance des fioritures.

En outre, la tradition bouddhiste hindoue n'a jamais

(1) Cf. Monier-Williams, *Sanscrit-English Dictionary*, p. ix, Oxford, 1951.

eu le caractère historique de la tradition judéo-chrétienne, si bien que l'on dispose de peu de points de repères, si tant est qu'il y en eut, pour dater les textes. La doctrine fut transmise oralement pendant très longtemps avant d'être transcrite, et il est possible que les références historiques aient été modifiées pour l'adapter à l'époque de la transmission orale. Par ailleurs, un moine bouddhiste écrivant en l'an 200 de notre ère n'aurait eu aucun scrupule à attribuer ses propres paroles au Bouddha s'il sentait sincèrement qu'elles étaient l'expression, non d'une opinion personnelle, mais de l'état supra-naturel d'éveil auquel il serait parvenu. Il aurait attribué ses paroles au Bouddha, mais à un bouddha spirituel, et non matériellement incarné.

Aussi nécessaire qu'elle soit, ce n'est pas la seule étude méticuleuse de chaque parcelle de document qui peut permettre de se faire une idée de la pensée hindoue au temps de Bouddha, c'est-à-dire six siècles avant J.-C., car les détails sont insuffisants pour avoir une vue précise de l'ensemble. On possède cependant des données suffisamment sûres pour nous faire entrevoir le caractère grandiose et magnifiquement ordonné de l'hindouisme upanishadique, même s'il ne se révèle pas à livre ouvert.

Depuis les temps les plus reculés, le thème mythologique du *atma-yajna* est à la base de la vie et de la pensée hindoues, *atma-yajna*, c'est-à-dire l'acte d'auto-sacrifice par lequel Dieu donne naissance au monde et par lequel les hommes, suivant le modèle divin, se réintègrent en lui. L'acte par lequel le monde est créé est le même que celui par lequel il est consommé — l'offrande de sa propre vie —, comme si tout le processus de l'univers était une sorte de jeu consistant à repasser le flambeau dès qu'on l'a reçu. Ainsi, le mythe central de l'hindouisme voit le monde comme une partie de cache-cache grandiose de Dieu avec lui-même. Prajapati, Vichnou, ou Brahma, le Dieu aux noms multiples, crée le monde par un acte d'auto-démembrement, ou d'auto-sacrifice, par lequel l'un devient multiple, et l'Acteur Unique assume d'innombrables rôles. A la fin, il redevient lui-même pour recommencer encore, l'un s'anéantissant dans le multiple, et le multiple s'anéantissant dans l'un.

C'est mille têtes, mille yeux, mille pieds que possède Purusha.
Pénétrant la terre de tous côtés, il remplit un espace de dix [pouces de large.
Ce Purusha est tout ce qui a été et tout ce qui sera;
Le dieu de l'immortalité qui devient plus grand encore par [la nourriture.
Si puissante est sa grandeur; oui, mais plus grand que cela [est Purusha.
Toutes les créatures sont le quart de lui, les trois quarts la [vie éternelle dans le ciel...
Lorsque les dieux préparèrent le sacrifice avec Purusha [comme offrande,
Son huile était le printemps, la sainte offrande l'automne, [et l'été était la forêt.
La graisse fondue de ce grand sacrifice fut recueillie.
Il forma les créatures de l'air, et les bêtes sauvages et domes- [tiques...
Combien firent-ils de portions lorsqu'ils divisèrent Purusha ?
Qu'appellent-ils sa bouche, ses bras ? Ses cuisses et ses pieds ?
Sa bouche devint la caste brahmane et ses deux bras le [Rajanya (Caste Kshatriya),
Ses cuisses devinrent Vaishya et ses pieds le Shudra (1),
Son esprit engendra la lune et son œil le soleil;
Indra et Agni naquirent de sa bouche, et Vayu de son [souffle.
De son nombril surgit l'atmosphère et de sa tête le ciel;
De ses pieds se forma la terre et de son oreille les régions. [Ainsi formèrent-ils les mondes (2).

Les mille têtes, yeux et pieds de Purusha sont les membres des hommes et autres êtres vivants, car l'idée de base est que Celui qui connaît parfaitement chaque individu est Dieu lui-même, l'*atman* ou Soi du monde. Chaque vie est un élément ou un rôle dans lequel l'esprit de Dieu est absorbé, un peu comme un acteur s'incarne en Hamlet et oublie qu'il est en réalité M. Dupont ou M. Durand. Par son acte d'auto-renoncement, Dieu s'incarne dans tous les êtres sans pour cela cesser d'être Dieu. « Toutes les créatures sont le quart de lui, et les trois quarts la vie éternelle dans le ciel. » Car Dieu n'est divisé qu'en apparence ; en réalité, il reste entier, si bien

(1) La caste kshatriya est celle des guerriers, la caste vaishya celle des artisans, des cultivateurs et des marchands, et la caste shudra celle des serviteurs.

(2) *Rigveda*, x. 90. « Purusha » signifie « la Personne », c'est-à-dire la conscience causale du monde.

que, lorsque le jeu est terminé, la conscience individualisée se réveille dans le divin.

« Au commencement, le monde était *atman* (le Soi), seul, sous forme de Purusha. Contemplant à l'entour, il ne vit rien d'autre que lui-même. Il dit tout d'abord : Je suis. Puis vint le mot Je. Ainsi même maintenant, lorsque l'on parle à quelqu'un, il répond, d'abord simplement : « c'est moi », et dit ensuite le nom qu'il porte (1). »

De tous côtés, Cela possède mains et pieds;
De tous côtés, des yeux, des têtes et des visages;
De tous les côtés du monde, Cela entend;
Cela embrasse toutes choses (2).

Il importe de ne pas perdre de vue que cette comparaison du monde avec une scène de théâtre sur laquelle Dieu jouerait (*lila*) est d'inspiration mythologique. S'il nous fallait dès à présent exprimer directement cela en termes philosophiques, nous l'assimilerions à une sorte de panthéisme grossier : c'est d'ailleurs ainsi que l'on considère généralement, et à tort, la philosophie hindoue. Par conséquent, l'idée qui consiste à voir dans chaque homme, dans chaque chose, un rôle que jouerait Purusha par son auto-renoncement n'est pas l'énoncé logique ou scientifique d'un fait : ce n'est qu'une façon de voir poétique. On lit dans *Mundaka Upanishad:*

« En vérité, cet *atman* (Soi), disent les poètes, voyage sur cette terre de corps en corps (ii. 7). »

La philosophie hindoue n'a pas commis l'erreur d'imaginer qu'il soit possible de faire une déclaration informative, concrète et positive sur la réalité ultime. Il est dit dans la même *Upanishad:*

« Là où la connaissance est sans dualité, sans action, sans cause ou sans effet, indicible, incomparable, au-delà de toute description, qu'est-ce? C'est impossible à dire! (vi. 7). »

Toute déclaration positive sur les choses ultimes doit être faite sous la forme évocatrice d'un mythe ou d'une poésie, car dans ce domaine, la forme verbale directe et

(1) *Brihadaranyaka Upanishad*, i, 4, 5.
(2) *Bhagavad-Gita*, xiii, 13.

indicative ne peut être que « *neti, neti* » (non, non), étant donné que ce qui peut être décrit et catégorisé appartient au domaine conventionnel.

La mythologie hindoue a développé le thème du jeu divin à un degré fabuleux, englobant non seulement les concepts colossaux d'espace et de temps, mais également les extrêmes les plus opposés, ceux du plaisir et de la douleur, de la vertu et de la dépravation. Le Soi le plus intime du saint et du sage incarne pareillement la divinité que le Soi le plus intime du débauché, du poltron, du fou ou des démons vrais. Les oppositions (*dvandva*) de lumière et d'obscurité, de bien et de mal, de plaisir et de douleur, sont les éléments essentiels du jeu, car, quoique la divinité s'identifie avec la vérité (*sat*), la conscience (*chit*) et la béatitude (*ananda*), le sombre côté de la vie participe également au jeu, de même que dans tout drame un rôle de scélérat vient rompre l'immobilité de l'action, de même que les cartes doivent être battues et mélangées afin que le jeu puisse se dérouler selon les règles. Pour la pensée hindoue, il n'y a pas de problème du mal. Le monde relatif, conventionnel, est nécessairement un monde où s'affrontent des oppositions. La lumière est inconcevable sans l'obscurité, l'ordre ne signifie rien sans le désordre et le haut ne va pas sans le bas, le bruit sans le silence, le plaisir sans la peine. Ainsi parle Ananda Comaraswamy :

« Pour quelqu'un admettant que Dieu créa le monde, il est absurde de demander pourquoi il y permit l'existence d'un mal quelconque ou de ce mal unique dans lequel tout le mal est personnifié ; on pourrait tout aussi bien demander pourquoi il ne créa pas un monde dépourvu de dimensions spatiales ou temporelles. »

Selon le mythe, le jeu divin se poursuivrait indéfiniment de façon cyclique, avec des périodes de création et d'anéantissement mesurées en *kalpas* de 4 320 000 000 années. Du point de vue humain, ceci est d'une terrifiante monotonie, car le processus continue éternellement sans but. Mais du point de vue divin, il exerce la fascination des jeux sans cesse recommencés des enfants qui ont perdu la notion du temps, réduit à un instant merveilleux.

Ce mythe n'est pas l'expression d'une philosophie formelle, mais d'une expérience ou d'un état de conscience que l'on désigne sous le nom de *moshka*, ou « libération ». En somme, il serait plus exact de dire que la philosophie hindoue se résume initialement à cette expérience et ce n'est que secondairement qu'elle s'est cristallisée en un système d'idées tendant à traduire l'expérience en termes du langage conventionnel. A la base donc, la philosophie n'est intelligible que si l'on partage l'expérience d'une connaissance non-conventionnelle du même genre que celle du taoïsme. On la désigne également sous le nom de *atma-jnana* (Connaissance du Soi) ou *atma-bodha* (Éveil du Soi), car on peut la considérer comme la découverte de qui ou de ce que je suis à partir du moment où je ne suis plus identifié avec un rôle ou une définition conventionnels de la personne. La philosophie hindoue ne décrit pas le contenu de cette découverte, sinon en termes mythologiques par la phrase : « je suis Brahman », *aham brahman*, ou « cela est vous », *tat tvam asi*, pour suggérer que la connaissance du soi est une prise de conscience de l'identité originale du sujet avec Dieu.

Mais ceci n'implique pas cette « revendication à la divinité » du contexte judéo-chrétien dans lequel le langage mythique se confond habituellement avec le langage concret, si bien qu'il n'y a plus de limite très nette entre le Dieu tel qu'il est décrit dans les termes de la pensée conventionnelle et le Dieu tel qu'il est en réalité. Un hindou ne dirait pas : « je suis Brahman » en sous-entendant qu'il a personnellement la responsabilité de tout l'univers et qu'il connaît tous les détails de son processus : cette identité avec Dieu, il ne la situe pas au niveau de sa personnalité superficielle, et du reste son Dieu, Brahman, n'est pas responsable du monde d'une façon personnelle, sa connaissance et son action ne sont pas celles d'une « personne » puisqu'il ne connaît pas l'univers à travers les faits conventionnels, et n'exerce pas d'action délibérée et volontaire. Il n'est peut-être pas inutile de rappeler que le mot « Brahman » dérive de la racine *brih-*, qui signifie « croître », « devenir » et que son activité créatrice spontanée, comme celle du Tao, diffère fondamentalement de la volonté créatrice délibérée. En outre, bien que Brahman se « connaisse » lui-même, cette connaissance n'est pas informative, d'un sujet à l'égard d'un objet. « Il est celui qui sait, dit Shankara, et celui qui sait peut savoir d'autres choses, mais ne peut être l'objet de sa propre connaissance, comme le feu peut brûler d'autres choses mais ne peut se brûler lui-même (1). »

C'est une énigme pour l'esprit occidental que la philosophie hindoue ait tant à dire sur ce que l'expérience *moshka* n'est pas et si peu sur ce qu'elle est. Il y a là quelque chose de troublant car si l'expérience est vraiment sans contenu, si elle est si pauvre par rapport aux choses que nous considérons comme importantes, comment expliquer l'immense faveur dont elle jouit dans le mode de vie hindou ?

Savoir ce qu'une chose n'est pas est certes aussi utile que savoir ce qu'elle est, même dans le domaine conventionnel. Une connaissance négative n'est-elle pas un peu comme une feuille blanche prête à accueillir les mots, le vase vide prêt à recevoir le liquide, la fenêtre ouverte à travers laquelle vont pénétrer les rayons du soleil ? Toute la valeur de la vacuité réside évidemment dans les mouvements qu'elle permet, ou dans la substance qu'elle sous-tend. Mais la vacuité doit évidemment être préexistante. C'est pourquoi la philosophie hindoue insiste tant sur la négation, sur la libération mentale à l'égard des concepts de Vérité. Elle ne propose aucune *idée*, aucune description de ce qui doit combler le vide mental, car l'idée exclurait le fait, un peu comme l'image du soleil peinte sur le carreau d'une fenêtre intercepterait la véritable lumière. De même que les hébreux interdisaient la reproduction plastique de l'image de Dieu, les hindous en interdisent la reproduction mentale, à moins que le concept ait un caractère mytholo-

(1) *Bashya* ou *Kena Upanishad*, 9, 11. Le caractère négatif de cette phrase peut induire en erreur. Il s'agit de faire sentir que, semblable à la lumière qui n'a pas besoin de s'éclairer elle-même car elle est déjà lumineuse, la notion d'un brahman objet de sa propre connaissance n'apporte aucun avantage, et n'a surtout aucune signification.

gique si marqué qu'il soit impossible de le confondre avec la réalité.

C'est pourquoi la discipline pratique (*sadhana*) de la méthode de libération consiste en un désengagement du Soi (*atman*) vis-à-vis de toute identification. Il s'agit de prendre conscience de ce que je ne suis pas ce corps, ces sensations, ces sentiments, ces pensées, cette conscience. La réalité fondamentale de ma vie n'est plus un objet concevable. A la limite, elle n'est plus identifiable avec aucun concept, même celui de Dieu ou d'*atman*. On lit dans *Mandukya Upanishad* :

« (C'est ce) qui n'est conscient ni du subjectif, ni de l'objectif, ni de l'un et de l'autre, qui n'est ni une simple conscience, ni une sensibilité indifférenciée, ni une simple obscurité. C'est indivisible, indépendant, incompréhensible, incomparable et indescriptible — l'essence de la conscience du Soi, l'abolition du *maya* (vii). »

L'*atman* est à la totalité de notre conscience ce que la tête est au sens de la vue, ni lumière, ni obscurité, ni plein, ni vide, mais seulement un inconcevable au-delà. Lorsqu'a disparu toute ultime identification du Soi avec un objet ou un concept quelconques, et que l'état *nirvikalpa* ou « absence de conception » est atteint, alors surgit de ses profondeurs insondables l'état de conscience qualifié de divin, la connaissance de Brahman.

Traduit en langage conventionnel et, redisons-le, mytho-poétique, la connaissance de Brahman correspond à la découverte que ce monde apparemment Multiple est en réalité Un, que « tout est Brahman » et que « toute dualité résulte d'une imagination erronée ». Sur le plan concret, de telles notions sont logiquement absurdes et n'apportent aucune information, mais semblent cependant l'expression verbale la meilleure possible de l'expérience proprement dite, même si l'on a l'impression qu'au moment de prononcer « le dernier mot », la langue se paralyse devant sa propre révélation et soit forcée de dire des absurdités ou de rester silencieuse.

Moksha signifie également la libération à l'égard du *maya*, l'un des mots les plus importants des philosophies hindoue et bouddhiste, qui désigne le monde multiforme des faits et des événements camouflant la seule réalité sous-jacente du Brahman. On a l'impression que *moksha* est un état de conscience dans lequel tout le monde si diversifié de la nature disparaît englouti dans un océan d'espace vaguement lumineux. Mais une telle impression doit être immédiatement rejetée car elle implique une dualité, une incompatibilité entre Brahman et le *maya*, contraire au principe upanishadique. Car Brahman n'est pas Un par opposition au Multiple, ni simple par opposition au complexe, Brahman est sans dualité (*advaita*), c'est-à-dire sans opposé, puisqu'il ne s'intègre nulle part, autrement dit, il est en dehors de toute classification.

Maya signifie donc « classification » ; ce mot dérive de la racine sanscrite *matr-*, « mesurer, former, construire, élaborer » et a donné naissance aux mots gréco-latins tels que « mètre », « matrice » et « matière ». Le processus fondamental de la mesure est la division, quelle que soit la méthode utilisée. Ainsi la racine sanscrite *dva-*, qui signifie « diviser », a donné la racine latine « duo » (deux) et le français « duel ».

Dire que le monde des faits et des événements est *maya* revient donc à dire qu'ils constituent plutôt des unités de mesure que des réalités de la nature. Et il faut étendre ce concept de mesure aux notions de limites de toutes sortes, résultant soit d'une classification descriptive, soit d'un tri sélectif. On se rend facilement compte que les faits et les événements sont des notions aussi abstraites que les unités de mesure. Admettons un instant qu'il soit impossible d'isoler un seul fait. Les faits vont par couples en dernière analyse car un objet est inconcevable si on l'isole de l'espace auquel il appartient. Définition, limitation, délinéation, ce sont toujours des actes de division, et par là, de dualité, car dès qu'une frontière est déterminée, on délimite deux côtés.

Ce point de vue peut surprendre quelque peu ceux qui sont habitués depuis longtemps à voir dans les choses, les événements et les faits la charpente du monde, la plus solide des solides réalités. Si l'on veut se livrer à une analyse correcte de l'hindouisme et du bouddhisme, il est indispensable de bien comprendre toute la signification du principe doctrinal du *maya*, et pour ce faire, il faut oublier les diverses philosophies « idéalistes » de l'Occident avec lesquelles on le confond souvent, confusion dont sont même parfois victimes les vedantistes hindous modernes. Le monde n'est pas une illusion mentale en ce sens que, pour le sujet « libéré » (*jivanmukta*), il n'y aurait rien à voir, sinon un vide uniforme. Il voit le monde comme nous, mais il ne le mesure pas, ne le délimite pas, ne le divise pas de la même manière. Il ne le considère pas comme se décomposant réellement ou concrètement en éléments et en événements séparés. Pour lui, notre peau peut aussi bien être envisagée comme un élément de liaison avec l'environnement que comme élément de séparation : si elle est considérée comme élément de liaison, il faut d'abord l'avoir vue comme un élément de séparation, et vice versa.

Il ne s'agit donc pas d'une conception moniste ; il ne pense pas que toutes les choses sont Une en réalité car, concrètement, il n'y eut jamais de « choses » susceptibles d'être considérées comme étant Une. Réunir appartient autant au domaine du *maya* que dissocier. C'est pour cela que les hindous et les bouddhistes préfèrent qualifier la réalité de non-duelle plutôt que d'Une, car le concept d'unité s'oppose toujours au concept de pluralité. Le principe du *maya* est par conséquent un principe de relativité par lequel les choses, les événements et les faits sont classifiés, non par la nature, mais par l'homme, et que la façon dont nous opérons cette classification dépend de nos divers points de vue.

On admet très arbitrairement par exemple qu'un événement tel que la première guerre mondiale a commencé le 4 août 1914 pour se terminer le 11 novembre 1918. Un historien pourrait démontrer que le début réel se situe bien plus tôt et que, bien après l'armistice, on ressentait encore les séquelles du conflit. Les événements peuvent se segmenter ou s'amalgamer comme des gouttes de mercure selon les tendances momentanées de la description historique car leurs frontières sont plus conventionnelles que naturelles, tout comme l'on admet, dans un autre ordre d'idée, que la vie de l'homme commence à la naissance plutôt qu'à la conception ou au sevrage.

Le caractère conventionnel des choses n'est pas moins évident. On considère ordinairement que le corps humain constitue un tout quoique, physiologiquement, il se compose d'autant d'éléments que d'organes différents et que, sociologiquement, il ne représente qu'un élément d'un ensemble plus large, le groupe auquel il appartient.

Le monde naturel est constitué d'une multitude de surfaces et de lignes, de zones denses et de zones vides dont nous nous servons pour délimiter les événements et les choses. Mais ici encore, le principe *maya* affirme que ces formes (*rupa*) n'ont pas de « nature propre » (*svabhava*) : elles n'existent pas par elles-mêmes, mais seulement par rapport les unes aux autres comme un cube n'a d'existence que par rapport à des dimensions spatiales. C'est dans ce sens que le volume et l'espace, le son et le silence, l'existant et le non-existant, la figure et le plan sont inséparables, interdépendants ou « réciproques », et ce n'est qu'à travers le *maya* ou la division conventionnelle qu'ils peuvent être considérés isolément.

Pour la philosophie hindoue, la forme (*rupa*) est également *maya*, car elle est impermanente. En vérité, lorsque les textes hindous ou bouddhistes parlent du caractère de « vacuité » ou « illusoire » du monde naturel visible, distinct du monde conventionnel des choses, ils font précisément allusion à l'impermanence de ses formes. La forme est le flux, et par conséquent, extensivement, *maya*, car elle peut être délimitée avec précision. La forme est *maya* lorsque l'esprit tente de l'appréhender et de la situer dans les catégories de la pensée, c'est-à-dire de l'étiqueter par un nom (*nama*), puisque c'est par des noms et des verbes que les catégories conceptuelles et abstraites des choses sont désignées.

Les noms et tous les termes doivent nécessairement être bien définis comme toute unité de mesure, mais leur application est, dans l'ensemble, si satisfaisante, que l'homme risque toujours de confondre la mesure avec l'objet de la mesure, d'identifier l'argent avec la richesse, la convention établie avec la fluide réalité. En s'identifiant lui-même et sa vie avec ces cadres rigides et creux de la définition, il se condamne à la perpétuelle déception de celui qui essaie de retenir de l'eau dans un panier percé. La philosophie hindoue évoque ainsi constamment la vanité qu'il y a à poursuivre les choses, à lutter pour la permanence d'entités et d'événements particuliers car elle ne voit dans tout cela rien d'autre qu'un engouement pour ces fantômes que sont les critères abstraits de l'esprit (*manas*) (1).

On donne habituellement le même sens au mot *maya* qu'à *nama-rupa* (nom-et-forme), l'effort de l'esprit pour saisir les formes fluides de la nature dans le réseau de la classification. Mais, lorsque l'on a compris que cette forme est finalement vide, c'est-à-dire insaisissable et incommensurable, le monde formel est perçu immédiatement comme Brahman plutôt que comme *maya*. Le monde formel devient le monde réel au moment où il échappe, au moment où rien ne s'oppose plus à sa fluidité changeante. C'est donc précisément le caractère transitoire du monde qui est le symbole de sa divinité, de son identité réelle avec l'indivisible et incommensurable infinité de Brahman.

C'est pourquoi l'insistance de la philosophie hindobouddhiste sur l'impermanence du monde n'est pas la marque d'un pessimisme et d'un nihilisme doctrinal que les exégètes occidentaux veulent parfois y voir. Le caractère transitoire n'est déprimant qu'à l'esprit qui s'entête à vouloir « saisir », mais pour celui qui se laisse aller au gré du courant, comme une balle dans un torrent de montagne, pour employer une métaphore du bouddhisme zen, la notion de l'éphémère ou de la vacuité devient une sorte d'extase. C'est peut-être pourquoi aussi, en Orient comme en Occident, l'impermanence est si souvent le thème de la poésie la plus profonde et la plus émouvante, si profonde et si émouvante que la splendeur du changement transparaît même lorsque le poète semble le regretter le plus vivement :

(1) *Manas* dérive de la même racine que *maya* et a donné naissance aux mots « mensuration » (lat. : mensura), « mental » (lat. : mens), « dimension », et au mot anglais : « man », « l'homme », c'est-à-dire « la mesure de toutes choses ». A rapprocher également du latin « mensis », mois.

Demain, demain et encore demain,
Jour après jour sournoisement se faufile,
Jusqu'au dernier jour du temps irréversible,
Et tous nos jours enfuis montrèrent aux insensés
Le chemin de la mort. Éteinte, cette brève chandelle !
La vie n'est qu'une ombre éphémère, un pauvre acteur
Qui s'agite un moment sur la scène du temps
Pour disparaître ensuite : c'est une fable
Contée par un idiot, plein de verve et de rage,
Et qui ne signifie rien.

Ainsi présenté, comme R. H. Blyth le fait remarquer, cela ne semble, après tout, pas si terrible.

En résumé, le principe du *maya* montre d'une part l'impossibilité de saisir le monde dans le réseau des mots et des concepts, d'autre part, le caractère fluide de ces formes que la pensée s'efforce de définir. Le monde des faits et des événements est à la fois *nama*, c'est-à-dire composé de noms abstraits, et *rupa*, forme fluide. Il échappe aussi bien à la compréhension du philosophe qu'à celle du dilettante comme l'eau échappe à la main fermée. Il y a même quelque chose de décevant dans l'idée de Brahman, en tant que réalité éternelle sous-tendant le flux, et dans celle d'*atman*, base divine de la conscience humaine, car, dans la mesure où il s'agit de concepts, ils sont aussi incapables que les autres de cerner le réel.

C'est justement le sentiment du caractère *totalement* insaisissable du monde qui est à la base du bouddhisme. Plus que toute autre chose, la raison d'être de son développement dans la vie et la pensée hindoues en tant que mouvement distinct, et ce qui différencie l'enseignement bouddhique de celui des *Upanishads*, c'est ce décalage doctrinal particulier.

Gautama « l'Éveillé » ou Bouddha (mort vers 545 avant J.-C.) vivait à une époque où les principales *Upanishads* existaient déjà et leur philosophie doit être considérée comme le point de départ de son propre enseignement. Il serait cependant erroné de voir en Bouddha le « fondateur » ou le « réformateur » d'une religion qui serait apparue comme une sorte de révolte organisée contre l'hindouisme, car à cette époque, l'on n'avait pas conscience de la notion de religion et des termes tels qu'hindouisme, ou brahmanisme n'avaient aucune signification. Ce n'était qu'une simple tradition incarnée par la doctrine des *Védas* et des *Upanishads*, tradition qui n'était pas spécifiquement religieuse, en ce sens qu'elle englobait toute l'activité humaine, depuis les méthodes agricoles jusqu'à la connaissance de l'ultime réalité. Le comportement du Bouddha était donc conforme à la tradition en abandonnant son rôle de chef de famille, en s'excluant de sa caste et en devenant *rishi*, ou « ermite de la forêt », afin de pratiquer une méthode de libération. Sa méthode, comme celle des autres *rishi*, possédait certains traits caractéristiques et sa doctrine ne manquait pas de critiquer la faillite des hommes dans la pratique de la tradition qu'ils professaient.

Son exclusion volontaire de sa caste et le fait d'accepter des disciples sans caste ni foyer étaient tout à fait courants, car la tradition hindoue, encore plus que la chinoise, encourageait particulièrement l'abandon de la vie conventionnelle à partir d'un certain âge, lorsque les devoirs familiaux et civiques avaient été remplis. La renonciation à la caste était le signe extérieur et visible de la prise de conscience par l'individu que le véritable état est « en dehors de toute classification » et que le rôle ou la personnalité individuelle ne sont que des notions conventionnelles, que la véritable nature consiste à ne s'identifier à « nulle chose » et à « nulle personne ».

Cette prise de conscience était l'obstacle à son expérience « d'Éveil » (*bodhi*), dont il eut la révélation une nuit, alors qu'il se trouvait sous le fameux arbre Bo à Gaya, après sept années de méditation en forêt. Du point de vue zen, cette expérience est le contenu essentiel du bouddhisme et la doctrine verbale est tout à fait secondaire pour sa transmission directe de génération à génération. Pendant sept années, Gautama le Bouddha avait lutté par les moyens traditionnels du *yoga* et du *tapas*, par la contemplation et par l'ascèse, pour pénétrer les causes de la soumission de l'homme au *maya* et rompre le cercle vicieux du *trishna* (adhérence-à-la-vie). Tous ses efforts avaient été vains. L'éternel *atman*, le Soi réel restait hors de portée. Quels qu'aient été ses efforts pour concentrer son esprit afin de découvrir ses racines et son principe, il ne percevait que son propre effort de concentration, et la veille même du jour où il parvint au but, il abandonna, interrompit son jeûne et absorba quelque nourriture.

Là-dessus, il ressentit un profond changement s'opérer en lui. Il était assis sous l'arbre, ayant fait vœu de ne pas se lever avant d'avoir atteint l'Éveil suprême, et, selon la tradition, il resta assis toute la nuit jusqu'à ce que les premières lueurs de l'aube le plongent dans un état de clarté et de compréhension parfaites. C'était *anuttara samyak sambodhi, l'Éveil inégalable et parfait*, la libération à l'égard du *maya* et du cycle infini de la naissance-et-de-la-mort (*samsara*) qui se poursuit aussi longtemps que l'homme s'efforce d'une manière quelconque de s'accrocher à sa propre vie.

Cependant, le contenu réel de cette expérience ne fut et ne put jamais être exprimé par des mots, car les mots sont la structure du *maya* à travers lesquels elle s'échappe comme l'eau à travers les mailles d'un filet. Tout ce que l'on peut en dire verbalement est résumé par ces paroles du *Vajracchedika* attribuées au Bouddha :

« Précisément, Subhuti, je n'ai pas obtenu la moindre chose de l'inégalable et parfait Éveil, et c'est justement pour cette raison qu'on l'appelle « l'inégalable et parfait Éveil ».

D'après le Zen, le Bouddha « ne prononça jamais une parole » malgré les volumes d'écrits qui lui sont attribués. Son message authentique est toujours resté inexprimé, car ce faisant, les paroles lui auraient enlevé tout contenu. Cependant, selon la doctrine, ce qui ne peut être communiqué par le verbe peut néanmoins l'être silencieusement, au moyen d'une « symbolisation directe » sans laquelle l'expérience bouddhiste n'aurait jamais pu être transmise aux générations successives.

En vertu d'une tradition probablement assez tardive, le Zen affirme que le Bouddha fit part de son expérience d'Éveil à son principal disciple Mahakasyapa en tenant une fleur et en restant silencieux. Le canon pali rapporte toutefois qu'immédiatement après son Éveil, le Bouddha se rendit au Parc des Daims à Bénarès et révéla sa doctrine à ceux qui avaient été les compagnons de sa vie ascétique, sous forme des Quatre Nobles Vérités qui constituent un résumé commode du bouddhisme.

Ces quatre Vérités s'inspirent de la forme védique traditionnelle du diagnostic médical et de la prescription thérapeutique : identification de la maladie et de sa cause, appréciation de sa curabilité et traitement.

La première Vérité concerne le fameux *duhkha*, mot qui a donné lieu à maintes discussions et que l'on peut traduire librement par « souffrance ». Il désigne la grande maladie du monde dont la méthode du Bouddha (*dharma*) est le remède.

« La naissance est *duhkha*, la vieillesse est *duhkha*, la maladie est *duhkha*, la mort est *duhkha*, ainsi que la peine et le chagrin... Être réuni aux choses que nous n'aimons pas, être séparé des choses que nous aimons, est également *duhkha*. Ne pas obtenir ce que l'on désire, cela est également *duhkha*. En un mot, ce corps, cette quintuple aggrégation basée sur le *trishna* (attachement-à-la-vie) est *duhkha* » (1).

Cela n'implique pas que « la vie est souffrance » d'une façon générale, mais qu'elle est souffrance telle que nous la vivons, ou plus exactement, par les tourments de la frustration qui résulte de nos tentatives à la recherche de l'impossible. « Frustration » est donc peut-être le meilleur équivalent du mot *duhkha*, bien qu'il soit simplement l'antonyme de *sukha*, qui signifie « doux », « plaisant », « sucré » (2).

L'enseignement du Bouddha présente par ailleurs *dukha* comme l'une des trois caractéristiques de « l'être » ou du « devenir » (*bhava*), les deux autres étant *anitya*, l'impermanence, et *anatman*, l'absence de soi. Ces deux termes ont une importance capitale. Le terme *anitya* ne signifie pas simplement que le monde est impermanent, mais qu'il échappe et qu'il change d'autant plus qu'il est convoité. La réalité en elle-même n'est ni permanente, ni

(1) *Samyutta Nikaya*, 421.

(2) Si nous traduisions *duhkha* par « aigre », nous pourrions dire que la doctrine du Bouddha considère que la vie est aigrie par l'attachement que l'homme manifeste à son égard, tout comme le lait « tourne » à l'aigre lorsqu'on le conserve trop longtemps.

impermanente, elle est inclassable, mais lorsqu'on tente de l'appréhender, le changement se produit partout, elle échappe comme une ombre qui s'enfuit dès qu'on la poursuit.

Le principe *anatman* ne signifie nullement qu'il n'y a aucun Soi réel (*atman*) à la base de notre conscience, mais plutôt qu'il n'existe pas de Soi, ou de réalité fondamentale qui puisse être saisie soit par des concepts, soit par l'expérience directe. Il semble que le Bouddha ait compris que le principe upanishadique de l'*atman* se prêtait trop facilement à des malentendus d'interprétation : il devenait un objet à accaparer, un but à atteindre, quelque chose à quoi l'esprit pouvait se cramponner comme à une bouée de sauvetage dans le torrent de la vie. Pour le Bouddha, une telle conception du Soi n'était plus le vrai soi, mais une forme de *maya* parmi toutes les autres. Ainsi, *anatman* pourrait se traduire par l'expression : « le vrai Soi est l'absence de Soi », car toute tentative pour le concevoir, y croire ou le poursuivre a pour effet de l'éloigner immédiatement.

Les *Upanishads* font une distinction entre *atman*, le Soi supra-individuel, et *jivatman*, l'âme individuelle, et le Bouddha dans son principe d'*anatman* admet également l'absence de réalité de *jivatman*. Selon la doctrine de base de toutes les écoles bouddhiques, il n'y a pas d'ego, pas d'entité durable qui serait le sujet constant de nos expériences changeantes, car l'ego n'existe que dans l'abstrait, puisque c'est une abstraction de la mémoire, comme le cercle lumineux illusoire d'une torche allumée qui tourne, ou le trajet figuré d'un oiseau dans l'air : l'oiseau ne laisse évidemment aucune trace visible de son vol, et d'une manière analogue, le passé dont notre ego est abstrait s'est évanoui semblablement. Toute tentative donc, pour le saisir ou pour en faire une source effective d'action, est vouée à l'échec.

La Seconde Noble Vérité concerne la cause de frustration, *trishna*, c'est-à-dire la convoitise, le vouloir-saisir, découlant de *avidya*, l'ignorance ou l'inconscience. *Avidya*, c'est l'opposé formel de l'Éveil. C'est l'état dans lequel se trouve l'esprit lorsqu'il est hypnotisé par le charme du *maya*, et qu'il confond le monde abstrait des choses et des événements avec le monde concret des réalités. A un niveau plus élevé, c'est l'absence de connaissance de soi, l'absence de prise de conscience que le vouloir saisir n'est qu'un futile effort pour se saisir soi-même, ou plutôt, pour amener la vie à se saisir elle-même. Car pour celui qui a la connaissance de soi, il n'y a pas de dualité entre soi-même et le monde extérieur. *Avidya*, c'est « l'ignorance » du fait que sujet et objet sont solidaires comme les deux faces d'une pièce de monnaie. C'est pourquoi les efforts égocentriques pour dominer le monde, pour en mettre la plus grande partie possible sous le contrôle de l'ego, révèlent rapidement la difficulté qu'éprouve l'ego à se maîtriser soi-même.

En fait, c'est un problème élémentaire de ce que l'on appelle maintenant la cybernétique, ou science du contrôle. Mécaniquement et logiquement, il est aisé de se rendre compte que tout système d'auto-contrôle proche de la perfection tend vers l'auto-frustration parfaite. Un tel système est un cercle vicieux dont la structure logique est la même que celle d'un énoncé qui est son propre sujet, du genre : « je mens », impliquant que l'énoncé lui-même est un mensonge. Il n'y a pas d'issue à un tel cercle vicieux, car l'énoncé est vrai dans la mesure où il est faux et faux dans la mesure où il est vrai. En termes plus concrets, je ne peux lancer une balle tant que je la garde dans la main pour conserver un contrôle total de son mouvement.

Ainsi, le désir d'un contrôle parfait de l'environnement et de soi-même repose sur une méfiance profonde du contrôleur. *Avidya*, c'est l'ignorance de l'auto-contradiction fondamentale d'une telle attitude. Il en résulte un vouloir-saisir ou un vouloir-contrôler la vie qui équivaut à une véritable auto-frustration, et le mode de vie qui en découle est un cercle vicieux désigné dans l'hindouisme et le bouddhisme par le mot *samsara*, « Cercle-de-la-naissance-et-de-la-mort (1) ».

(1) La structure dynamique de ce cercle est appelée *pratitya-samutpada*, la dodécuple chaîne de la « génération subordonnée », dans laquelle les douze chaînons causals s'engendrent mutuelle-

Le principe actif du Cercle est connu sous le nom de *karma*, ou « action conditionnée », c'est-à-dire déterminée par un motif et poursuivant un but, c'est le type d'action qui postule toujours une autre action. L'homme est entraîné dans le *karma* lorsqu'il intervient dans le monde de manière telle qu'il se trouve obligé de continuer à intervenir, lorsque la solution d'un problème suscite d'autres problèmes à résoudre, lorsque le contrôle d'une chose suscite le besoin d'en contrôler d'autres. *Karma* est donc le destin de quiconque « essaie d'être Dieu » : en posant un piège pour le monde, il se trouve lui-même pris dans la souricière.

Pour de nombreux bouddhistes, le Cercle-de-la-naissance-et-de-la-mort a la signification littérale d'un processus de réincarnation dans lequel le *karma* façonne et refaçonne l'individu vie après vie pour ne le laisser en paix que lorsqu'il est parvenu à la connaissance et à l'Éveil. Mais pour les sectateurs du Zen, et d'autres écoles mahayana, on lui confère une signification plus figurée en ce sens que le processus de renaissance s'accomplit à tout moment, c'est-à-dire que la renaissance se renouvelle aussi longtemps qu'il y a identification avec un ego permanent se réincarnant à chaque instant. La doctrine n'exige donc pas d'admettre une théorie spéciale de la survie. Son importance réside dans le fait qu'elle illustre par un exemple tout le problème de l'action à l'intérieur des cercles vicieux en offrant une solution, et à cet égard, la philosophie bouddhiste présente un intérêt considérable pour ceux qui étudient la théorie des communications, la cybernétique, la logique philosophique et autres problèmes similaires.

La Troisième Noble Vérité concerne l'abolition de

ment, formant un cercle fermé sans commencement ni fin. C'est ainsi que l'ignorance (*avidya*) engendre la motivation (*samskara*), celle-ci à son tour engendre la conscience (*vijnana*), puis les noms-et-formes (*namarupa*), les six sens (*shadayatana*), la stimulation sensorielle (*sparsa*), l'expérience sensorielle (*vedana*), le vouloir-saisir (*trishna*), le vouloir-posséder (*upadana*), le devenir (*bhava*), la naissance (*jati*), et la vieillesse-et-la-mort (*jaramarana*), qui à son tour engendre *avidya*. Le Bouddha explique que *avidya* fut placé en tête de la série, et non pas qu'il en est l'origine dans l'ordre de succession, mais par simple commodité d'exposé. Tous les éléments de la série sont simultanés et interdépendants.

l'auto-frustration ou du vouloir-saisir, et l'interruption du Cercle vicieux régénéré sans cesse par le *karma*. Cette abolition, c'est le *nirvana*, mot d'une étymologie si douteuse qu'une simple traduction est extrêmement difficile. On l'a rapproché de diverses racines sanscrites signifiant « extinction d'une flamme en soufflant » ou simplement, « éteindre en soufflant » (ex- ou dé-spiration) ; on l'a également interprété comme la cessation, l'amortissement de trains d'ondes, ou d'activités cycliques (*vritti*) de l'esprit.

Les deux dernières interprétations semblent, en définitive, les plus plausibles. Si *nirvana* signifie « ex-piration » ou « dé-spiration », c'est l'acte de celui qui a compris la futilité d'essayer de retenir sa respiration ou sa vie (*prana*), car retenir sa respiration, c'est la perdre. Ainsi, *nirvana* est l'équivalent de *moksha*, délivrance ou libération. Vu sous un certain angle, c'est une sorte de désespoir, c'est reconnaître que la vie anéantit nos efforts pour la contrôler, que tout humain qui lutte n'est rien d'autre qu'une main évanescente s'agrippant à des nuages. Vu sous un autre angle, ce désespoir explose et se transforme en joie et en puissance créatrice, selon le principe que perdre sa vie, c'est la trouver et trouver une liberté d'action que n'enchaînent plus l'auto-frustration et l'anxiété inhérentes aux efforts pour parvenir au salut et au contrôle de soi.

Si *nirvana* signifie « cessation de processus cycliques » (*vritti*), il est synonyme au but du *yoga* tel qu'il est défini dans le *yogasutra* : la cessation des cycles de l'esprit (*citta vritti nirodha*). Ces cycles sont les pensées par lesquelles l'esprit s'efforce de saisir le monde et de se saisir lui-même. Le *yoga* vise précisément à interrompre ces pensées en les méditant jusqu'à ce que l'évidente inanité du processus soit si vivement ressentie qu'il s'éteigne de lui-même, permettant à l'esprit de parvenir à son état naturel de clarté.

Il est évident que les deux étymologies nous donnent, en définitive, le même sens général. *Nirvana*, c'est l'état auquel on parvient lorsque l'on a renoncé à saisir la vie. Dans la mesure où toute définition consiste à « saisir », le mot est évidemment indéfinissable. C'est l'état d'esprit naturel qui échappe à toute introspection, et bien entendu, l'esprit n'a plus ici de définition spécifique car ce qui n'est plus « saisi » n'est plus connu dans le sens conventionnel de la connaissance.

Dans son acception littérale et populaire, *nirvana* est l'évasion du cycle des réincarnations, non par annihilation, mais simplement par une transformation de l'être en un état échappant à toute définition, par conséquent incommensurable et infini.

Atteindre le *nirvana*, c'est donc atteindre la bouddhéité, l'Éveil. Mais ce n'est pas un but auquel on parvient dans le sens ordinaire des termes, car aucune acquisition, aucune motivation n'entrent en ligne de compte. Il est impossible de désirer le *nirvana* ou de tenter d'y parvenir, car tout ce qui est désirable, ou concevable en tant qu'objet d'une action, est, par définition, non *nirvana*. Le *nirvana* ne peut être atteint que spontanément, non intentionnellement, lorsque l'impossibilité de se saisir soi-même a été pleinement perçue. Un bouddha est donc un homme hors classification, il n'est ni au-dessus comme un ange, ni au-dessous comme un démon. Il n'apparaît nulle part dans les six divisions du cercle et il serait erroné de le situer au-dessus des anges, car, selon la loi du Cercle, ce qui est en haut doit venir en bas, et vice versa. Il transcende toutes les dualités et il ne signifierait rien pour lui de se considérer comme un personnage supérieur ou un succès spirituel.

La Quatrième Noble Vérité décrit l'Octuple Voie du *dharma* de Bouddha, c'est-à-dire la méthode ou doctrine par laquelle l'auto-frustration est neutralisée. Chaque section de la Voie porte un nom précédé du mot *samyak* (en pali, *samma*), qui signifie « parfait », ou « total ». Les deux premières sections concernent la pensée, les quatre suivantes l'action, et les deux dernières la contemplation ou prise de conscience. En voici l'énumération :

1. *Samyag-drishti*, ou vue parfaite
2. *Samyak-samkalpa*, ou compréhension parfaite
3. *Samyag-vak*, ou parole parfaite (c'est-à-dire véridique)
4. *Samyak-karmanta*, ou action parfaite
5. *Samyagajiva*, ou vocation parfaite
6. *Samyag-vyayama*, ou application parfaite

7. *Samyak-smriti* ou présence d'esprit parfaite
8. *Samyak-samadhi*, ou contemplation parfaite.

Sans entrer dans l'analyse détaillée de chacune de ces sections, on peut dire que les deux premières concernent la compréhension correcte de la doctrine et de la position de l'homme. A certains points de vue, la première section, « vue parfaite », englobe toutes les autres, car la méthode bouddhiste est avant tout la pratique d'une claire perception, ayant pour but de voir le monde *yathabhutam*, c'est-à-dire juste tel qu'il est. Une telle connaissance consiste en une vive attention dirigée vers l'expérience personnelle directe, vers le monde tel qu'il est perçu immédiatement, de manière à ne pas se laisser induire en erreur par les noms et les classifications. *Samyak-samadhi*, dernière section de la Voie, c'est la perfection de la première et signifie « expérience pure », « connaissance pure » : la dualité de la connaissance et de son objet n'existe plus.

Les sections concernant l'action sont souvent mal interprétées car elles offrent une similitude trompeuse avec un « système moral ». Le bouddhisme, contrairement aux religions et civilisations occidentales, n'admet pas l'existence d'une loi morale voulue par Dieu ou par la nature et à laquelle l'homme devrait se soumettre. Les préceptes de comportement du Bouddha : respect de la vie, du bien d'autrui, s'abstenir du mensonge, ne pas s'adonner aux passions, ne pas s'intoxiquer, ne sont que des règles utiles volontairement admises dans le but de ne pas faire obstacle à la clarté de la perception. L'inobservance de ces préceptes donne lieu à un « mauvais *karma* », non pas parce que le *karma* est une loi ou une récompense morale, mais parce que toutes les actions motivées et intentionnelles, qu'elles soient conventionnellement bonnes ou mauvaises, sont *karma* dans la mesure où elles visent à saisir la vie. D'une façon générale, les actions conventionnellement « mauvaises » tendent plus vers le vouloir-saisir que les « bonnes », mais les stades élevés de la pratique bouddhiste visent autant à la libération à l'égard du « bon » que du « mauvais » *karma*. Ainsi donc, l'action parfaite est définitivement libre et spontanée et a exactement le même sens que le concept taoïste *wu-wei* (1).

Smriti, la présence d'esprit, et *samadhi*, la contemplation, concernent la vie de méditation, la pratique mentale recommandée par le Bouddha. La présence d'esprit parfaite est la connaissance, la prise de conscience constantes, la « surveillance » des sensations, des sentiments et des pensées, sans intention ni commentaire. C'est une totale clarté activement passive, à la surface de laquelle les événements viennent se réfléchir comme sur un miroir : *ce qui est* seulement s'y projette.

« Marchant, debout, assis ou couché, il comprend qu'il le fait, de sorte que, quoique son corps soit engagé, il le comprend juste tel que cela est... En se mettant en marche, en se retournant, en regardant devant soi ou à l'entour, pliant ou étendant son bras..., il agit en ayant clairement conscience (2). »

Parvenu à ce stade de perception, la distinction entre penseur et pensée, la connaissance et le connu, le sujet et l'objet, devient purement abstraite. Il n'existe plus, d'un côté, l'esprit, et de l'autre, ses expériences, il n'y a plus qu'un seul processus par lequel il n'y a plus rien à saisir, plus d'objet et plus de sujet pour le saisir. Ainsi le processus d'idéation cesse de se percevoir lui-même. La pensée succède à la pensée sans interruption, c'est-à-dire sans avoir besoin de s'auto-percevoir et de devenir son propre objet.

« Là où il y a un objet, surgit la pensée. » La pensée est-elle une chose, et l'objet une autre chose ? Non, l'objet, c'est précisément la pensée. Si l'objet était une chose, et la pensée une autre, il y aurait alors un double état de pensée. Ainsi, l'objet, c'est la pensée. La pensée peut-elle analyser la pensée ? Non, elle ne le peut pas. Tout comme la lame d'une épée ne peut se trancher elle-même, la pulpe du doigt se percevoir elle-même, la pensée ne peut se voir elle-même (3). »

Cette non-dualité de l'esprit qui exclut l'auto-analyse,

(1) Une telle action serait désignée par le mot *akarma*, action inconditionnée, ou *asamskrita*, action non préméditée.
(2) *Majjhima Nikaya*, I, 56.
(3) *Sikshasamuccaya*, 234. Cf. Conze (2), p. 163.

est appelée *samadhi*, car l'esprit, ayant cessé ses efforts infructueux d'introspection, parvient ainsi à un état de paix profonde. Ce n'est pas le calme de l'inactivité complète puisque *samadhi* persiste toujours, « en marchant, en étant debout, en s'asseyant et en se couchant », lorsque l'esprit retourne à son état naturel. Mais depuis les temps les plus anciens, le bouddhisme a particulièrement insisté sur la pratique de la présence d'esprit et de la contemplation en position assise. La plupart des reproductions du Bouddha le montrent méditant dans cette position particulière connue sous le nom de *padmasana*, ou posture du lotus, avec les jambes croisées reposant sur les cuisses, plantes tournées vers le haut.

La méditation en position assise n'est pas, comme on le suppose souvent, un « exercice » spirituel ou une pratique visant un but quelconque. C'est simplement la façon la plus correcte de s'asseoir pour un bouddhiste, et il est tout à fait naturel de rester dans cette attitude aussi longtemps qu'il n'y a rien d'autre à faire, et aussi longtemps que l'on résiste à l'agitation nerveuse. Pour le tempérament agité de l'Occidental, la méditation dans cette attitude peut apparaître comme une discipline déplaisante car nous ne sommes guère enclins à rester assis « juste pour le plaisir », sans remords de conscience, sans éprouver le besoin de faire quelque chose de plus important pour justifier notre existence. Pour apaiser notre conscience, la méditation assise doit par conséquent être considérée comme un exercice, une discipline motivée. Mais elle cesse alors d'être une méditation dans le sens bouddhiste (*dhyana*), puisque là où il y a but, là où l'on vise un résultat, il n'y a plus de *dhyana*.

Le mot *dhyana* (en pali : *jhana*) est la forme sanscrite originale du mot chinois *ch'an* [c] et du mot japonais *zen* : sa signification revêt une importance capitale pour comprendre le bouddhisme zen. « Méditation » dans le sens courant de « action de soumettre des pensées à un examen mental » ou de « rêverie » en est une interprétation erronée. Mais « transe » ou « absorption » sont des solutions plus mauvaises encore car elles suggèrent un état de fascination hypnotique. La solution la meilleure semble être de ne pas traduire *dhyana* et de l'ajouter à notre vocabulaire comme nous l'avons fait pour *nirvana* et *tao* (1).

Dans le sens où l'entend le bouddhisme, le terme *dhyana* englobe à la fois la présence d'esprit (*smriti*) et *samadhi*, et sa meilleure définition, c'est l'état de conscience unifiée et orientée. Elle est orientée, d'une part en ce sens qu'elle est polarisée sur le présent, car, pour une conscience claire, il n'y a ni passé, ni futur, mais seulement le Moment présent (*ekaksana*) que les mystiques orientaux ont appelé l'Éternel Maintenant. D'autre part, en ce sens qu'il s'agit d'un état de conscience par lequel il n'y a aucune discrimination entre le sujet qui connaît, le fait de connaître et le connu.

« Un Tathagata (c'est-à-dire un Bouddha) voit ce qui est à voir, mais ne distingue pas (*na mannati*, ne conçoit pas) entre ce qui est vu, ce qui n'est pas vu, ce qui peut être vu et celui qui voit. Il en va de même avec ce qui est entendu, ce qui est senti, ce qui est connu : il ne fait pas de discrimination (2). »

La difficulté de définir *dhyana* provient de ce que la structure de notre langage ne permet pas l'emploi d'un verbe transitif sans sujet ni attribut. Lorsqu'il y a « connaissance », la convention grammaticale exige un sujet connaissant et un objet connu. Cette convention nous est si familière que nous en oublions, lorsque nous parlons ou pensons, son caractère strictement arbitraire et qu'elle ne correspond pas nécessairement à la véritable expérience de la connaissance. Lorsque nous disons : « la lumière jaillit », il est plus facile de concevoir ce que

(1) Le canon pali (*Vinaya Pitaka*, III, 3-6, et *Majjhima Nikaya*, I, 349-352) distingue 8 types de *jhana*, les 4 *rupa-jhana* et les 4 *arupa-jhana*, autrement dit les états *jhana* avec et sans forme. Les 4 premiers impliquent que la conception (*vitakka*) et la pensée discursive (*vicara*) font progressivement place à un état d'équanimité (*upekkha*) par la pratique de *samadhi*. En d'autres termes, en retournant à son état naturel d'intégrité et de non-dualité, l'esprit cesse de saisir l'expérience par les moyens des symboles de la pensée discursive. Il perçoit simplement sans mots ni concepts. Au-delà se situent les 4 *arupa-jhana*, l'Espace Illimité, la Conscience Illimitée, le Néant et enfin l'Absence-de-Perception-et-de-non-Perception, qui sont les stades ultimes de l'accomplissement mental. Au moment de sa mort, le Bouddha, parvenu au quatrième *rupa-jhana*, serait entré dans le *parinirvana*, c'est-à-dire le *nirvana* final.

(2) *Anguttara Nikaya*, II, 25.

recouvre la convention grammaticale : on comprend que ce qui jaillit, c'est la lumière. Mais *dhyana*, en tant qu'état mental de l'homme parvenu à la libération ou à l'Éveil, c'est être naturellement délivré de la confusion entre les entités conventionnelles et la réalité. Le malaise intellectuel résultant de nos efforts à concevoir le « connaître » sans qu'intervienne un « sujet » qui connaît distinct d'un « objet » connu, est analogue à celui que nous éprouverions en arrivant par inadvertance en pyjama dans une soirée mondaine. L'erreur serait conventionnelle, mais non pas existentielle.

Nous voyons donc encore une fois comment les conventions, comment le *maya* des mesures et des symboles peuplent le monde de fantômes que nous qualifions d'entités et de choses. La puissance de ces conventions est si fascinante, si persuasive que nous en arrivons à les prendre pour des réalités et à en faire l'objet de nos amours, de nos idéaux et de nos joies. Mais le problème angoissant de ce que je deviens après ma mort équivaut, après tout, à demander ce que devient mon poing lorsque j'ouvre la main. Peut-être sommes-nous maintenant capables de comprendre le résumé célèbre de la doctrine du Bouddha que cite le *Visuddhimagga* :

Seule existe la souffrance et non celui qui souffre;
Il y a l'action, mais non pas son auteur;
Le nirvana est, mais non celui qui le poursuit;
Il y a le Chemin, mais non le voyageur (16).

3. Le bouddhisme mahayana

Puisqu'il s'agissait d'un mode de libération, l'enseignement du Bouddha n'avait pas d'autre objet que l'expérience du *nirvana*. Il ne tenta donc pas d'élaborer un système philosophique cohérent destiné à satisfaire la curiosité intellectuelle à l'égard des choses ultimes, si avide d'explications verbales. Lorsqu'on le pressait de questions, qu'on l'interrogeait sur la nature du *nirvana*, sur l'origine du monde ou la réalité du Soi, le Bouddha gardait un « noble silence », soulignant que de tels problèmes étaient étrangers à la véritable expérience de la libération.

On a souvent dit qu'insatisfaite de ce silence, la mentalité hindoue était à l'origine de l'évolution ultérieure du bouddhisme qui avait dû finalement se lancer dans des « spéculations métaphysiques abstraites » sur la nature de la réalité. Ce point de vue sur la genèse du bouddhisme mahayana n'est pas très exact. Le vaste ensemble de la doctrine mahayana s'est édifié moins pour satisfaire une curiosité intellectuelle que pour traiter les problèmes psychologiques pratiques posés par la méthode de Bouddha. Ces problèmes ont certainement été envisagés sous un angle très scolastique et le niveau intellectuel des textes mahayana est très élevé, mais le but suivi est de réaliser l'expérience et non de construire un système philosophique. Citons Sir Arthur Berriedale Keith :

« L'incohérence des vues métaphysiques du Mahayana montre assez clairement l'importance secondaire qu'y attachaient les moines dont l'essentielle préoccupation portait sur les moyens de parvenir à la délivrance. Le Mahayana, tout autant que le Hinayana, est principalement orienté vers ce but pratique et sa philosophie n'a de valeur que dans la mesure où elle aide les hommes à atteindre leur but (1). »

Le Mahayana accorde certes de temps à autre des concessions à la fois à la curiosité intellectuelle et aux aspirations populaires à la recherche de « raccourcis » vers le but, mais il est à l'origine l'œuvre d'esprits cherchant leur propre voie avec beaucoup de sensibilité et d'acuité. Pour quiconque est allé assez loin, le bouddhisme des canons palis laisse maints problèmes pratiques non résolus. Ses investigations psychologiques ne dépassent guère l'élaboration de catalogues analytiques des fonctions mentales, et, bien que ses préceptes soient clairs, les difficultés pratiques n'en sont pas toujours exposées de façon satisfaisante. On a l'impression, mais c'est peut-être une appréciation un peu simpliste, que là où le canon pali ouvre la porte du *nirvana* d'un mouvement net, le mahayana manipule la clé dans la serrure jusqu'à ce qu'elle fonctionne convenablement. Ainsi, le grand souci du mahayana est d'offrir des « moyens habiles » (*upaya*) pour rendre le *nirvana* accessible à tous les types de mentalités.

En ce qui concerne la date et le mode d'apparition des doctrines mahayana, nous en sommes réduits aux hypothèses. Les sutras importants reflètent visiblement l'enseignement du Bouddha et de ses disciples immédiats, mais leur doctrine est beaucoup plus subtile et leur style si différent de ceux des canons palis que les érudits s'accordent pour leur attribuer une origine plus récente. Rien n'indique qu'ils soient contemporains du grand empereur Asoka, petit-fils de Chandragupta Mauraya, qui fut converti au bouddhisme en 262 avant J.-C. Les inscriptions sur pierres contemporaines de cet empereur ne reflètent rien d'autre que les enseignements du canon

(1) Keith (1), p. 273.

pali, son insistance sur l'*ahìmsa* ou non-violence à l'égard des hommes et des bêtes et ses préceptes généraux réglant la vie des laïcs. Les principaux textes mahayana ont été traduits en chinois par Kumarajuva après l'an 400 de notre ère, mais notre connaissance de l'histoire hindoue pendant les six siècles intermédiaires est si fragmentaire, et les renseignements propres donnés par les *sutras* eux-mêmes si vagues, que l'on peut tout au plus situer leur origine entre l'an 100 avant J.-C. et l'an 300 de notre ère. Même les personnages associés directement à leur élaboration, Asvaghosha Nagarjuna, Asanga, et Vasubandhu, ne peuvent être situés dans le temps que très approximativement.

D'après la tradition mahayaniste elle-même, son enseignement aurait été transmis par Bouddha à ses disciples intimes mais la révélation publique en aurait été retardée jusqu'à ce que le monde ait été préparé à le recevoir. Le principe de la « révélation retardée » est un expédient bien connu pour permettre le développement d'une tradition et pour en interpréter toutes les incidences. On explique les contradictions apparentes entre les doctrines anciennes et récentes en leur assignant des degrés différents de véracité, depuis le relatif maximum jusqu'à l'absolu, et dont l'école Avatamsaka (probablement assez récente) ne distingue pas moins de cinq. Le problème des origines historiques du Mahayana n'a toutefois pas de grande importance pour la compréhension du Zen, qui, étant une forme de bouddhisme plutôt chinoise qu'hindoue, n'apparut que lorsque le Mahayana hindou eut atteint son plein développement. Nous pouvons donc aborder directement les doctrines mahayanistes centrales d'où le Zen naquit.

Le Mahayana se distingue du bouddhisme du canon pali, qu'il qualifie de Petit (*hina*) Véhicule (*yana*) de libération en se dénommant lui-même le Grand (*maha*) Véhicule, « grand » parce qu'il comporte une grande abondance de *upaya*, ou méthodes permettant de parvenir au *nirvana*. Ces méthodes vont de la dialectique artificielle et subtile de Nagarjuna, ayant pour objet de libérer l'esprit de toutes conceptions fixes, jusqu'au Sukhavati, ou doctrine de libération du Champ Pur par la foi en la puissance d'Amitabha, le Bouddha de la Lumière Infinie, dont on dit qu'il aurait atteint l'Éveil bien des éons avant Gautama. Elles englobent également le bouddhisme tantrique de l'Inde médiévale, pour lequel la libération peut être accomplie par la répétition de mots et de formules sacrées appelées *dharani* et au moyen de *yoga* spéciaux faisant intervenir des rapports sexuels avec une *shakti* ou « épouse spirituelle » (1).

Une étude superficielle du canon pali donne indubitablement l'impression que le *nirvana* ne peut être atteint que par une maîtrise de soi et des efforts rigoureux, et que celui qui y aspire doit se consacrer exclusivement à la poursuite de son idéal en rejetant tout ce qui peut l'en détourner. Les mahayanistes ont peut-être parfaitement raison en prétendant qu'aux yeux de Bouddha, c'était là un *upaya*, c'est-à-dire un moyen convenable permettant de prendre conscience, concrètement et dynamiquement, du cercle vicieux absurde du désir de ne pas désirer, ou des efforts en vue de renoncer à l'égoïsme par soi-même. C'est certainement la conclusion à laquelle conduisait la pratique de la doctrine de Bouddha. On peut l'attribuer à la paresse ou à une perte de sensibilité, mais il semble plus plausible de penser que ceux qui restèrent dans la voie de l'auto-délivrance étaient simplement inconscients du paradoxe impliqué, car partout où le Mahayana continue à enseigner le mode de libération par des efforts personnels, il le fait comme un expédient destiné à amener l'individu à prendre clairement conscience de sa propre insignifiance.

Des indications variées suggèrent que l'une des notions les plus précoces du Mahayana fut le concept de Bodhisattva, considéré non comme un Bouddha en puissance, mais comme un Bouddha qui, par renoncement au

(1) La prétendue obscénité de cette pratique, appelée *maithuna*, n'existe que dans l'esprit des missionnaires chrétiens. En réalité, les rapports avec l'épouse spirituelle n'avaient rien de vulgaire et impliquaient la notion beaucoup trop rare de l'homme et de la femme entreprenant leur développement spirituel en commun, avec sanctification de l'acte sexuel tel que l'Église catholique aurait dû le considérer dans son sacrement de mariage. Cf. pour plus amples détails S. B. Dasgupta, in *An Introduction to Tantric Buddhism* (Calcutta, 1952), et Sir John Woodroffe, in *Shakti and Shakta* (Madras et Londres, 1929).

nirvana, serait situé à un niveau spirituel plus élevé qu'un l'ayant atteint, et par conséquent, se serait retiré du monde de la naissance-et-de-la-mort. Dans le canon pali, les disciples du Bouddha qui sont parvenus au *nirvana* sont appelés Arhans, ou « héros », mais dans les textes mahayana, l'idéal de l'Arhan est presque qualifié d'égoïste, valable seulement pour le *sravaka,* c'est-à-dire l'étudiant de la doctrine qui n'en est encore qu'au stade de la compréhension théorique. Le Bodhisattva est celui qui prend conscience de la contradiction profonde d'un *nirvana* que l'on atteint par soi-même et pour soi-même. Sur le plan populaire, le Bodhisattva est devenu un sujet de dévotion (*bhakti*), un sauveur du monde ayant fait vœu de ne pas pénétrer dans le *nirvana* final avant que tous les êtres vivants y soient également parvenus. Dans son amour pour eux, il consentait à naître et à renaître sans cesse dans le Cercle de *samsara* jusqu'à ce qu'enfin, après des temps infinis, l'herbe et la poussière aient atteint la Bouddhéité.

Si l'on se place sur un plan plus élevé, il est évident que l'idée de Bodhisattva est implicitement contenue dans la logique du bouddhisme et qu'elle découle naturellement du principe de non-saisir et de l'irréalité de l'ego. Si le *nirvana* est l'état dans lequel tout désir de saisir la réalité est totalement aboli, il serait alors manifestement absurde de le considérer comme quelque chose à saisir ou à atteindre. Si en outre l'ego n'est qu'une convention, il serait aussi absurde de concevoir le *nirvana* comme un état à atteindre par un être quelconque. Ainsi qu'il est dit dans *Vajracchedika* : « Tous les héros-Bodhisattva devraient exercer leurs esprits à penser : tous les êtres vivants, à quelque classe qu'ils appartiennent... doivent atteindre par moi la libération infinie du *nirvana.* Cependant, lorsque des nombres incommensurables d'êtres auront été délivrés, en vérité, aucun être n'aura été délivré! Pourquoi cela, Subhuti? C'est parce qu'aucun Bodhisattva qui est vraiment Bodhisattva n'admet l'idée d'un ego, d'une personnalité, d'un être ou d'une individualité séparée (3). »

Il résulte de cela que si aucun *nirvana* ne peut être atteint et s'il n'y a pas en réalité d'entités individuelles, notre esclavage à l'égard du Cercle n'est qu'apparent, car nous sommes en fait déjà dans le *nirvana* : le poursuivre serait donc aussi ridicule que chercher ce que l'on n'a pas perdu. Le Bodhisattva ne fait donc naturellement rien pour échapper au Cercle de *samsara*, comme si le *nirvana* était ailleurs. Chercher à échapper au *samsara* impliquerait que le nirvana est quelque chose à atteindre et que le *samsara* est une réalité.

« Ceux qui craignent les souffrances engendrées par la discrimination de la naissance-et-de-la-mort (*samsara*) recherchent le nirvana, ignorent que samsara et nirvana sont inséparables, et voyant que toutes choses sujettes à discrimination n'ont aucune réalité, (ils) imaginent que le nirvana consiste en une annihilation future des sens et de leurs champs (II, 18) » (1), dit le *Lankavatara Sutra*.

Donc, s'efforcer d'effacer le monde conventionnel des événements et des choses revient à admettre qu'il existe bien en réalité : d'où le principe mahayaniste selon lequel « ce qui n'a jamais existé n'a pas à être annihilé » [a].

Il ne s'agit pas de spéculations oiseuses ou de sophismes d'un système idealiste ou nihiliste, mais de réponses à un problème pratique que l'on peut poser ainsi : « Si mon emprise sur la vie m'entraîne dans un cercle vicieux, comment apprendre à ne pas la saisir ? Comment puis-je m'efforcer de « laisser aller » alors que l'effort implique précisément que l'on ne « laisse pas aller »? Exprimé sous une autre forme, s'efforcer de ne pas saisir, équivaut à saisir, car la motivation est la même, le désir pressant de m'épargner une difficulté. Je ne puis me débarrasser de ce désir, car c'est le même désir que le désir d'en être délivré ! C'est là le problème commun, familier, du double lien psychologique, qui consiste à créer le problème en essayant de le résoudre, c'est avoir peur d'avoir peur.

La philosophie mahayana propose une réponse catégorique mais effective qui est le thème des écrits désignés sous le nom de *Prajna-paramita*, ou « Sagesse pour traverser vers l'autre rive », textes étroitement associés à l'œuvre de Nagarjuna (vers l'an 200 de notre ère), qui,

(1) In Suzuki (3), p. 55. Les « champs » des sens sont les domaines ou les aspects du monde extérieur auxquels les organes s'appliquent respectivement.

avec Shankara, est l'un des plus grands esprits de l'Inde. La réponse est, en résumé, que tout vouloir-saisir, même le *nirvana*, est futile, car il n'y a rien à saisir. C'est le célèbre Sunyavada de Nagarjuna, sa « Doctrine de la Vacuité », connue également sous le nom de Madhyamika, ou « Voie Moyenne », car elle réfute toutes les propositions métaphysiques en démontrant leur relativité. Du point de vue purement académique, la doctrine de Nagarjuna est une sorte de nihilisme ou de « relativisme absolu ». Mais ce n'est pas là la position de Nagarjuna. Le raisonnement par lequel il démolit toute conception de la réalité n'est qu'un moyen pour rompre le cercle vicieux du vouloir-saisir, et l'aboutissement de sa philosophie n'est pas l'abject désespoir du nihilisme, mais la félicité naturelle et spontanée (*ananda*) de la libération.

Le terme « Sunyavada » vient du mot *sunya* qui signifie « vide », ou de *sunyata*, « vacuité », par lequel Nagarjuna décrit la nature de la réalité, ou plutôt des *conceptions* de la réalité qu'élabore l'esprit humain. Ces conceptions englobent non seulement des vues métaphysiques, mais aussi les idéaux, les croyances religieuses, les espoirs et les ambitions ultimes de toutes sortes, tout ce que l'esprit de l'homme cherche et poursuit pour sa sécurité physique et spirituelle. Non seulement le Sunyavada démolit les convictions que l'on adopte consciemment, mais également les prémisses inconscientes et cachées de la pensée et de l'action, jusqu'à ce que les racines mêmes de l'esprit soient réduites au silence total. Même l'idée de *sunya* doit être rejetée.

On ne peut le qualifier de vide, ni de non-vide,
Ou des deux, ou d'aucun;
Mais pour le désigner,
On l'appelle « le Vide » (1).

Stcherbatsky (1) a certainement raison en suggérant que le Sunyavada est plutôt une doctrine de relativité, car la méthode de Nagarjuna consiste à montrer simplement qu'aucune chose n'a de « nature propre » (*svabhava*)

(1) *Madhyamika Shastra*, XV, 3.

ou de réalité indépendante puisque les choses n'existent que par rapport à d'autres choses. Rien dans l'univers n'a d'existence indépendante : aucune chose, aucun fait, aucun être, aucun événement, et pour cette raison, il serait absurde de poursuivre un idéal quelconque. Tout choix en effet n'existe que par rapport à son contraire, ce qui est se trouve défini par ce qui n'est pas, le plaisir est défini par la douleur, la vie est définie par la mort et le mouvement par l'immobilité. De toute évidence, l'esprit ne peut concevoir l'être sans le non-être puisqu'il s'agit d'abstractions découlant de simples expériences de la vie courante : on sait bien la différence qu'il y a à avoir un sou dans la main droite et rien dans la gauche!

D'un certain point de vue, les mêmes rapports existent entre *nirvana* et *samsara*, *bodhi* (Éveil) et *klesa* (souillure), c'est-à-dire : la poursuite de *nirvana* implique le *samsara* et la recherche de l'Éveil implique que l'on est dans un état de souillure et d'erreur. En d'autres termes, dès que le *nirvana* est un objet de désir, il devient un élément du *samsara*. Le véritable *nirvana* ne peut être désiré car il ne peut être conçu mentalement. Le *Lankavatara Sutra* dit encore :

« Encore, Mahamati, qu'entend-on par non-dualité? Cela signifie que clair et obscur, long et court, noir et blanc sont des termes relatifs, Mahamati, et non indépendants les uns des autres ; comme Nirvana et Samsara, toutes les choses sont non-deux. Il n'y a pas de Nirvana sauf là où est Samsara ; il n'y a pas de Samsara, sauf là où est Nirvana ; car la condition de l'existence n'a pas un caractère mutuellement exclusif. C'est pourquoi on dit que toutes les choses sont non-duelles, comme sont Nirvana et Samsara (II, 28) (1).

Mais l'équation « *nirvana* = *samsara* » est également vraie dans un autre sens, à savoir que ce qui nous apparaît *samsara* est en réalité *nirvana* et ce qui nous apparaît être le monde des formes (*rupa*) est en réalité le vide (*sunya*). C'est ce qu'expriment les phrases fameuses :

« La forme n'est pas différente de la vacuité et la vacuité n'est pas différente de la forme. La forme est

(1) In Suzuki (3), p. 67.

précisément la vacuité ; la vacuité est précisément la forme (1). »

Encore une fois, cela n'implique pas que l'Éveil entraîne l'évanouissement total du monde des formes, car le *nirvana* ne doit pas être recherché comme « l'annihilation future des sens et de leurs champs ». Le *sutra* proclame que la forme est vide dans son essence, dans toute son épineuse singularité.

Cette équation ne tend pas à affirmer une proposition métaphysique, mais à faciliter le processus de l'Éveil qui ne peut se manifester tant que l'on s'efforce d'échapper au monde commun des formes, ou de le modifier, ou encore d'éviter l'expérience que l'on éprouve à cet instant. Toute tentative de ce genre est une manifestation du vouloir-saisir et ce vouloir-saisir ne peut être lui-même modifié par force car :

« *Bodhi* (l'Éveil) est les cinq offenses et les cinq offenses sont *bodhi*... Si quelqu'un considère *bodhi* comme quelque chose à atteindre, à cultiver par la discipline, il est coupable d'orgueil (2). »

Certains de ces passages pourraient laisser entendre que le Bodhisattva peut tout aussi bien être un brave garçon aimant le monde et la vie, qui, puisque *samsara* est de toute façon *nirvana*, peut continuer à vivre à sa guise. Il peut être entièrement dans l'erreur, mais étant donné que l'erreur est *bodhi*, il serait superflu de chercher à l'amender. Les extrêmes ont souvent des analogies trompeuses ; les fous ressemblent fréquemment aux saints et la modestie sincère du sage le fait souvent paraître comme un individu très ordinaire. Il n'est pas facile de différencier et de préciser ce que l'individu ordinaire fait ou ne fait pas qui le distingue du Bodhisattva, ou vice versa. Tout le mystère du Zen réside dans ce problème et nous y reviendrons chemin faisant. Il suffit de dire que ledit « individu ordinaire » n'est qu'apparemment naturel, ou peut-être que son naturel réel ne lui est pas naturel. Il est en pratique tout bonnement impossible de prendre intentionnellement la décision de cesser

(1) *Prajna-paramita-hridaya Sutra* (version chinoise).
(2) *Saptasatika-prajna-paramita Sutra*, 232, 234.

la poursuite du *nirvana* et de vivre une vie ordinaire, car dès qu'une vie « ordinaire » est intentionnelle, elle n'est plus naturelle.

C'est pour cette raison que l'insistance des textes mahayana sur l'inaccessibilité du *nirvana* et du *bodhi* ne doit pas être admise dans son sens théorique comme une pure opinion philosophique. Ce qui importe, c'est de ressentir jusqu'au « tréfonds » de soi-même qu'il n'y a rien à saisir

« Là-dessus, la pensée vint à certains des dieux de cette assemblée : ce que les fées disent et murmurent, nous le comprenons à demi-mot. Ce que Subhuti vient de nous dire, ceci nous ne le comprenons pas!

» Subhuti lut leurs pensées et dit : il n'y a rien à comprendre, il n'y a rien à comprendre. Car rien en particulier n'a été annoncé, rien en particulier n'a été expliqué... Personne ne saisira cette perfection de sagesse telle qu'elle est expliquée ici. Car aucun Dharma (doctrine) n'a été annoncé, expliqué ou communiqué. Ainsi, il n'y aura personne pour le saisir (1). »

Il arrive donc un moment où l'on a compris que tous nos actes intentionnels, nos désirs, nos idéaux, nos stratagèmes sont vains. Dans tout l'univers, au-dedans et au-dehors, il n'y a rien à saisir et personne pour saisir quoi que ce soit : cette révélation se manifeste grâce à la sagesse intuitive ou *prajna* qui permet de pénétrer le caractère relatif de tout ce qui semblait offrir une solution ou constituer une réalité sûre. « L'œil de *prajna* » jauge la position humaine telle qu'elle est, c'est-à-dire une poursuite de buts exigeant toujours d'autres buts, un désir d'objets que la fuite du temps rend aussi insubstantiels que le vent. Celui-là même qui poursuit, qui voit, et connaît et désire, le sujet intérieur, n'existe que par rapport aux objets éphémères de sa convoitise. Il voit que son emprise sur le monde équivaut à sa propre strangulation, à se priver de cette vie à laquelle il aspire tant. Et il n'y a pas d'échappatoire, pas de moyen de « laisser-aller » auquel il puisse faire appel dans un effort de volonté... Mais quel est celui qui veut y échapper?

(1) *Ashtasahasrika*, II, 38, 40. Cf. Conze (2), pp. 177-178.

Il arrive un moment où la prise de conscience du piège fatal, pour lequel nous sommes à la fois le piégeur et la proie, atteint son dénouement. On pourrait presque dire qu'il se produit une « maturation », et soudainement on assiste à ce que le *Lankavatara Sutra* appelle « une rotation au plus profond de la conscience ». A cet instant, toute sensation de contrainte s'évanouit et le cocon que le ver à soie avait tissé tout autour de lui s'ouvre pour le laisser s'envoler comme un papillon. Cette angoisse particulière où plongent les racines de l'âme de l'homme ordinaire, ainsi que Kierkegaard l'a vu avec justesse, disparaît alors. Les artifices, les idéaux, les ambitions et les actes auto-propitiatoires sont devenus superflus car il est alors possible de vivre spontanément, sans chercher à être spontané. En vérité, il n'y a pas de choix, puisqu'il n'y eut jamais de soi quelconque pour amener le soi sous son contrôle.

Tel est, réduit à ses grandes lignes, le processus interne que le Sunyavada s'efforce de susciter par sa philosophie de négation totale. La majeure partie de l'œuvre de Nagarjuna était donc une réfutation systématique et logique soigneusement élaborée des positions philosophiques de l'Inde de ce temps (1). Accordant à son objet le caractère d'une expérience intérieure, les Occidentaux ont toujours éprouvé des difficultés à comprendre comment un point de vue si purement négatif pouvait avoir des conséquences créatrices. C'est pourquoi il faut répéter que les négations s'appliquent non pas à la réalité elle-même, mais aux idées que nous nous faisons de cette réalité. Le contenu créateur et positif du Sunyavada ne se trouve pas dans la philosophie elle-même, mais dans la vision nouvelle de la réalité qu'elle révèle, et Nagarjuna se garde de la corrompre en essayant de la décrire.

Le Mahayana possède cependant un autre terme pour

(1) Le lecteur désireux d'étudier plus en détail la doctrine de Nagarjuna voudra bien consulter le magnifique ouvrage du professeur T. R. V. Murti, *The Central Philosophy of Buddhism*. Voir la Bibliographie. Malheureusement, on ne dispose actuellement que de traductions fragmentaires en anglais des écrits de Nagarjuna, à moins qu'il soit vraiment l'auteur de *Prajna-paramita*. Cf. à ce sujet Conze (2, 3).

désigner la réalité, peut-être encore plus évocateur que *sunya*, le vide. C'est le mot *tathata*, que l'on peut traduire par « le fait d'être tel » ou « le fait d'être ainsi » ou « d'être cela ». Par analogie, les Bouddhas sont appelés Tathagatas, c'est-à-dire « ceux qui vont et viennent ainsi ». Le mot sanscrit *tat* (cela) tire probablement son origine des premiers efforts de parole que fait le petit enfant lorsqu'il montre quelque chose du doigt en disant « Ta » ou « Da ». C'est sans doute ainsi que l'enfant manifeste sa prise de contact avec le monde en s'exclamant « ça ! ». Lorsque nous disons « cela » ou « ainsi », nous désignons le domaine de l'expérience non verbale, la réalité telle que nous la percevons directement, essayant par là d'indiquer ce que nous voyons et sentons plutôt que ce que nous pensons ou disons. *Tathata* désigne donc le monde tel qu'il est, non falsifié et non divisé par les symboles et les définitions de la pensée. Ce mot introduit une discrimination entre le concret, le réel, d'une part, et l'abstrait, le conceptuel, d'autre part. Un Bouddha est un Tathagata, un « qui va ainsi », car il est réceptif à l'égard de ce monde primaire non-conceptuel, verbalement inexprimable, qu'il se garde de confondre avec des idées d'être et de non-être, de bien et de mal, de passé et de futur, d'ici et de là-bas, de mouvement et d'immobilité, de permanence et d'impermanence. Voici comment le Bodhisattva parle du Tathagata dans le *Saptasatika* :

« *Tathata* (le fait d'être tel) ne devient ni ne cesse de devenir ; c'est ainsi que je vois Tathagata. « Le fait d'être tel » ne réside en aucun lieu ni place ; c'est ainsi que je vois Tathagata. « Le fait d'être tel » n'est ni le passé ni le futur, ni le présent ; c'est ainsi que je vois Tathagata. « Le fait d'être tel » ne découle ni du duel, ni du non-duel ; c'est ainsi que je vois Tathagata. « Le fait d'être tel » n'est ni pur ni impur ; c'est ainsi que je vois Tathagata. « Le fait d'être tel » n'est ni un commencement, ni une fin ; c'est ainsi que je vois Tathagata (195) (1). »

Étant donné que *tathata* est l'état véritable d'un

(1) « Le fait d'être tel » n'est ni le passé, ni le futur, ni le présent, car lorsqu'on a compris qu'il n'y a ni passé ni futur, il n'y a pas non plus de présent, car cette notion n'a de signification que par rapport au passé et au futur.

Bouddha et de tous les êtres sans exception, on s'y réfère également comme étant notre nature originale et véritable, c'est-à-dire notre « nature de Bouddha ». L'un des principes essentiels du Mahayana est que tous les êtres possèdent une « nature de Bouddha » leur conférant ainsi la possibilité d'atteindre la bouddhéité. Le terme « Bouddha » est souvent utilisé pour désigner la réalité elle-même, et non pas seulement « l'homme Éveillé », par le fait de l'identité de la « nature de Bouddha » avec *tathata*. Il arrive donc fréquemment que le Bouddha soit considéré dans la doctrine mahayana comme une incarnation de la réalité, constituant la base de ces cultes populaires dans lesquels les Bouddhas semblent être adorés comme des dieux. Je dis « semblent être », car même dans le bouddhisme mahayana, il n'existe pas de principes équivalents à ceux du théisme judéo-chrétien, qui identifie strictement Dieu avec les principes moraux. En outre, les divers Bouddhas qui sont si vénérés, tels Amitabha, Vairocana, Amitayus, Ratnasambhava, etc., sont toujours des personnifications de la propre nature de chacun.

C'est aussi la base du bouddhisme de la foi, du Sukhavati ou école de la Terre Pure, pour laquelle tous les efforts vers la bouddhéité sont tout au plus l'expression d'un faux orgueil de l'ego. Il n'est nécessaire que de répéter la formule *namo-amitabhaya* (littéralement : « le nom d'Amitabha », ou « Salut, Amitabha »), dans la croyance que cela seul suffit pour renaître dans la Terre Pure sur laquelle règne Amitabha. Tous les obstacles qui se dressent en ce bas monde sur la voie de la bouddhéité sont écartés, si bien que cette renaissance équivaut virtuellement à devenir un Bouddha. La répétition du nom est tenue pour efficace car, dans l'antiquité, Amitabha avait fait vœu de n'accéder à la bouddhéité suprême que si la renaissance en Terre Pure était assurée à tous les êtres invoquant son nom. Étant donné qu'il est subséquemment parvenu à la bouddhéité, son vœu a donc effectivement été exaucé.

Nagarjuna lui-même admettait cette doctrine car c'est évidemment une façon populaire et schématique de dire qu'il n'est pas indispensable de faire quoi que ce soit pour devenir un Bouddha, puisque chaque individu possède déjà en lui, potentiellement, cette « nature de Bouddha ». Au contraire, chercher à devenir un Bouddha, c'est nier qu'on le soit déjà et nier l'unique possibilité de le devenir! En somme, pour devenir un Bouddha, il suffit de croire l'être déjà. Shinran, le grand doctrinaire japonais de la Terre Pure, allait même jusqu'à dire qu'il n'était nécessaire que de répéter le Nom, car il estimait que l'effort qu'implique l'acte de foi est trop artificiel et risque d'amener le sujet à douter de sa propre foi.

Le bouddhisme de la Terre Pure découle visiblement de la doctrine de Bodhisattva selon laquelle le but de l'homme libéré doit être la libération de tous les autres êtres par des *upaya*, ou « moyens habiles ». Grâce à la sagesse intuitive, ou *prajna*, il pénètre dans la nature de la réalité, qui suscite alors la compassion (*karuna*) pour tous les êtres encore plongés dans leur ignorance. A un niveau plus élevé, *karuna* signifie quelque chose de plus que la compassion pour l'ignorance des autres. Nous avons vu en effet que le retour de Bodhisattva dans le monde du *samsara* reposait sur le principe selon lequel *samsara* est en fait *nirvana* et que « le vide est précisément la forme ». Si *prajna* implique que « la forme est vide », *karuna* implique que « le vide est forme ». C'est par conséquent une « affirmation » du monde quotidien « tel qu'il est » naturellement, l'un des principes du Mahayana les plus fortement soulignés par le Zen. Il serait donc absurde de toujours voir dans le bouddhisme une philosophie de négation du monde, pour laquelle la singularité des formes ne revêtirait aucune importance. C'est par l'intermédiaire du *karuna* que le bouddhisme mahayana inspira l'art chinois au cours des dynasties Sung et Yüan, art qui mettait l'accent sur les formes naturelles plutôt que sur les symboles religieux. Par *karuna*, on entend en effet que la dissolution des formes dans le vide ne diffère en aucune façon des caractéristiques particulières des formes elles-mêmes. La vie des choses n'est que conventionnellement séparable de leur mort ; en réalité, mourir, c'est vivre.

La base de la doctrine Dharmadhatu (royaume du Dharma) exposée dans l'énorme *Avatamsaka Sutra* s'appuie sur la prise de conscience de la vacuité de chaque forme isolée dans sa réalité et sur le fait que sa singularité découle de ses rapports avec les autres formes. Ce volumineux ouvrage représente sans doute l'apogée du Mahayana hindou et l'une de ses images centrales est un vaste réseau de gemmes semblable à une toile d'araignée dans la rosée du matin, où chaque cristal se reflète dans les autres. Ce réseau, c'est le Dharmadhatu, l'univers, le royaume des innombrables *dharma* ou « objets-événements ».

Les commentateurs chinois établirent une quadruple classification du Dharmadhatu qui prit une importance considérable pour le Zen au cours de la dynastie T'ang. Cette classification des « Quatre Royaumes Dharma »[b] était la suivante :

1° *Shih*[c], les « objets-événements » individuels et uniques, dont l'univers est composé.

2° *Li*[d], le « principe » ou réalité ultime sous-tendant la multiplicité des choses.

3° *Li shih wu ai*[e], « entre le principe et l'objet, il n'y a pas d'obstacle », c'est-à-dire qu'il n'y a pas d'incompatibilité entre *nirvana* et *samsara*, le vide et la forme. Le fait d'atteindre l'un n'implique pas l'annihilation de l'autre.

4° *Shih shih wu ai*[f], « entre l'objet et l'objet, il n'y a pas d'obstacle », c'est-à-dire que chaque « objet-événement » implique tous les autres et que l'acuité mentale la plus pénétrante consiste simplement à percevoir leur « naturalité ». Chaque « objet-événement » est alors perçu comme auto-déterminant, auto-créateur ou spontané, car ce qui se manifeste naturellement tel quel, ce qui est *tatha*, ce qui est « tel », se révèle libre et sans inhibition.

Selon la doctrine Dharmadhatu, l'harmonie propre de l'univers est réalisée lorsque chaque objet-événement a la faculté d'être soi-même, librement, spontanément, et sans interférence. Ou pour l'exprimer d'une façon plus subjective, il importe de « laisser toute chose libre d'être telle qu'elle est ; de ne pas se dissocier du monde et de ne pas s'efforcer de l'ordonner ». Il y a donc une distinction subtile entre cette attitude et le simple *laisser-faire*, qu'illustre bien la façon dont nous mobilisons nos membres : nous n'avons pas besoin pour marcher de soulever chacune de nos jambes avec nos mains. Le corps individuel est donc un système de *shih shih wu ai*, et un Bouddha a conscience que tout l'univers est son corps, une harmonie merveilleusement orchestrée de l'intérieur plutôt que par des interférences exogènes.

Pour la philosophie mahayaniste, le corps du Bouddha est une trinité, c'est le *Trikaya*, ou « Triple Corps ». Il est désigné sous le nom de *Nirmanakaya*, ou « Corps de Transformation » lorsqu'il symbolise la multitude des « objets-événements » ou les formes humaines particulières qu'il revêt. Ces formes humaines particulières, ce sont les Bouddhas historiques ou préhistoriques tels que Gautama, Kasyapa ou Kanakamuni, et, comme ils se manifestent « en chair et en os », le *Nirmanakaya* englobe, en principe, l'univers entier des formes. Il y a ensuite le *Sambhogakaya*, ou « Corps de Jouissance ». C'est le domaine de *prajna*, la sagesse, et de *karuna*, la compassion, *prajna*, qui regarde vers le haut, vers le royaume du vide, et *karuna*, qui regarde vers le bas, vers le monde des formes. *Sambhogakaya* pourrait également être appelé « Corps de Conscience », car c'est dans ce « Corps » qu'un Bouddha a conscience d'être Bouddha. Enfin, il y a le *Dharmakaya*, le « Corps de Dharma », qui est vide, le *sunya*.

Nagarjuna n'a pas analysé le mode par lequel le vide devient forme, par lequel Dharmakaya devient Nirmanakaya, pressentant peut-être que cela serait parfaitement inintelligible à ceux qui n'auraient pas atteint effectivement l'Éveil. Le Bouddha lui-même a comparé ce genre d'analyse à la folie d'un homme qui, blessé par une flèche, refuserait de se laisser soigner avant de connaître toute la biographie et les motivations de son aggresseur. Néanmoins, les successeurs de Nagarjuna, les frères Asanga et Vasubandhu (env. 280-360), qui élaborèrent le type de philosophie mahayana généralement connu sous le nom de Yogacara, tentèrent de discuter ce problème particulier.

Selon le Yogacara, le monde des formes est *cittamatra*, « esprit-seulement », ou *vijnaptimatra*, « représentation-seulement ». Cette façon de voir semble très proche des philosophies occidentales d'idéalisme subjectif, pour lesquelles le monde matériel et extérieur est considéré comme une projection de l'esprit. Les deux points de vue semblent pourtant différer sensiblement. Ici, comme toujours, le Mahayana est moins une construction théorique et spéculative que le compte rendu d'une expérience intérieure et un moyen de susciter cette expérience chez les autres. En outre, le mot *citta* n'équivaut pas exactement à notre mot « esprit », que la pensée occidentale tend à définir par opposition à « matière », considérant cette dernière moins comme « mesure » que comme « matière mesurée ». La mesure elle-même, qui est une abstraction, s'apparente pour l'Occidental à la nature de l'esprit, car nous avons tendance à voir dans « l'esprit » et la « pensée » des notions plus abstraites que concrètes.

Mais, dans la philosophie bouddhiste, *citta* ne se définit pas par opposition au concept de « substance solide ». Le monde n'a jamais été considéré comme une substance primaire modelée et transformée par action de l'intellect ou de l'esprit : une telle image est étrangère à la pensée bouddhiste qui ne s'est jamais demandé comment un esprit impalpable pouvait exercer une influence quelconque sur la matière solide. Chaque fois que nous évoquons le monde matériel, ou physique, ou substantiel, le bouddhisme emploie le mot *rupa* qui symbolise moins la « matière » que la « forme ». *Rupa* ne recouvre aucune « substance matérielle », si ce n'est *citta* lui-même.

Il est difficile d'établir des comparaisons entre les concepts de l'Orient et de l'Occident, car les deux mondes ne posent pas les mêmes postulats et leurs classifications de l'expérience sont différentes à la base. Si par conséquent le monde n'a jamais été divisé en « matière » et « esprit », mais plutôt en « esprit » et « forme », le mot « esprit » ne peut avoir exactement la même signification dans les deux cas. Le mot « homme » par exemple, n'a pas tout à fait le même sens lorsqu'il est défini par rapport à « femme » que par rapport à « animal ».

On peut donc dire d'une façon approximative et simple que les idéalistes occidentaux ont commencé à philosopher d'après un monde basé sur l'esprit, la forme et la matière, alors que les bouddhistes se sont basés sur un monde « de forme et d'esprit ».

C'est pourquoi le Yogacara ne discute pas les rapports entre les formes de la matière et l'esprit, mais les rapports entre les formes et l'esprit, et conclut que ce sont des formes *de* l'esprit. Il en résulte que le terme *citta* (esprit) perd logiquement toute signification. Mais étant donné que le bouddhisme est essentiellement orienté vers le domaine de l'expérience, dépourvu de logique et de signification, en ce sens qu'il ne symbolise ou signifie rien d'autre que lui-même, il n'y a pas d'inconvénient à ce qu'il y ait des termes sans signification.

Du point de vue logique, la proposition « tout est esprit » ne signifie rien de plus que « tout est tout », car s'il n'existe rien qui ne soit esprit, le mot est inclassifiable, sans limite et sans définition. On pourrait tout aussi bien employer un phonème quelconque et c'est précisément ce que fait le bouddhisme avec le mot absurde *tathata*. Le rôle de ces termes absurdes est d'attirer notre attention sur le fait que la logique et la signification, par leur inhérente dualité, sont une propriété de la pensée et du langage, mais non du monde réel. Le monde concret, non-verbal, ne comporte ni classe, ni symbole ayant une signification autre que la leur propre. En conséquence, il ne comporte pas de dualité puisque la dualité n'apparaît que lorsqu'on classifie, que lorsque nous rangeons nos expériences dans des cases mentales, et une case n'est une case que si elle possède un intérieur et un extérieur.

Les cases mentales se forment probablement dans notre esprit bien avant que la pensée et le langage nous permettent de les identifier. Nous commençons à classifier dès que nous percevons des différences, des régularités et des irrégularités, en somme, dès que nous établissons des rapports. Mais si le mot « mental » signifie vraiment quelque chose, cette classification est certainement un acte mental car percevoir des différences et les confronter les unes aux autres est plus complexe que réagir simplement à des stimuli sensoriels. Cependant, si les classifications sont le fruit de l'esprit, de l'acuité mentale, de la faculté d'élaborer des associations, de la pensée et du langage, le monde, *envisagé simplement en tant qu'ensemble de classifications d'objets*, est un produit de l'esprit.

C'est, je présume, ce qu'entend le Yogacara en affirmant que le monde est « esprit seulement » (*cittamatram lokam*). Il entend par là que les notions d'intérieur et d'extérieur, d'avant et d'après, de lourd et de léger, de plaisant et de douloureux, de mobile et d'immobile sont des idées, c'est-à-dire des classifications mentales. Leurs rapports avec le monde concret sont les mêmes que ceux des mots. Ainsi donc, le monde que nous connaissons, autrement dit le monde des classifications, est un produit de l'esprit : il n'est pas plus le monde réel que le son « eau » de l'eau véritable.

On voit donc maintenant que le problème de ce « qu'est » l'esprit s'apparente à celui de ce « qu'est » le monde réel. C'est un problème sans solution car la question « qu'est-ce-que » est une classification, et l'on ne peut faire rentrer le classificateur dans une classification. N'est-il donc pas tout simplement absurde de parler de l'esprit, *citta*, s'il n'y a aucun moyen de préciser ce dont il s'agit ? Au contraire, le mathématicien Kurt Gödel nous a fourni une preuve rigoureuse que tout système logique doit comporter une prémisse que l'on ne peut définir sans introduire une contradiction (1). Le yogacara qui prend *citta* comme prémisse ne le définit pas ; c'est ici l'équivalent de *sunya* et de *tathata*, car l'esprit :

« est au-delà de toutes doctrines philosophiques, en dehors de toute discrimination, il est inaccessible et n'a jamais été engendré : je dis qu'il n'y a rien que l'Esprit. Ce n'est ni une existence, ni une non-existence ; il est en vérité au-delà de l'existence et de la non-existence... De l'Esprit surgissent d'innombrables choses soumises à la discrimination (c'est-à-dire à la classification) et à la force de l'habitude ; ces choses sont considérées comme le monde extérieur... Ce qui apparaît être extérieur n'existe pas en réalité ; en vérité, c'est l'Esprit que l'on

(1) Cf. E. Nagel et J. R. Newman, « Gödel's Proof », *Scientific American*, CXCVI, 6 juin 1956, pp. 71-86.

voit dans sa multiplicité ; le corps, ses fonctions et ses localisations, tout ceci, je le dis, n'est rien d'autre que l'Esprit (1). »

Le Yogacara décrit 8 sortes de *vijnana*, ou « conscience discriminatoire », à l'intérieur du continuum indéfini de *citta*. Il existe une conscience appropriée à chacun des 5 sens, ainsi qu'une conscience propre au sixième sens (*mano-vijnana*), unifiant les cinq autres de manière que ce qui est touché ou entendu puisse être comparé à ce qui est vu. Il y a le *manas* ou centre de l'activité discriminatoire et classificatoire de l'esprit, et enfin, la « conscience de réserve », ou *alaya-vijnana*, l'esprit supra-individuel qui contient les germes de toutes les formes possibles.

La « conscience de réserve » équivaut presque à *citta* et est qualifiée de supra-individuelle car elle préexiste à toute différenciation. Il ne s'agit pas d'une sorte de gaz fantôme imbibant tous les êtres, car l'espace et les volumes n'ont ici qu'un caractère potentiel. En d'autres termes, la « conscience de réserve » est cette conscience d'où surgit spontanément et comme en jouant (*vikridita*) le monde formel. Le Mahayana ne commet pas en effet l'erreur d'expliquer l'apparition du monde à partir de l'esprit par une série de causes nécessaires. Tout ce qui est lié à une nécessité causale appartient au *maya*, intégralement. Exprimé sous une forme quelque peu poétique, on peut dire que l'illusion du monde émane du Grand Vide, sans raison et sans but, précisément parce qu'il n'y a pas nécessité, et toute « l'activité » du Vide n'est qu'un jeu (*vikridita*) puisqu'il ne s'agit pas d'une action motivée (*karma*).

Ainsi donc, d'après le Yogacara, le monde formel surgit spontanément de la « conscience de réserve » pour passer dans le *manas* où s'effectue la première différenciation, puis dans la conscience des six sens, qui à son

(1) *Lankavatara Sutra*, 154, 29-30 ; 32-33. In Suzuki (2), p. 242. J'ai cité les points de vue Madhyamika et Yogacara, d'après le *Lankavatara*, car, ou bien les deux écoles se sont inspirées du *sutra*, ou bien il s'agit de l'œuvre du dernier, ayant incorporé des points de vue du premier. Étant donné que l'ordre historique est purement hypothétique, je me suis contenté de choisir des sources qui semblent le mieux exprimer les principes en question.

tour transmet aux organes sensoriels ou « portes » (*ayatana*) à travers lesquels vient se projeter le monde extérieur classifié.

Le *yoga* bouddhiste consiste par conséquent à inverser le processus, à atténuer l'action discriminatoire de l'esprit et à laisser les catégories du *maya* retourner à l'état potentiel, de manière que le monde puisse être perçu sous sa forme authentique, inclassifiée. C'est alors que *karuna* s'éveille et le Bodhisattva laisse la projection se manifester à nouveau, ayant été consciemment identifiée avec l'activité sans but et spontanée du Vide.

4. Origine et développement du Bouddhisme zen

Les caractères qui distinguent le Zen ou Ch'an des autres formes de bouddhisme sont assez vagues lorsqu'il s'agit de les exprimer par des mots, et pourtant, le Zen possède une « saveur » bien particulière. Bien que le mot « zen » signifie *dhyana* ou méditation, les autres écoles bouddhiques attachent autant d'importance que le Zen, sinon plus, à cet exercice, et il semble même parfois que la pratique de la méditation formelle soit, à proprement parler, absolument superflue pour le Zen. Cette doctrine ne se distingue pas non plus spécialement par son « mutisme » ou par son insistance à répéter que la vérité ne peut être communiquée par des mots, puisque cette attitude est déjà celle de l'enseignement du Madhyamika et de Lao-tzu :

> *Ceux qui parlent ne savent pas ;*
> *Ceux qui savent ne parlent pas* (56).

Son trait le plus spécifique est peut-être son accessibilité directe. Dans les autres écoles bouddhiques, l'Éveil ou *bodhi* semble lointain et presque surhumain, quelque chose que l'on ne peut atteindre qu'après des existences successives d'efforts patients. On a l'impression dans le Zen que l'Éveil est toujours parfaitement naturel, parfaitement évident et susceptible de survenir à n'importe quel moment. S'il comporte des difficultés, c'est précisément parce que c'est beaucoup trop simple. L'enseignement du Zen est sans détour, allant droit et ouvertement à la vérité sans jongler avec les symboles.

La désignation directe (*shih shih* [a]) est le mode de démonstration courant qu'utilise la doctrine, sans faire appel à des termes ou à des actions symboliques, donnant souvent au non-initié l'impression qu'il s'agit d'un sujet quelconque ou d'une parfaite absurdité. Pour répondre à une question sur le bouddhisme, le maître réplique par une remarque sur les conditions atmosphériques ou par une action simple apparemment sans rapport avec un thème philosophique ou spirituel. Il est cependant difficile de trouver beaucoup d'exemples de cette méthode avant la moitié de la période T'ang, bien qu'à cette époque le Zen fût déjà solidement implanté, mais elle traduit certainement l'importance qu'attribuaient les anciens maîtres à l'Éveil immédiat dans le cours des occupations journalières.

Personne n'a jamais pu déceler la trace d'une école Dhyana spécifique dans le bouddhisme hindou, mais nous n'avons pas de preuve de son inexistence, étant donné qu'aucun document ne la contredit. Si le trait caractéristique du Zen est l'Éveil instantané ou immédiat (*tun wu* [b]) sans passer par des stades préparatoires, on devrait retrouver trace de ce principe dans l'Inde. Le *Lankavatara Sutra* déclare effectivement qu'il existe des méthodes pour parvenir à l'Éveil, progressives et instantanées (*yugapat*), les premières par purification des souillures de l'esprit (*ashrava*), les secondes par « rotation instantanée » (*paravritti*) de l'esprit dans les profondeurs de la conscience afin d'éliminer les concepts dualistes. L'esprit est ainsi comparé à un miroir réfléchissant immédiatement toutes les formes et toutes les images qui se présentent (1). Il existe également une relation précise entre la notion d'Éveil immédiat et l'enseignement du *Vajracchedika*, ou « Sutra du Diamantaire »,

(1) *Lankavatara Sutra*, II, 14 ; in Suzuki (3), pp. 49-51. C'était, selon la tradition, le *sutra* favori de Bodhidharma, le fondateur semi-légendaire du Zen en Chine. Suzuki (2), pp. 44-63, a discuté en détail ses rapports avec le Zen.

sur le fait que parvenir à l'Éveil équivaut à ne parvenir à rien. En d'autres termes, si la poursuite d'un *nirvana* réellement et constamment présent, revient à le perdre, la méthode progressive semble difficilement convenir. L'Éveil devrait donc être atteint directement, et à l'instant même.

Quoique son origine soit probablement postérieure à celle du Zen en Chine, il existe également une tradition de ce genre dans le bouddhisme tantrique et rien n'indique qu'il y ait eu une influence inverse du Zen chinois. On retrouve des analogies avec les écrits zen dans un ouvrage tantrique de Saraha, datant du xe siècle :

Si elle (la Vérité) est déjà manifeste, à quoi bon méditer ?
Et si elle est cachée, on ne fait que mesurer l'obscurité (20).
Mantras et Tantras, méditation et concentration,
Ce sont des sources d'erreur.
Ne vous corrompez pas dans la pensée contemplative qui [est pure d'elle-même,
Mais restez dans le bonheur de vous-même et cessez ces [tourments (23).
Quoi que vous voyiez, c'est cela,
Devant, derrière, dans les dix directions,
Aujourd'hui même, laissez votre maître abolir l'erreur ! (28)
La nature du ciel est primitivement claire,
Mais à force de contempler, la vue s'obscurcit (34).

Le bouddhisme tibétain comporte également une tradition de la Voie Courte, consistant en une ascension rapide et ardue vers le *nirvana* pour ceux qui possèdent le courage nécessaire, quoiqu'une doctrine plus évocatrice des caractères d'instantanéité et de naturel du Zen soit mentionnée dans les « Six Préceptes » de Tilopa :

Ni pensée, ni réflexion, ni analyse,
Ni exercice, ni intention,
Laissez-le s'installer de lui-même.

(*Mi-mno, mi bsam, mi-dpyad-ching,*
Mi-bsgom, mi-sems, rang-babs-bzhag (1).)

(1) Cette traduction est basée sur les explications fournies par M. Alex Wayman, de l'Université de Californie. *Mi-mno* équivaut approximativement aux termes zen *wu-hsin* ou *wu-nien*, « absence d'esprit » ou « absence de pensée ». *Bsam* équivaut au terme sanscrit *cintana*, c'est-à-dire pensée discursive sur ce qui a été entendu,

La délivrance immédiate et sans artifice ou intention spéciale est également impliquée dans l'idée tantrique de *sahaja*, l'état naturel et paisible du sage libéré.

Il ne s'agit pas ici d'analyser le contenu réel de l'Éveil immédiat et de la naturalité, mais ces exemples sont mentionnés pour montrer que la Voie Directe existait en dehors de la Chine, suggérant ainsi son origine dans le bouddhisme hindou. Il est possible qu'un tel principe, donnant si facilement lieu à des interprétations erronées, ait été gardé comme une doctrine « secrète » pour n'être révélé publiquement que plus tardivement : cela expliquerait l'absence de documents anciens à ce sujet. Le Zen proclame d'ailleurs que l'Éveil immédiat n'est pas communiqué par les sutras, mais transmis directement de maître à disciple, non pas comme quelque chose à caractère aussi « ésotérique » qu'une expérience de télépathie, mais en réalité comme quelque chose de beaucoup plus « banal ». Ainsi, lorsque les pandits hindous soulignent que la sagesse ne s'acquiert pas par les écritures, mais seulement par l'enseignement d'un maître ou *guru*, cela signifie que les textes en question, tel le *yogasutra*, ne contiennent que les grandes lignes de la doctrine dont l'exégèse exige quelqu'un ayant étudié la tradition orale. Et puisque la tradition est initialement une expérience, il est à peine besoin d'ajouter que les mots ne sont pas plus capables d'en donner communication que s'il s'agissait d'une autre expérience quelconque.

Il n'est cependant pas vraiment nécessaire d'admettre qu'il existât jamais une école Dhyana spécifique dans l'Inde, et l'influence des principes fondamentaux du bouddhisme mahayana sur les taoïstes et les confucéens expliquerait suffisamment l'origine du Zen. C'est pourquoi l'on observe l'apparition de tendances très proches du Zen presque aussitôt après que les grands *sutras* mahayana aient pénétré en Chine, c'est-à-dire avec

et *dpyad* à *mimamsa*, ou analyse philosophique. *Bsgom* correspond probablement à *bhavana*, ou au chinois *hsiu*, « cultiver », « pratiquer », ou « intense concentration ». *Sems* signifie *cetana ou szu*, « intention », « volition ». *Rang-babs-bzhag* signifie littéralement « soi-installer-établir », et « soi-installer » semble un équivalent presque exact du terme taoïste *tzu-jan*, « soi-ainsi », « spontané » ou « naturel ».

l'œuvre du célèbre érudit hindou, le moine Kumarajiva. Ce dernier traduisit les sutras à Ku-tsang et à Ch'ang-an entre 384 et 413, à une époque où l'un de ses élèves les plus brillants était le jeune moine Seng-chao (384-414), qui avait débuté dans la vie comme copiste des textes confucéens et taoïstes.

Seng-chao se convertit au bouddhisme après avoir lu le *Vimalakirti Sutra*, texte qui exerça une influence considérable sur le Zen. Bien que Seng-chao soit devenu moine, ce *sutra* est l'histoire d'un laïc, Vimalakirti, qui surpassait tous les disciples du Bouddha par son intelligence. Il s'était en particulier distingué de tous les autres disciples et bodhisattvas en répondant à une question sur la nature de la réalité non-duelle par un « silence énorme », exemple si fréquemment suivi par les maîtres zen. Le silence impressionnant de Vimalakirti est également le thème favori des artistes. Mais le point essentiel de ce *sutra* pour la Chine et le Zen résidait dans le fait que l'Éveil parfait était compatible avec les problèmes de la vie de tous les jours, et que, véritablement, le summun de l'accomplissement était de parvenir à l'Éveil sans éliminer les souillures et les corruptions (*klesa*).

C'était là une concession à la mentalité taoïste et confucéenne. L'importance qu'accorde la doctrine confucéenne à la vie familiale se serait difficilement accommodée d'un bouddhisme rigoureusement ascétique. Les maîtres bouddhistes chinois étaient habituellement des moines, mais ils acceptaient cependant un grand nombre d'étudiants laïques déjà érudits et le Zen s'est toujours attaché, en particulier, à promouvoir une expression de la doctrine en termes profanes, dans tous les domaines des activités artistiques et manuelles et dans la façon d'envisager l'univers naturel. Les confucéens et les taoïstes étaient entièrement favorables à l'idée d'un Éveil n'exigeant pas l'extermination des passions humaines (c'est ainsi que l'on peut également traduire le terme *klesa*). Nous avons déjà souligné la confiance en la nature humaine que professaient ces deux philosophies, mais leur tolérance à l'égard des passions n'allait cependant pas jusqu'à les laisser s'épanouir librement. Il s'agissait de les supporter plutôt que de les combattre, sans les réprimer ni s'y complaire. Le taoïste évite la violence et il arrive à ses fins directement, sans interférence, par une sorte de *judo* psychologique.

Les écrits de Seng-chao, comme ses commentaires du *Vimalakirti Sutra*, abondent en citations et phrases taoïstes, semblant suivre en cela l'exemple de moines de moindre importance, quoique plus anciens, tels que Hui-yüan (334-416) et Tao-an (312-385), en utilisant les « sens extensifs » des concepts (*ko-i* [c]) pour expliquer le bouddhisme à l'aide de parallèles taoïstes. Les analogies entre les deux traditions étaient si nettes que vers la fin du v[e] siècle Liu-ch'iu pouvait dire :

« A l'est des montagnes K'un-lun, on utilise le terme taoïste « Grande Unité ». A l'ouest du Cachemire, on emploie le terme bouddhiste *sambodhi*. Que l'un ou l'autre implique la notion de « non-être » (*wu*) ou de « vacuité », le principe qu'ils renferment est le même (1). »

Deux des principes de Seng-chao sembleraient avoir joué un rôle dans le développement ultérieur du Zen, à savoir, sa conception du temps et du changement, et son idée selon laquelle « *prajna* n'est pas la connaissance ». Le chapitre sur « l'Immutabilité des Choses » dans son *Livre de Chao* est si original et si étonnamment analogue au chapitre consacré à la notion du temps dans le premier volume du *Shobogenzo* de Dogen, que le célèbre philosophe zen japonais en a sans doute eu connaissance.

« Les choses passées sont dans le passé, et n'y vont pas à partir du présent, les choses présentes sont dans le présent, et n'y vont pas à partir du passé... Les rivières qui rivalisent les unes avec les autres pour inonder le pays ne s'écoulent pas. L'air capricieux qui souffle à l'entour n'est pas mobile. Le soleil et la lune, tournant sur leurs orbites, restent immobiles (2). »

Dogen souligna également que la bûche ne devient pas cendres et que la vie ne devient pas mort, tout comme l'hiver ne devient pas printemps. Chaque instant

(1) Cité par Fung Yu-lan (1), vol. 2, p. 240. D'après Seng-Yu, *Ch'u San-tsang Chi-chi*, 9.
(2) Liebenthal (1), p. 49.

du temps est « contenu en lui-même et paisible » (1).

Seng-chao a discuté aussi le paradoxe apparent du *prajna* envisagé comme une sorte d'ignorance. Puisque la réalité ultime n'a pas de qualité et n'est pas un objet, elle ne peut être un objet de connaissance ; c'est donc pourquoi *prajna*, l'intuition directe, parvient à la vérité par l'ignorance.

« La sagesse ignore, et pourtant elle illumine les abîmes les plus profonds. L'espace ne calcule pas, et cependant il réagit aux nécessités du moment. Parce qu'il ne calcule pas, l'esprit brille dans une gloire solitaire au-delà du monde. Parce qu'elle ignore, la Sagesse illumine le Mystère (*hsüan*) par-delà les affaires de ce monde. Et, quoique la Sagesse réside en dehors des affaires, elle n'en est pas privée. Bien que l'esprit soit au-delà du monde, il y reste éternellement (2). »

On trouve là l'une des principales ressemblances entre le taoïsme et le Zen, car si le style et la terminologie du *Livre de Chao* sont taoïstes, le thème en est bouddhiste. Les paroles des premiers maîtres zen tels que Hui-neng, Shen-hui et Huang-po abondent en idées de ce genre : qu'en vérité savoir n'est pas savoir, que l'esprit Éveillé réagit immédiatement, sans calcul et qu'il n'y a aucune incompatibilité entre la bouddhéité et la vie de tous les jours.

Le condisciple de Seng-chao, Tao-sheng (360-434), le premier qui ait exposé clairement et sans équivoque la doctrine de l'Éveil instantané, est encore plus proche de la position du Zen. Si le *nirvana* ne peut être atteint par le vouloir-saisir, il ne peut être question d'y parvenir par étapes, par une lente accumulation des connaissances. Il doit être atteint en un seul éclair intuitif, *tun-wu*, ou encore, en japonais, *satori*, terme zen familier désignant l'Éveil instantané. Hsieh Lin-yün (385-433) (3) suggère

(1) On trouve déjà la même idée avant Dogen chez le maître zen Matsu (mort vers 788) : « Il en est ainsi avec les pensées anciennes, les pensées récentes et les pensées intermédiaires. Chacune d'elles se suffit à elle-même », *Ku-tsun-hsü Yü-lu*, 1, 4.

(2) Liebenthal (1), pp. 71-72.

(3) Sa *Discussion of Essentials* (*Pien Tsung Lun*) est notre source d'informations principale concernant les idées de Tao-sheng. Voir Fung Yu-lan (1), vol. 2, pp. 274-284.

même dans son analyse de la doctrine de Tao-sheng que l'Éveil instantané convient mieux à la mentalité chinoise qu'à la mentalité hindoue, conférant ainsi du poids à l'hypothèse de Suzuki qui présente le Zen comme une « révolution » chinoise contre le bouddhisme hindou. Quoique inhabituelle et surprenante, la doctrine de Tao-sheng a certainement trouvé un terrain favorable car elle est mentionnée encore plus d'un siècle plus tard dans un ouvrage de Hui-yüan (523-592), qui l'associe également au maître Hui-tan, mort vers 627.

L'importance de ces premiers précurseurs du Zen est qu'ils nous donnent quelques indications sur l'origine du mouvement, si l'on refuse d'admettre la tradition selon laquelle il aurait été introduit en Chine en 520 par le moine Bodhidharma. Les érudits modernes tels que Fung Yu-lan et Pelliot ont en effet sérieusement mis en doute la véracité de cette tradition. Selon eux, l'histoire de Bodhidharma ne serait qu'une pieuse invention imaginée plus tardivement lorsque l'école zen ressentit le besoin d'une autorité historique pour authentifier un héritage doctrinal transmis soi-disant directement par le Bouddha, en dehors des *sutras*. Le Bodhidharma est considéré comme le 28e d'une série de patriarches hindous quelque peu fantaisistes, « successeurs apostoliques » directs de Gautama (1).

Au stade actuel des investigations, il est difficile de dire si les points de vue des érudits doivent être pris sérieusement ou s'il s'agit encore d'une attitude de scepticisme académique à l'égard des fondateurs d'une religion. D'après la version traditionnelle de l'école zen sur sa propre origine, Bodhidharma serait arrivé à Canton en 520, venant de l'Inde, et se serait rendu à la cour de l'empereur Wu de Liang, protecteur enthousiaste du bouddhisme. Cependant, la doctrine de Bodhidharma et son attitude intransigeante ne plurent pas au souverain et le moine se retira pendant quelques années dans un monastère de l'état de Wei, où il passa son temps à

(1) Hu-shih (1) et T'ang Yung-T'ing ont suggéré que Bodhidharma se trouvait déjà en Chine à une date plus précoce, vers 420-479. Voir également Fung Yu-lan (1), vol. 2, pp. 386-390, Pelliot (1) et Dumoulin (2).

« contempler le mur » jusqu'à ce qu'il trouve un disciple à son gré, en la personne de Hui-ko, ce dernier devenu subséquemment le second patriarche zen en Chine (1).

Il n'y a certes rien d'improbable dans la venue en Chine à cette époque d'un grand maître bouddhiste hindou. Kumarajiva est arrivé peu avant l'an 400, Bodhiruci juste après l'an 500 et Paramartha était à la cour de Liang à peu près à la même période que Bodhidharma. Mais il est vraiment surprenant qu'il n'y ait aucune trace de son existence pendant presque tout le siècle qui suivit sa mort. Ce n'était assurément pas une époque de journaux et d'annuaires, et, même dans notre ère excessivement bien documentée, des personnages éminents restent parfois méconnus encore bien longtemps après leur mort. Jusqu'à preuve du contraire, l'histoire de Bodhidharma semble pouvoir être admise comme véridique, tout en tenant compte que les idées de Seng-chao, de Tao-sheng et autres ont peut-être également contribué au développement du Zen.

L'une des raisons qui nous fait douter de la véracité de l'histoire de Bodhidharma est que le Zen a un caractère si typiquement chinois qu'une origine hindoue semble improbable. Cependant, le pur taoïste Seng-chao était un élève de Kumarajiva, tout comme Tao-sheng, et les écrits attribués à Bodhidharma et à ses successeurs jusqu'à Hui-neng (638-713) révèlent une transition nette entre les conceptions hindoue et chinoise du *dhyana* (2).

L'absence de document concernant l'existence d'une école Dhyana dans la littérature bouddhiste hindoue, ou d'écrit de Bodhidharma à ce sujet, provient peut-être de ce que les premières écoles Dhyana ou Zen apparurent deux siècles environ après Bodhidharma. D'autre part, le *dhyana*, ou *ts'o-ch'an* [d] (en japonais, *za-zen*), c'est-à-dire la méditation assise, était pratiquée de façon quasiment universelle parmi les moines bouddhistes et les instruc-

(1) Les sources traditionnelles sont *Sung-kao Seng-chuan*, de TAO-HSÜAN, composé entre 645 et 667, et l'ouvrage *Ching Te Ch'uan Teng Lu* (TAISHO, 2076), écrit par TAO-YÜAN, vers 1004.

(2) Les ouvrages attribués à Bodhidharma sont mentionnés par SUZUKI (1), vol. 1, pp. 165-170 et SENZAKI et MCCANDLESS (1), pp. 73-84. Le style des textes est toujours hindou et ne porte pas du tout l'empreinte taoïste.

teurs spéciaux qui enseignaient cette pratique étaient appelés « maîtres *dhyana* », quelle que soit leur école ou leur secte. Il y avait également des maîtres *vinaya*, ou instructeurs de la discipline monastique et des maîtres *dharma*, ou instructeurs de la doctrine. Le Zen ne devint une école distincte que lorsqu'il proclama une conception du *dhyana* différant nettement de la pratique adoptée généralement (1).

La tradition Zen représente Bodhidharma comme un homme à l'air farouche, avec une barbe touffue et des yeux grands ouverts au regard pénétrant, dans lesquels on distingue toutefois l'ébauche d'un clignement. Une légende raconte qu'un jour, furieux de s'être endormi au cours d'une méditation, il trancha ses cils, qui, tombant à terre, poussèrent sous forme d'un arbre à thé. C'est pourquoi depuis lors les moines zen boivent du thé pour lutter contre le sommeil, pour clarifier et stimuler leur esprit, si bien que l'on dit : « La saveur du Zen (*ch'an*) et la saveur du thé (*ch'a*) sont identiques. » Une autre légende prétend que Bodhidharma resta une fois si longtemps en méditation que ses jambes se détachèrent, incident que symbolisent délicieusement les poupées japonaises Daruma représentant Bodhidharma sous forme de poussahs ou ramponneaux sans jambe, lestés d'une petite masse de plomb leur permettant de reprendre leur position verticale spontanément après avoir été renversés. Il existe d'ailleurs un poème populaire japonais consacré à ces poupées :

Jinsei nana korobi
Ya oki.
(*Telle est la vie —*
Tomber sept fois,
Et se redresser huit !)

L'entretien rapporté comme ayant eu lieu entre Bodhidharma et l'empereur Wu de Liang est bien carac-

(1) Le *Tan Ching*, de Hui-neng, par exemple, rapporte plusieurs exemples d'entretiens entre le Sixième Patriarche et des maîtres *dhyana* n'appartenant manifestement pas à son école du *dhyana* instantané. En outre, l'école Zen n'eut pas de monastères propres avant l'époque de Po-chang (720-814). Cf. Dumoulin et Sasaki (1), p. 13.

téristique de ses manières brusques et directes. L'empereur lui avait décrit tout ce qu'il avait fait pour favoriser la pratique du bouddhisme et lui demandait s'il s'était acquis ainsi des mérites, selon l'opinion populaire que le principe du bouddhisme consistait à accumuler progressivement des mérites par des bonnes actions, susceptibles de lui permettre d'accéder à des vies futures meilleures, et finalement au *nirvana.* Mais Bodhidharma répliqua : « Aucun mérite. » Ceci ébranla si fort l'empereur dans l'idée qu'il se faisait du bouddhisme qu'il demanda alors : « Quel est donc le premier principe de la doctrine sacrée? » Bodhidharma rétorqua : « C'est vide! Il n'y a rien de sacré! » « Qui êtes-vous donc, dit l'empereur, pour vous présenter devant nous? » — « Je n'en sais rien », fit Bodhidharma[e] (1).

Après cette entrevue peu satisfaisante dans l'esprit de l'empereur, Bodhidharma se retira dans un monastère à Wei, et l'on raconte qu'il passa neuf années dans une cellule, à « regarder le mur » (*pi-kuan* [f]). Selon Suzuki, il ne faut pas entendre cela littéralement, et l'expression employée symboliserait plutôt l'état intérieur du Bodhidharma qui avait exclu de son esprit toute pensée de vouloir-saisir (2). Bodhidharma resta donc ainsi jusqu'à ce que vinrent le voir les moines Shen-kuang, puis Hui-ko (probablement 486-593), qui devait devenir son successeur comme Second Patriarche.

Hui-ko interrogeait inlassablement Bodhidharma, le priant de l'instruire : il n'avait toujours essuyé que des refus. Il persistait cependant à s'asseoir, méditant, devant sa cellule, attendant patiemment dans la neige que Bodhidharma consente enfin à se laisser fléchir. De désespoir, Hui-ko se coupa un jour le bras gauche et le présenta à Bodhidharma comme gage de sa sincérité. Enfin, Bodhidharma demanda à Hui-ko ce qu'il désirait.

« Je n'ai pas la paix de l'esprit (*hsin*), dit Hui-ko, pacifiez, je vous en conjure, mon esprit! »

« Apporte ton esprit ici devant moi, répliqua Bodhidharma, et je le pacifierai! »

(1) *Ch'uan Teng Lu*, 3.
(2) Suzuki (1), vol. 1, pp. 170-171.

« Mais lorsque je le cherche, dit Hui-ko, je ne le trouve pas. »

« Ça y est! rétorqua Bodhidharma, j'ai pacifié votre esprit [g] (1). »

A ce moment-là, Hui-ko parvint à l'Éveil, *tun-wu* ou *satori*, de sorte que cet entretien semble être le premier exemple de ce qui devint la méthode caractéristique d'enseignement du Zen, *wen-ta* [h] (en japonais : *mondo*), c'est-à-dire méthode de « question-et-réponse », que l'on appelle aussi quelquefois « l'anecdote Zen ». La plus grande part de la littérature Zen consiste en anecdotes de ce genre dont un grand nombre sont encore plus énigmatiques que celle-ci. Elles visent toujours à mettre brusquement le questionneur dans un état de conscience particulier ou à éprouver la profondeur de son entendement. C'est pourquoi elles peuvent difficilement être « expliquées » sans risque de gâter leur effet. Elles ont à certains égards une analogie avec les mots d'esprit qui manquent leur effet lorsque le trait d'humour qu'ils comportent requiert une explication. Il faut le saisir immédiatement, ou pas du tout.

Ces anecdotes ne sont d'ailleurs que rarement symboliques dans leur essence, et si elles le sont, ce n'est que d'une façon secondaire, comme c'est le cas quand le dialogue contient des allusions évidentes pour les deux interlocuteurs. Je pense donc que les commentateurs tels que Gernet (3) sont dans l'erreur en admettant qu'elles ont pour but de communiquer quelque principe bouddhiste sous une forme symbolique. Le *satori* qui succède si fréquemment à ces entretiens ne consiste pas en une simple compréhension de la réponse faite à une énigme, car, quoi que fasse ou dise le maître, il s'agit toujours d'une déclaration directe et spontanée de la « réalité », de sa nature-de-Bouddha, et ce qu'il communique n'est pas le symbole, mais la chose elle-même. Le Zen se transmet toujours par une « désignation directe », en pointant le doigt vers la réalité, selon le résumé traditionnel en quatre phrases de la doctrine :

En dehors de l'enseignement ; hors de la tradition.

(1) *Wu-men kuan*, 41.

Sans se baser sur les mots et les lettres.
Pointant directement vers l'esprit humain.
Pénétrant dans sa propre nature et atteignant la bouddhéité [i] (1).

Le successeur de Hui-ko aurait été Seng-ts'an (606) et l'histoire de leur entrevue initiale est semblable à celle entre Hui-ko et Bodhidharma, à cela près que, au lieu de demander la « paix de l'esprit », Seng-ts'an demandait à être « lavé de ses fautes ». On lui attribue un poème célèbre intitulé *Hsin-hsin Ming*, ou « Traité de la foi dans l'esprit » (2). Si Seng-ts'an en est vraiment l'auteur, ce poème contient la première allusion claire et compréhensible au Zen, et son « parfum taoïste » transpire dans les premières lignes :

Le Tao parfait n'offre pas de difficulté
Sauf qu'il évite de choisir.

Puis :

Suivez votre nature et conformez-vous au Tao ;
Flanez et cessez de vous inquiéter.
Si vos pensées sont enchaînées, vous gâtez ce qui est naturel...
Ne vous opposez pas au monde sensoriel,
Car si vous ne vous y opposez,
C'est comme si vous parveniez à l'Éveil parfait.
Le sage ne lutte pas (wu-wei) *;*
L'ignorant s'enchaîne lui-même...
Si vous agissez sur votre esprit avec votre esprit,
Comment pouvez-vous éviter une immense confusion ? [j] (3).

(1) En chinois moderne, les deux premiers caractères signifient approximativement, « qui appartient au monde, mondain », ou « hors du troupeau ». Ici, ils signifieraient, selon l'interprétation habituelle, que la vérité Zen ne peut être exprimée sous forme de doctrine, ou encore, qu'un maître ne peut rien faire d'autre que montrer comment y parvenir soi-même. Cependant, la merveilleuse ambiguïté de la langue chinoise permet, peut-être intentionnellement, les deux interprétations. Remarquez le caractère « séculier » prédominant du mode d'expression Zen comme dans les phrases telles que : « Rincez-vous la bouche chaque fois que vous prononcez le mot « Bouddha ». »

(2) On trouvera la traduction dans Suzuki (1), vol. 1, p. 182 et un commentaire dans Suzuki (6), p. 91. Une autre traduction en est donnée par Arthur Waley, citée par Conze (2), p. 295.

(3) Les deux dernières lignes ont la même signification que l'entretien de Hui-ko avec Bodhidharma.

Non seulement le poème abonde en termes taoïstes tels que *wu-wei* et *tzu-jan* (spontanéité), mais il recommande de laisser l'esprit en paix et de lui faire confiance pour suivre sa propre nature, contrairement à l'attitude hindoue typique visant à le contrôler strictement et à éliminer l'expérience des sens.

Le Quatrième Patriarche, successeur de Seng-ts'an, aurait été Tao-hsin (579-651). Lorsqu'il rencontra Seng-ts'an il demanda :

« Quelle est la méthode de libération? »

« Qui vous enchaîne? » répliqua Seng-ts'an.

« Personne ne m'enchaîne. »

« Alors, fit Seng-ts'an, pourquoi cherchez-vous la libération [k] ? » Ce fut là le *satori* de Tao-hsin. Le *Ch'uan Teng Lu* rapporte une intéressante rencontre entre Tao-hsin et le sage Fa-yung qui vivait dans un temple solitaire du mont Niu-t'ou, et avait atteint une telle sainteté que les oiseaux avaient accoutumé de lui apporter des fleurs en offrande. Alors que les hommes parlaient, un animal sauvage vint à rugir à proximité et Tao-hsin sursauta. « Je vois qu'elle est encore en vous », fit remarquer Fa-yung, faisant allusion, évidemment, à la « passion » (*klesa*) instinctive de la peur. Peu de temps après, à l'insu de son interlocuteur, Tao-hsin inscrivit le caractère chinois représentant « Bouddha » sur le rocher où Fa-yung s'asseyait habituellement. Lorsque ce dernier revint s'asseoir, il vit le nom sacré et marqua une hésitation. « Je vois, dit Tao-hsin, qu'elle est encore en vous! » Par cette remarque, Fa-yung parvint à l'Éveil total... et les oiseaux ne lui apportèrent plus jamais de fleurs.

Le Cinquième Patriarche, et nous entrons maintenant dans une période dont l'historicité est un peu plus solide, fut Hung-jan (601-675). Lors de sa première entrevue avec Hung-jan, le patriarche demanda :

« Quel est votre nom (*hsing*)? »

« J'ai une nature (*hsing*), répliqua Hung-jan, mais ce n'est pas une nature ordinaire. »

« Quel est ce nom? interrogea encore le patriarche, ne saisissant pas le jeu de mots. »

« C'est la nature de Bouddha. »

« Vous n'avez donc pas de nom? »

« C'est parce que c'est une nature vide (1). »

Hung-jan est apparemment le premier des patriarches a avoir eu un grand nombre de disciples, car on dit qu'il « régnait » sur quelque cinq cents moines dans un monastère de la montagne de la Prune Jaune (Wang-mei Shan), à l'extrémité orientale de l'actuel Hupeh. Il est cependant surpassé par son successeur immédiat, Huineng (637-713), dont la vie et l'enseignement ont marqué le vrai début du Zen proprement chinois, tel qu'il rayonna au cours de ce que l'on a appelé « l'époque de l'activité zen », pendant les deux cents dernières années de la dynastie T'ang, de 700 à 906 environ.

Il ne faut pas mésestimer le rôle des contemporains de Hui-neng car il vivait à une des époques les plus fécondes pour le bouddhisme chinois. Le fameux traducteur et voyageur Hsüan-tsang était revenu de l'Inde en 645 et prêchait les doctrines *vijnaptimatra* (représentation-seulement) à C'hang-an. Son ancien élève Fa-tsang (643-712) avait fondé l'importante école de Hua-yen (en japonais, Kegon), qui s'inspirait du *Avatamsaka Sutra* et qui contribua plus tard à donner au Zen une philosophie formelle. Il ne faut pas oublier non plus qu'avant ces deux hommes, Chih-k'ai (538-597) avait écrit son remarquable traité sur la *Méthode mahayana de cessation et de contemplation* (2), contenant l'enseignement fondamental de l'école T'ien-t'ai, très proche du Zen à de nombreux points de vue. Le traité de Chih-k'ai constitue dans sa majeure partie, aussi bien par sa teneur que par sa terminologie, les doctrines de Hui-neng et de certains de ses successeurs immédiats.

On raconte que Hui-neng avait éprouvé son premier Éveil étant encore presque enfant, en entendant par hasard quelqu'un lire le *Vajracchedika*. Il se mit alors immédiatement en route pour le monastère de Hung-jan à Wang-mei, afin de se faire confirmer son expérience et de recevoir un enseignement plus approfondi. Il est intéressant de noter en passant que son *satori* original

(1) *Ch'uan Teng Lu*, 3.
(2) *Ta-ch'eng Chih-kuan Fa-men*, Taisho, 1924.

se produisit spontanément, sans qu'il ait eu de maître, et que ses biographes le représentent comme un paysan illettré de la région de Canton. Il semble que Hung-jan ait immédiatement reconnu l'acuité de son entendement, mais craignant que ses humbles origines ne le rendent indésirable dans une communauté de moines érudits, le Patriarche lui avait assigné les cuisines comme lieu de travail.

Quelque temps plus tard, le Patriarche avait annoncé qu'il cherchait un successeur pour lui transmettre sa charge avec sa robe et son écuelle de mendiant (dont on disait qu'elle avait été transmise par le Bouddha), insignes de sa dignité. Cet honneur devait être conféré à celui qui soumettrait le meilleur poème exprimant sa compréhension du bouddhisme. Le moine chef de la communauté était alors un certain Shen-hsiu, et tous les autres pensaient tout naturellement que la charge lui serait confiée : ils ne firent donc rien pour entrer en compétition.

Shen-hsiu n'avait toutefois qu'une confiance modérée dans son propre entendement et décida de soumettre son poème anonymement, se réservant d'en revendiquer la paternité dans le cas seulement où le Patriarche l'approuverait. Il déposa donc au cours de la nuit le poème suivant, dans le corridor donnant accès à la demeure du Patriarche :

Le corps est l'Arbre de Bodhi ;
L'esprit est comme un miroir brillant dressé ;
Prenez soin de l'essuyer constamment
Et de ne permettre à la poussière d'y adhérer[1] .

Le matin suivant, le patriarche lut le poème et ordonna que l'on fasse brûler de l'encens devant lui, déclarant que tous ceux qui l'avaient mis en pratique seraient capables de réaliser leur véritable nature. Mais lorsque Shen-hsiu se trouva en tête à tête avec lui pour lui révéler qu'il en était l'auteur, le Patriarche lui dit que son entendement était loin d'être parfait.

Le jour suivant un autre poème fut déposé à côté du premier :

Il n'y eut jamais d'Arbre de Bodhi,
Ni de miroir brillant dressé,
Aucune chose n'existe fondamentalement,
Où donc la poussière peut-elle adhérer [m] *?*

Le patriarche savait que seul Hui-neng était capable d'avoir écrit cela, mais pour éviter des jalousies, il piétina le poème puis fit venir Hui-neng secrètement dans sa cellule, la nuit. Il lui conféra alors le Patriarcat, lui donna sa robe et son écuelle, puis il lui enjoignit de fuir dans la montagne jusqu'à ce que les autres moines aient oublié leur rancœur et que le moment soit venu pour lui de commencer son enseignement public (1).

Une comparaison des deux poèmes révèle immédiatement le caractère particulier du Zen de Hui-neng. Le poème de Shen-hsiu reflète ce qui était apparemment la conception générale et populaire de la pratique *dhyana* dans le bouddhisme chinois. On entendait évidemment par là une discipline de méditation assise (*ts'o-ch'an*) ayant pour but de « purifier » l'esprit par une intense concentration supposée anéantir toute pensée et toute contrainte. Envisagés dans un sens littéral, nombreux sont les textes bouddhistes et taoïstes qui appuient et confirment ce point de vue, estimant que le degré de conscience le plus élevé est atteint lorsque l'esprit est débarrassé de tout contenu, de toute idée, de tout sentiment et de toute sensation. C'est là une notion de *samadhi* qui prévaut actuellement en Inde et notre expérience du christianisme doit nous avoir familiarisé avec ce genre de littéralisme qui a cours jusque dans les milieux théologiques.

Selon l'opinion de Hui-neng, un homme à la conscience vide n'est rien de plus qu'un « bloc de bois ou de pierre ». Pour lui, la recherche d'une purification de l'esprit est superflue et source de confusion, car notre nature est « fondamentalement claire et pure ». En d'au-

(1) *T'an-ching*, 1. Le titre complet de l'ouvrage qui rapporte la vie et l'enseignement de Hui-neng est *Platform Sutra-of the Sixth Patriarch*, ou *Liu-tsu T'an-ching*, TAISHO, 2008. Pour la traduction, voir la bibliographie des œuvres de WONG MOU-LAM et ROUSSELLE.

tres termes, il n'y a aucune analogie entre la conscience ou l'esprit et un miroir que l'on peut essuyer. Le véritable esprit est « non-esprit » (*wu-hsin*), c'est-à-dire qu'il ne doit pas être considéré comme un objet de pensée ou d'action, ou comme une chose susceptible d'être saisie et contrôlée. Les efforts en vue d'agir sur son propre esprit conduisent à un cercle vicieux. Essayer de le purifier équivaut à le contaminer par la pureté. On retrouve là l'empreinte de la doctrine taoïste de la naturalité, selon laquelle un individu ne peut être véritablement libre, véritablement pur, si son état résulte d'une discipline artificielle. Ce n'est alors qu'une imitation de pureté, qu'un semblant de clarté spirituelle. D'où le pharisaïsme déplaisant de ceux qui pratiquent intentionnellement et méthodiquement une religion.

Hui-neng enseigne qu'au lieu de tenter de purifier ou de vider son esprit, il faut simplement le laisser aller, car l'esprit n'est pas un objet pouvant être saisi. Laisser aller l'esprit, c'est aussi donner libre cours aux séquences de pensées et d'impressions (*nien*) qui vont et viennent, sans les entraver, sans les retenir ni les orienter.

« Les pensées vont et viennent d'elles-mêmes, car, par la pratique de la sagesse, il n'y a pas d'inhibition. C'est le *samadhi* de *prajna*, et la libération naturelle. Telle est la pratique de la « non-pensée » (*wu-nien*). Mais si vous ne pensez à rien du tout, et si vous commandez à vos pensées de cesser immédiatement, vous vous enchaînez alors par une méthode et une vue stupides [n] » (2).

Sur la pratique de la méditation telle qu'elle était considérée habituellement, il disait en substance :

« Se concentrer sur l'esprit et le contempler jusqu'à ce qu'il ait atteint la sérénité est maladie et non *dhyana*. Discipliner son corps en restant assis pendant longtemps, quel intérêt cela a-t-il pour parvenir au Dharma [o] ?» (8).

Il déclarait aussi : « Si vous commencez à concentrer l'esprit sur le calme, vous n'aboutirez qu'à un calme factice... Que signifie le mot méditation (*ts'o-ch'an*) ? Dans cette école, il signifie : « absence de barrière, d'obstacle ». Il se situe au-delà de toutes situations objectives, bonnes ou mauvaises. Le mot « assis » (*ts'o*) signifie : « ne pas agiter les pensées dans l'esprit » [p] (5).

En dénonçant le caractère factice d'un *dhyana* consistant en une simple vacuité de l'esprit, Hui-neng compare le Grand Vide à l'espace et le qualifie de « grand », non parce qu'il est vide, mais parce qu'il contient le soleil, la lune et les étoiles. Le véritable *dhyana* consiste à avoir conscience que notre propre nature est comme l'espace, et que les pensées et les sensations vont et viennent dans cet « esprit original », comme les oiseaux sillonnent le ciel, sans laisser de trace derrière eux. L'Éveil, dans cette école, est « soudain », car il est l'apanage de ceux qui ont l'esprit vif. Quant aux autres ils ne peuvent comprendre que graduellement, ou plus exactement, après une période de « latence » très longue, car la doctrine du Sixième Patriarche n'admet pas les stades progressifs. Parvenir à l'Éveil est y parvenir totalement et complètement, car, étant indivisible, la nature de Bouddha ne s'accomplit pas par degrés.

Ses instructions finales adressées à ses disciples comportent une intéressante précision sur le *mondo*, ou méthode par question-et-réponse :

« Si, vous questionnant, quelqu'un vous interroge sur l' « être », répondez par le « non-être ». S'il vous interroge sur le « non-être », répondez par « l'être ». S'il vous interroge sur l'homme ordinaire, répondez en parlant du sage. S'il vous parle du sage, répondez en parlant de l'homme ordinaire. De cette méthode d'opposition réciproque surgit la compréhension de la Voie Moyenne. Chaque fois qu'une question vous est posée, faites une réponse impliquant son opposé « » (10).

Hui-neng mourut en 713 et avec lui disparut l'institution patriarcale, car l'arbre généalogique zen se subdivisa en plusieurs branches. La tradition de Hui-neng fut transmise à cinq disciples : Huai-jang (mort en 775), Ch'ing-yüan (mort en 740), Shen-hui (668-770), Hsüan-chüeh (665-713) et Hui-chung (677-744) (1).

(1) Il règne une confusion totale parmi les auteurs quant aux noms des grands maîtres T'ang. Le nom complet de Shen-hui est par exemple Ho-tse Shen-hui, dont la prononciation japonaise est Kataku Jinne. Shen-hui est le nom monastique et Ho-tse désigne la localité. Les auteurs japonais le désignent habituellement sous le nom de Jinne, son nom monastique. D'autre part, le nom complet de Hsüan-chüeh est Yung-chia Hsuan-chüeh, en japonais,

Les successeurs spirituels de Huai-jang survivent dans les deux principales écoles zen du Japon, le Rinzai et le Soto. On assista au cours des deux siècles suivant la mort de Hui-neng, à une prolifération complexe d'écoles zen parmi lesquelles les plus influentes méritent de retenir notre attention (1).

Les successeurs de Hui-neng restèrent fidèles dans leurs écrits au principe de la naturalité, considérant que « le véritable esprit est non-esprit » et que « notre véritable nature n'est pas une nature spéciale ». Pour eux, la pratique authentique du Zen consiste à ne pas pratiquer, c'est-à-dire, d'une façon assez paradoxale, à être Bouddha sans en avoir l'intention. Selon Shen-hui :

« Lorsque l'on possède cette connaissance, c'est la contemplation (*samadhi*) sans contempler, la sagesse (*prajna*) sans sagesse, la pratique sans pratiquer (4, 193). L'exercice de la concentration est, dès l'origine, entaché

Yoka Genkaku. Mais les auteurs japonais le désignent généralement sous le nom de sa localité, Yoka ! Dans l'ensemble, Suzuki emploie les noms de localités et Fung Yu-lan les noms monastiques. Suzuki indique tantôt la forme japonaise, tantôt la forme chinoise, avec un mode de transcription en caractères latins différent de celui de Fung Yu-lan (ou plutôt de Bodde, son traducteur). Lin-chi I-hsüan (Rinzai Gigen) est désigné généralement par Suzuki sous le nom de Rinzai, ou parfois aussi sous le nom de Lin-chi, mais pour Fung, il s'appelle Yi-hsüan ! Dumoulin et Sasaki se sont efforcés de systématiser en japonisant tous les noms, mais il est alors impossible de distinguer à première vue les Chinois des Japonais. Ainsi, quiconque étudie le Zen d'après des documents autres que les originaux éprouve une grande difficulté à en voir clairement le développement historique. Les ouvrages de Suzuki sont si répandus que la plupart des Occidentaux étudiant le Zen sont familiarisés avec ses méthodes et je ne voudrais pas amener encore une confusion supplémentaire en appelant Huineng par son nom de localité, Tachien, dans un but de systématisation. Enfin, et cela ne contribue pas à arranger les choses, il subsiste également maintes discordances quant aux dates. En ce qui concerne Shenhui, Fung indique 686-760, Gernet, 668-760 et Dumoulin et Sasaki, 668-770.

(1) Cette période a été étudiée en détail par Dumoulin et Sasaki (1). Demiéville a traduit un manuscrit Tun-huang (Pelliot 4646) concernant un débat tenu à Lhassa vers 792-794, entre un maître de l'école Ch'an et un groupe d'érudits bouddhistes hindous. Le maître Ch'an n'est désigné que sous le nom de « Mahayana » et rien n'indique qu'il se réfère à la tradition de Hui-neng. Sa doctrine semble être sensiblement plus quiétiste que celle du Sixième Patriarche. Le fait que les Hindous aient manifesté leur surprise et leur désapprobation à l'encontre de son enseignement suggère une origine purement chinoise.

d'erreur. Car comment parvenir à la concentration par l'exercice de la concentration? (1, 117). Si l'on parle du travail de l'esprit, ce travail consiste-t-il en une activité ou en une inactivité de l'esprit? S'il s'agit d'une inactivité, l'on n'est pas différent des profanes ignorants. Mais s'il s'agit d'une activité, l'on retombe dans le domaine du vouloir-saisir et l'on se trouve enchaîné par les passions (*klesa*). Quel moyen aurions-nous donc de parvenir à la délivrance? Les *sravakas* cultivent la vacuité, se complaisent dans la vacuité et sont enchaînés par elle. Ils pratiquent la concentration, se complaisent dans la concentration et sont liés par elle. Ils cultivent la tranquillité, se complaisent dans la tranquillité et sont liés par elle... Si le travail de l'esprit consiste à le discipliner, comment cela peut-il être appelé une délivrance? » (1, 118) (1).

Hsüan-chueh commence son célèbre poème par des considérations analogues (*Cheng-tao Ke* ou *Chant de l'Accomplissement du Tao*) :

Ne voyez-vous pas l'Homme paisible du Tao qui a aban-
[donné l'étude et ne lutte pas (wu-wei) *?*
Il n'évite les pensées fausses ni ne poursuit les vraies,
Car l'ignorance est en réalité la nature de Bouddha,
Et ce corps illusoire, changeant et vide est le corps de
[Dharma ' (2).

On raconte l'anecdote suivante sur Huai-jang, qui initiait au Zen son célèbre successeur Ma-tsu (mort en 788). Ce dernier pratiquait à l'époque la méditation assise au monastère de Ch'uan-fa.

« Révérend, interrogea Huai-jang, quel est l'objectif de la méditation assise? »

« L'objectif, répondit Ma-tsu, est de devenir un Bouddha. »

Là-dessus, Huai-jang ramassa une tuile et se mit à la polir sur un rocher.

« Que faites-vous donc, maître », demanda Ma-tsu?

(1) *Shen-hui Ho-chang I-chi.* Le texte chinois a été édité par Hu Schih, Shanghaï, 1930.

(2) C'est-à-dire le Dharmakaya. A ce sujet, cf. p. 86. On trouve des traductions complètes du *Cheng-tao Ke* (en japonais, *Shodoka*) dans Suzuki (6) et Senzaki et McCandless (1).

« Je polis cette tuile pour en faire un miroir, dit Huai-jang. »

« Comment une tuile polie peut-elle devenir un miroir ? »

« Comment la méditation assise permet-elle de devenir un Bouddha [s] (1) ? », fit alors Huai-jang.

Ma-tsu est le premier maître Zen célèbre pour ses « paroles bizarres et son comportement extraordinaire » et on le décrit comme un individu à la démarche de taureau et au regard de tigre. Lorsqu'un moine lui demanda un jour : « Comment pouvez-vous entrer en harmonie avec le Tao ? », il répondit : « Je suis déjà en désharmonie avec le Tao. » Il fut le premier à répondre aux questions sur le bouddhisme en frappant le questionneur ou en émettant un cri : « Ho ! [t] » (2). Quelquefois, cependant, il était plus bavard et l'une de ses conférences a pour objet le problème de la discipline : « Le Tao n'a rien à voir avec la discipline. Si vous dites que l'on y parvient par la discipline, on peut le reperdre lorsque la discipline est parfaite (ou encore, parfaire la discipline revient à perdre le Tao)... Si vous dites qu'il n'y a pas de discipline, cela revient à se mettre au rang des gens ordinaires [u] (3). »

Shih-t'ou (700-790), le disciple de Hsing-ssu, de l'école zen Soto, était encore plus direct :

« Mon enseignement qui a été transmis par les anciens Bouddhas, ne dépend pas de la méditation (*dhyana*) ou de l'observation rigoureuse d'une règle quelconque. Lorsque vous avez atteint l'entendement auquel est parvenu Bouddha, vous prenez conscience que l'esprit est Bouddha, et Bouddha est l'esprit, que l'esprit, Bouddha, les êtres qui sentent et perçoivent, *bodhi* et *klesa*, ne font qu'une seule et même substance portant des noms différents (4). » Son nom très curieux de « Tête de Pierre » lui aurait été attribué parce qu'il vivait au sommet d'un grand rocher à proximité du monastère de Heng-chou.

Avec Nan-ch'üan (748-834), disciple de Ma-tsu, et son successeur Chao-chou (778-897), l'enseignement du Zen

(1) *Ch'uan Teng Lu*, 5.
(2) *Ku-tsun-hsü Yü-lu*, 1, 6.
(3) *Ku-tsun-hsü Yü-lu*, 1, 4.
(4) In Suzuki, 6, p. 123.

devint particulièrement vivant et varié. Le *Wu-men kuan* (14) raconte comment Nan-ch'üan interrompit une dispute entre ses moines concernant la propriété d'un chat, en menaçant de couper l'animal avec sa pelle si aucun des protagonistes ne pouvait dire une « bonne parole », c'est-à-dire une expression immédiate de son Zen. Il se fit un grand silence et le maître coupa le chat en deux. Plus tard dans la journée, Nan-ch'üan raconta l'incident à Chao-chou, qui mit immédiatement ses chaussures sur sa tête et quitta la pièce. « Si vous aviez été là, fit Nan-ch'üan, le chat serait encore en vie. »

On raconte aussi que Chao-chou serait parvenu à l'Éveil à la suite de l'incident suivant avec Nan-ch'üan :

« Qu'est-ce que le Tao ? » demanda Chao-chou.

« Votre esprit ordinaire (c'est-à-dire, naturel) est le Tao », répliqua le maître.

« Comment peut-on se mettre en accord avec lui ? »

« En tentant de vous y mettre, vous vous en écartez immédiatement [v]. »

« Mais comment peut-on connaître le Tao sans en avoir l'intention ? »

« Le Tao, dit le maître, n'appartient ni à la connaissance, ni à la non-connaissance. La connaissance est un entendement erroné ; la non-connaissance est une ignorance aveugle. Si vous comprenez réellement le Tao, indubitablement, c'est comme le ciel vide. Pourquoi chercher le juste et le faux ? (1) ».

Lorsqu'on demanda à Chao-chou si un chien possédait une nature de Bouddha, ce qui était certainement conforme à la doctrine mahayana habituelle, il répondit par ce seul mot : « Non ! » (*wu* [w], en japonais : *mu*) (2). Un moine l'ayant prié un jour de l'instruire, il lui demanda simplement s'il avait mangé son gruau, puis ajouta : « Va laver ton écuelle (3). » Interrogé sur ce que devient l'esprit qui subsiste après que notre corps est entré en décomposition, il fit cette remarque : « Il vente encore ce matin ! (4) ».

(1) *Wu-men-kuan*, 19.
(2) *Wu-men-kuan*, 1.
(3) *Wu-men-kuan*, 7.
(4) *Chao-chou Yü-lu*, dans *Ku-tsun-hsü Yü-lu*, 3, 13.

Ma-tsu eut un autre élève de marque en la personne de Po-chang (720-814), dont on dit qu'il organisa la première communauté de moines de pure obédience zen, et qu'il établit une règle basée sur le principe qu'un « jour où l'on n'a pas travaillé est un jour où l'on ne mange pas ». Depuis lors, les communautés zen attachent une grande importance au travail manuel et à un certain degré d'indépendance matérielle. Il faut remarquer ici qu'il ne s'agit pas exactement de monastères dans le sens occidental, mais plutôt d'écoles « d'apprentissage » que l'on peut quitter librement à n'importe quel moment. Certains restent moines jusqu'à la fin de leurs jours, d'autres deviennent des prêtres séculiers ayant la charge de petits temples ; d'autres encore retournent à la vie laïque (1). C'est à Po-chang que l'on attribue la fameuse définition du Zen : « Lorsque tu as faim, mange ; lorsque tu es fatigué, dors. » Il aurait éprouvé son *satori* lorsque Ma-tsu lui ayant hurlé aux oreilles, il resta sourd pendant trois jours. Il avait, paraît-il, l'habitude de désigner concrètement la vie zen à ses disciples en disant : « Ne saisissez pas ; ne cherchez pas ! » Et lorsqu'on l'interrogeait sur la recherche de la nature de Bouddha, il répliquait : « C'est comme si l'on partait à la recherche d'un bœuf que l'on chevaucherait. »

L'élève de Po-chang, Huang-po (mort en 850), a également joué un rôle important au cours de cette période. Il fut non seulement le maître du grand Lin-chi, mais aussi l'auteur du *Ch'uan Hsin Fa Yao*, ou Traité des Principes essentiels de la Doctrine de l'Esprit. Ces principes doctrinaux sont dans leurs grandes lignes analogues à ceux de Hui-neng, Shen-hui et Ma-tsu, mais on y trouve certains passages remarquablement clairs, ainsi que des réponses nettes et précises à certaines questions primordiales.

« C'est précisément en recherchant (la nature de Bouddha) qu'ils provoquent l'effet contraire et la per-

(1) Le mot « moine », qui prête à confusion, est la traduction inévitable de *seng* [x], bien que *yun shui* [y], « nuage et eau », soit le terme commun et pittoresque désignant l'étudiant zen, « celui qui passe comme un nuage et coule comme l'eau ». Mais je m'avoue incapable de trouver une expression équivalente et concise dans notre langue.

dent, car cela équivaut à faire appel au Bouddha pour chercher le Bouddha, et à se servir de l'esprit pour saisir l'esprit. Quand bien même ils s'y efforceraient au maximum pendant un *kalpa* entier, ils ne l'atteindraient pas (1).

» Si ceux qui étudient le Tao ne s'éveillent pas à cette substance de l'esprit, ils créeront un esprit par-delà et au-dessus de l'esprit, chercheront le Bouddha en dehors d'eux-mêmes et resteront attachés aux formes, aux exercices et aux performances, toutes choses nocives et impropres pour parvenir à la connaissance suprême (3). » (1)

Une grande partie de cet ouvrage est consacrée à la signification du Vide et des termes *wu-hsin* (non-esprit) et *wu-nien* (non-pensée), qui sont soigneusement différenciés du néant littéral. On retrouve dans tout le texte les idées et le langage taoïstes :

« Craignant que personne parmi vous ne comprenne, ils (les Bouddhas) lui donnèrent le nom de Tao, mais vous ne devez pas voir dans ce nom un concept quelconque. Car il est dit : « lorsque le poisson est attrapé, la nasse est oubliée » (d'après Chuang-tzu). Lorsque le corps et l'esprit ont atteint la spontanéité, le Tao est atteint, et l'esprit universel peut être compris(29) ... Dans les temps anciens, l'esprit des hommes était aiguisé. En entendant une seule phrase, ils abandonnaient l'étude et furent de ce fait appelés : « les sages qui, abandonnant l'étude, restent dans la spontanéité ». De nos jours, les gens ne cherchent plus qu'à s'empiffrer de connaissances et de déductions, accordant leur confiance aux explications écrites et ils appellent cela la pratique (2) » (30).

Il semble cependant que l'enseignement de Huang-po à ses disciples n'était pas toujours aussi explicite. Lin-chi (en japonais, Rinzai, mort en 867) ne put jamais réussir à le faire parler. Chaque fois qu'il tentait de lui poser une question, Huang-po le frappait ; il quitta finalement le monastère de désespoir pour chercher conseil auprès

(1) Voir Chu-ch'an (1), pp. 16 et 18. Une autre traduction est mentionnée par Suzuki (6), pp. 132-140.
(2) Cf. Chu-ch'an (1), p. 42-43.

d'un autre maître, Ta-yü, qui le tança d'être si ingrat devant la « maternelle bonté » de Huang-po. Cela provoqua l'Éveil de Lin-chi qui revint alors vers son premier maître. Mais, cette fois, c'était Lin-chi qui frappait, disant : « Après tout, le bouddhisme de Huang-po ne contient pas grand-chose (1). »

Le recueil de l'enseignement de Lin-chi, le *Lin-chi Lu* (en japonais, *Rinzai Roku*), est plein de vitalité et d'originalité, s'adressant aux étudiants dans un style libre et souvent frappant, comme s'il avait employé tout le dynamisme de sa personnalité à faire parvenir le novice à l'Éveil instantané. Il leur reprochait souvent de ne pas avoir assez de confiance en eux-mêmes, de laisser leur esprit galoper à la poursuite de ce qu'ils n'ont pas perdu et qui se trouve « à la portée de leurs mains précisément à cet instant ». L'Éveil, pour Lin-chi, semble en premier lieu une affaire de courage, de courage de « s'en remettre » sans hésitation, de faire absolument confiance à la spontanéité naturelle qui est l'esprit de Bouddha. Sa façon d'aborder le bouddhisme conceptuel, de traiter la tendance des élèves à vouloir procéder par étapes vers le but à atteindre, est celle d'un impitoyable iconoclaste.

« Pourquoi donc parlè-je ici. Uniquement parce que vous autres sectateurs du Tao, allez et courez à la poursuite de l'esprit et restez incapables de l'arrêter. D'autre part, les anciens agissaient d'une manière paisible, selon les circonstances (lorsqu'elles se présentaient). O vous, disciples du Tao, lorsque vous aurez adopté mon point de vue, vous serez des juges siégeant sur... la tête des Bouddhas. Ceux qui ont accompli les dix stages seront comme des inférieurs et ceux qui sont parvenus à l'Éveil Suprême sembleront avoir des cangues autour de leur cou. Les Arhans et les Pratyeka-bouddhas sont comme une garde-robe souillée. *Bodhi* et *nirvana* sont comme des pieux pour attacher les ânes (2). »

Il insiste tout particulièrement sur l'importance de la vie « naturelle », débarrassée de toute affectation (*wu-shih* [z]).

(1) *Ch'uan Teng Lu*, 12.
(2) *Lin-chi Lu* dans *Ku-tsun-hsü Yü-lu*, 1, 4, pp. 5-6.

« Il n'y a pas de place dans le bouddhisme pour l'effort. Comportez-vous de façon ordinaire, sans plus. Soulagez vos intestins, urinez, habillez-vous et mangez. Lorsque vous êtes fatigué, couchez-vous. Les ignorants se moqueront de moi, mais les sages me comprendront... En allant de place en place, elles vous sembleront toutes pareillement naturelles et réelles si vous considérez chacune d'elles comme votre propre demeure, car, lorsque les circonstances se présentent, vous ne devez pas essayer de les modifier. Ainsi, vos façons habituelles de sentir, qui mènent au *karma* des Cinq Enfers, deviendront d'elles-mêmes le Grand Océan de Libération (1). »

Et, à propos du *karma* résultant de la recherche de la libération, il dit encore :

« Hors de l'esprit, il n'y a pas de Dharma ; au-dedans, il n'y a rien non plus à saisir. Que cherchez-vous donc ? Vous proclamez que le Tao doit être pratiqué et mis à l'épreuve. Ne vous y trompez pas ! S'il y a quelqu'un qui peut le pratiquer, c'est le *karma* total, principe du cycle de la naissance-et-de-la-mort. Vous prétendez avoir parfaitement discipliné vos six sens et être entraîné aux dix mille modes de comportement, mais je vois que tout cela engendre le *karma*. Chercher le Bouddha et chercher le Dharma, c'est précisément le *karma* qui mène aux enfers [aa] (2). »

C'est dans Ma-tsu, Nan-chüan, Chao-chou, Huang-po et Lin-chi que l'on découvre le mieux toute la « saveur » de la doctrine zen. Quoiqu'à l'origine, elle soit d'inspiration bouddhiste et taoïste, on y trouve quelque chose de plus. Elle est si proche de la vie, si positive et si directe ! La traduction des écrits de ces maîtres est assez difficile, car leur style n'est ni classique ni moderne, mais se rapproche plutôt du langage parlé familier de l'époque de la dynastie T'ang. Il est moins raffiné, moins élégant assurément que celui des sages et des poètes taoïstes ; c'est un style presque grossier et vulgaire. Je dis « presque », car ces épithètes ne correspondent pas exactement à la réalité et il n'est guère possible de faire des compa-

(1) *Lin-chi,* dans *Ku-tsun-hsü Yü-lu,* 1, 4, p. 7.
(2) *Lin-chi Lu* dans *Ku-tsun-hsü Yü-lu,* p. 11.

raisons avec les autres cultures. C'est en observant les œuvres d'art qui s'en sont inspirées que l'on peut en apprécier toute l'originalité. Un jardin de sable ratissé, parsemé de quelques rochers bruts recouverts de lichens et de mousse, comme on peut en voir de nos jours dans les temples zen de Kyoto, est peut-être la meilleure symbolisation de la doctrine. Les éléments sont aussi simples que possible et donnent l'impression d'avoir à peine été effleurés par la main de l'homme, comme s'ils avaient été transportés tels quels du bord de la mer. Mais en réalité, seul un artiste doué d'une grande sensibilité et d'une grande expérience est capable de composer un tel ensemble. Cela confère évidemment au Zen un caractère de primitivisme prémédité et affecté : cela est parfois vrai. Mais c'est lorsqu'un homme atteint presque miraculeusement la « naturalité », spontanément, que le Zen prend toute sa « saveur ». Le sens de la vie n'est pas de se vouloir ainsi, mais de *devenir* ainsi.

On voit donc que la « naturalité » de ces maîtres T'ang ne doit pas être entendue littéralement, comme si le Zen consistait à se faire une gloire d'être un individu absolument quelconque, qui ferait fi de ses idéaux et se comporterait entièrement au gré de sa fantaisie, car un tel comportement serait affecté en soi. La « naturalité » zen ne s'épanouit que lorsque l'individu a abandonné toute affectation, toute prise de conscience des apparences. Et un esprit de ce calibre va et vient comme le vent et est presque impossible à définir et à faire rentrer dans le cadre d'une institution.

Au cours du règne de la dernière dynastie T'ang le génie et la vitalité du Zen étaient tels qu'il était en passe de devenir la forme de bouddhisme dominante en Chine, quoique ses rapports avec les autres écoles aient souvent été très étroits. Tsung-mi (779-841) était simultanément maître zen et Cinquième Patriarche de l'école Hua-yen représentant la philosophie du *Avatamsaka Sutra*. Cette forme avancée et extrêmement subtile de la doctrine mahayana fut reprise par T'ung-shan (807-369) dans son exposé de la doctrine des Cinq Degrés (*wu-wei* [bb]), concernant le quintuple rapport de l'absolu (*cheng* [cc]) et du relatif (*p'ien* [dd]), que son disciple Ts'ao-shan (840-901) rapprocha de la philosophie du *I Ching*, le *Livre des Changements*. Fa-yen (885-958) et Fen-yang (947-1024) furent également des maîtres influents qui étudièrent de façon approfondie la doctrine Hua-yen, et, à l'heure actuelle, elle est considérée comme la forme intellectuelle du Zen. Enfin, des maîtres tels que Te-chao (891-972) et Yen-shou (904-975) eurent des contacts très étroits avec les écoles T'ien-t'ai et de la Terre Pure.

En l'an 845, le bouddhisme fut brièvement et vigoureusement persécuté par l'empereur taoïste Wu-tsung. Temples et monastères furent détruits, les propriétés confisquées et les moines contraints de retourner à la vie laïque. Fort heureusement, son enthousiasme pour l'alchimie taoïste amena bientôt ce souverain à se livrer à des expériences sur « l'Élixir de Longue Vie » : il mourut rapidement de ses mixtures. Le Zen survécut à la persécution beaucoup mieux qu'aucune autre école et entra dans une longue ère de faveur populaire et impériale. Des centaines de moines se pressaient dans les riches institutions monastiques et la prospérité de l'école et de ses schismes parvint à un point tel que le maintien de son esprit devint un problème très sérieux.

La popularité conduit presque invariablement à un abaissement de la qualité et le Zen, perdant son caractère de mouvement spirituel non formel pour se transformer en une institution bien établie, subit alors une curieuse transformation. Il devint nécessaire de « standardiser » ses méthodes et de mettre au point des moyens permettant aux maîtres de faire face à de larges audiences d'élèves. Il fallait aussi résoudre les problèmes particuliers qui surgissent dans les communautés monastiques lorsque le nombre de leurs membres augmente, lorsque les traditions se durcissent et lorsque les novices tendent de plus en plus à se recruter parmi des adolescents sans vocation naturelle, placés là en vue de leur éducation par leurs pieuses familles. Il ne faut pas mésestimer l'influence de ce dernier facteur sur l'évolution institutionnelle du Zen dont les communautés perdirent leur caractère d'associations d'hommes mûrs ayant des aspirations spirituelles, pour devenir plutôt des pensionnats religieux pour adolescents.

Le problème de la discipline prit donc une importance capitale et les maîtres furent de ce fait amenés, non seulement à enseigner le mode de libération des conventions, mais également à inculquer à de jeunes garçons indisciplinés les principes conventionnels de morale et de comportement social. L'Occidental qui étudie le Zen en tant que philosophie ou en tant que mode de libération, ne doit pas perdre cela de vue, sinon il risque d'être désagréablement surpris par la vie monastique telle qu'elle se présente aujourd'hui au Japon : elle est en effet extrêmement sévère. Tout en restant en fin de compte un mode de libération, sa préoccupation essentielle est de maintenir des règles de discipline destinées à « forger des caractères » selon les méthodes des écoles privées anglaises du siècle dernier ou des séminaires jésuites. Il y réussit d'ailleurs remarquablement bien. Le « type zen » est un type très fin, sûr de lui-même, plaisant, propre et méticuleux à l'excès, énergique quoique paisible, et dur comme l'acier, tout en conservant une sensibilité esthétique extrêmement vive. Ces hommes donnent l'impression d'être doués d'un équilibre semblable à celui des poupées japonaises : ils ne sont pas rigides, mais rien ni personne ne peut les abattre.

Lorsqu'une institution spirituelle se développe et acquiert une certaine puissance, un autre problème capital se pose alors, à savoir celui de la transmission des charges et du droit d'être un maître reconnu. Le document du *Ch'uan Teng Lu*, ou « Registre de la Transmission du Flambeau », écrit par Tao-yüan vers l'an 1004, s'y est attaché en s'efforçant d'établir une « succession apostolique » légitime, de manière que personne ne puisse revendiquer une autorité quelconque à moins que son *satori* ait été reconnu par quelqu'un ayant lui-même été reconnu..., en remontant ainsi de proche en proche jusqu'au Bouddha lui-même.

Rien n'est plus difficile pourtant que de fixer des critères convenables dans le domaine impondérable de l'entendement spirituel. Lorsque les candidats sont peu nombreux, le problème n'est pas grave, mais lorsqu'un maître a la charge de centaines d'élèves, les méthodes d'enseignement et d'examens exigent une certaine normalisation. Le Zen a résolu ce problème avec une remarquable habileté par une méthode qui non seulement était une épreuve de compétence, mais surtout un moyen de transmettre l'expérience traditionnelle et doctrinale avec le maximum de fidélité.

Cette extraordinaire méthode portait le nom de *kung-an* ee (en japonais : *koan*) ou « problème Zen ». Littéralement, ce terme signifie « document public » ou « cas », dans le sens de « décision créant un précédent légal ». Le *koan* consiste donc pour l'élève à subir de tests basés sur le *mondo* ou anecdotes des vieux maîtres. L'un des *koan* préliminaires est la réponse de Chao-chou, « *wu* », c'est-à-dire « non », à la question : « le chien a-t-il une nature de Bouddha ? ». L'élève doit alors prouver qu'il a ressenti l'expérience impliquant la signification du *koan*, par une démonstration spécifique et habituellement non-verbale qu'il doit découvrir intuitivement (1).

La période de prospérité des xe et xie siècles s'accompagna d'une diminution de la spiritualité qui, en compensation, suscita l'étude intense des grands maîtres T'ang. Leurs anecdotes furent donc recueillies dans des anthologies telles que *Pi-yen Lu* (1125) et le *Wu-men kuan* (1229). C'est Yüan-wu (1063-1135) et son disciple Ta-hui (1089-1163), soit 10 ou 11 générations après Lin-chi, qui instaurèrent leur emploi dans la méthode *koan*. Cependant, un système analogue fut déjà utilisé par Huang-lung (1002-1069) afin de pourvoir à l'enseignement d'un nombre d'élèves considérable. Il mit au point trois épreuves types connues sous le nom des « Trois Barrières de Huang-lung ».

Question : Chacun a un lieu de naissance. Quel est votre lieu de naissance ?

Réponse : Ce matin de bonne heure j'ai mangé une bouillie de riz blanc. Maintenant j'ai encore faim.

Question : Comment ma main peut-elle être comme la main de Bouddha ?

Réponse : En jouant du luth au clair de lune.

(1) Pour la description détaillée, voir plus loin. Dans la forme japonaise, les syllabes sont prononcées séparément : *ko-an*.

Question : Comment mon pied peut-il être comme un pied d'âne ?

Réponse : Lorsque le héron blanc est dans la neige, il a une couleur différente.

Il est indubitable que les réponses indiquées étaient les répliques originales aux questions, mais, ultérieurement, le problème englobait à la fois la question et la réponse, le novice devant découvrir le rapport entre les deux, qui, à tout le moins, n'a rien d'évident. Il suffit de mentionner maintenant que chaque *koan* comporte un trait caractéristique représentant un aspect de l'expérience Zen, trait qui se trouve fréquemment masqué par le fait qu'il est beaucoup plus évident qu'on ne l'imagine, et d'autre part, que les *koan* concernent non seulement l'Éveil primaire à l'égard du Vide, mais également ses manifestations subséquentes dans le domaine de la vie et de la pensée.

La méthode *koan* se développa dans l'école Lin-chi (Rinzai), mais non pas sans opposition. Pour l'école Soto, c'était là une méthode beaucoup trop artificielle. Alors que les défenseurs du *koan* utilisaient cette technique comme un moyen d'encourager ce « sentiment de doute » (*i ching* [ff]) accablant qu'ils considéraient comme condition préalable essentielle pour le *satori*, l'école Soto objectait que cette méthode avait pour effet de favoriser précisément cette poursuite du *satori* et de l'éloigner, ou encore, ce qui est pis, d'induire un *satori* artificiel. Les partisans de l'école Rinzai prétendent parfois que l'intensité du *satori* est proportionnelle à l'intensité du sentiment de doute, de recherche aveugle qui le précède, mais pour l'école Soto, le caractère dualiste d'un tel *satori* le réduirait à une réaction émotionnelle artificielle. Ainsi donc, pour l'école Soto, le véritable *dhyana* reposait sur l'action non motivée (*wu-wei*), « s'asseoir pour s'asseoir », « marcher pour marcher ». Les deux écoles furent donc désignées respectivement sous les noms de *k'an-hua Zen* (qui utilise l'anecdote Zen) et *mo-chao Zen* (le Zen silencieusement illuminé).

L'école Rinzai fut introduite au Japon en 1191 par le moine T'ien-t'ai, japonais Eisai (1141-1215), qui fonda des monastères à Kyoto et Kamakura sous la protection impériale. L'école Soto ne fut introduite qu'en 1227 par le fameux Dogen (1200-1253) qui établit le grand monastère de Eiheiji, refusant d'accepter les faveurs impériales. Il faut noter que le Zen pénétra au Japon peu de temps après le début de l'ère Kamakura, coïncidant avec la prise du pouvoir par le dictateur militaire Yoritomo et ses samouraïs. Cette coïncidence historique eut pour conséquence d'apporter à la caste militaire des samouraïs un type de bouddhisme leur convenant particulièrement bien en raison de son caractère pratique et terre-à-terre et de sa simplicité. C'est ainsi qu'apparut le mode de vie spécial appelé *bushido*, le Tao du guerrier, qui est essentiellement une adaptation du Zen à l'art militaire. Cette adaptation de la pacifique doctrine du Bouddha à l'état militaire a toujours été une énigme pour les adeptes des autres écoles, car cela semble impliquer un divorce complet entre l'Éveil et la morale. Mais il ne faut pas perdre de vue que l'expérience bouddhiste est, dans son essence, une libération à l'égard des conventions de toutes sortes, y compris les conventions morales. D'autre part, le bouddhisme n'est pas une révolte contre les conventions et dans les sociétés où la caste militaire fait partie intégrante de la structure sociale et où le rôle du guerrier est une nécessité reconnue, la doctrine lui permet de remplir ce rôle en bouddhiste. Le culte médiéval de la chevalerie pose la même énigme au chrétien, pacifique par définition.

L'apport du Zen à la civilisation japonaise ne s'est pas limité au *bushido*. Il a pénétré dans presque tous les domaines de la vie populaire, dans l'architecture, la poésie, la peinture, le jardinage, les exercices physiques, l'artisanat et le commerce ; il a pénétré dans le langage journalier et la pensée des gens les plus simples. Et, grâce au génie de moines tels que Dogen, Hakuin et Bankei, de poètes tels que Ryokan et Basho, de peintres tels que Sesshu, le Zen fut mis à la portée de tous.

Dogen en particulier a laissé une œuvre considérable et son *Shobogenzo*, ou « Trésor de l'Œil de la Doctrine Véritable », fut écrit dans la langue vulgaire et traitait tous les aspects du bouddhisme, depuis ses règles de discipline formelle jusqu'à ses développements philosophiques les plus élevés. Sa doctrine du temps, du changement et de la relativité est exposée en images très évocatrices et il est infiniment regrettable que personne n'ait eu jusqu'à présent le temps ou le talent de le traduire dans une de nos langues occidentales. Hakuin (1685-1768) reconstitua le système *koan* et aurait, dit-on, formé au moins 80 maîtres zen. Bankei (1622-1693) trouva une méthode permettant de présenter le Zen avec une telle simplicité qu'il semblait trop beau pour être vrai. Il s'adressait à de larges audiences de paysans et de campagnards, mais aucun disciple de marque ne semble l'avoir suivi (1).

Entre-temps, le Zen continuait à prospérer en Chine jusqu'à l'époque de la dynastie Ming (1368-1643), lorsque les divisions entre les différentes écoles commencèrent à s'estomper et l'École populaire de la Terre Pure, avec sa facilité d'invocation du nom d'Amitabha, fusionna avec la méthode *koan* et l'absorba. Quelques communautés zen semblent avoir survécu jusqu'à ce jour, mais, d'après l'étude que j'ai pu en faire, elles tendent à s'apparenter soit à l'école Soto, soit aux doctrines plus « occultistes » du bouddhisme tibétain. Leur conception du Zen apparaît en tout cas s'allier à une doctrine assez complexe et discutable du psychisme humain dérivant peut-être des idées alchimiques taoïstes (2).

L'histoire du Zen chinois soulève un problème passionnant. Le Zen des écoles Rinzai et Soto, tel qu'il est enseigné dans les monastères japonais actuels, attache une importance considérable au *za-zen*, ou méditation assise, pratique observée des heures durant au cours de la journée, en respectant impérativement une posture et un mode de respiration bien déterminés. Sa pratique est donc, en toutes circonstances, la pratique du *za-zen* auquel l'école Rinzai ajoute le *sanzen*, ou entrevues

(1) Je n'entrerai pas dans une discussion historique détaillée étant donné que je vise seulement à esquisser l'histoire du Zen pour servir de base à l'exposé de sa doctrine et de sa pratique. Les œuvres de Dogen, Hakuin, Bankei, etc. seront l'objet d'une étude par ailleurs.

(2) On peut voir un exemple de cette fusion dans le *T'ai I Chin Hua Tsung Chih*, traité de la dynastie Ming, ou de la dynastie Ch'ing. Voir à ce sujet Wilhelm (1).

périodiques avec le maître (*roshi*) afin que l'élève lui soumette ses vues sur le *koan*. Cependant, le *Shen-hui Ho-chang I-chi* rapporte la conversation suivante entre Shen-hui et un certain Ch'eng :

« Le maître demanda au maître Dhyana Ch'eng : « Quelle méthode doit être pratiquée pour pénétrer dans notre propre nature ? »

« Il est avant tout nécessaire de s'appliquer à la pratique de la position assise jambes croisées dans le *samadhi*. Lorsque le *samadhi* est obtenu, il faut, au moyen du *samadhi*, éveiller en soi-même le *prajna*. Par le *prajna*, on est alors capable de voir dans sa propre nature.

Shen-hui : Lorsque l'on pratique le *samadhi*, n'est-ce pas là une activité délibérée de l'esprit ?

Ch'eng : Oui.

Shen-hui : Cette activité délibérée de l'esprit est alors une activité de la conscience restreinte. Comment cela permet-il de voir dans notre propre nature ?

Ch'eng : Pour voir dans notre propre nature, il est nécessaire de pratiquer le *samadhi*. Comment pourrait-on faire autrement ?

Shen-hui : Toute pratique du *samadhi* est fondamentalement un principe erroné. Comment, par la pratique du *samadhi*, peut-on parvenir au *samadhi* ? (1, 111).

Nous avons déjà mentionné l'incident entre Matsu et Huai-jang, au cours duquel ce dernier comparait la méditation assise à la tentative de polir une tuile pour en faire un miroir. En une autre occasion, Huai-jang disait :

« Vous entraîner à la méditation assise (*za-zen*) équivaut à vous exercer à être un Bouddha assis. Si vous vous entraînez au *za-zen*, (il vous faut savoir que) le Zen consiste ni à s'asseoir, ni à être couché. Si vous vous entraînez à être un Bouddha assis, (il vous faut savoir que) le Bouddha n'est pas une forme fixe. Puisque le Dharma n'a pas de demeure (fixée), ce n'est pas une question de choix. Si vous (vous transformez) en Bouddha assis, cela équivaut précisément à tuer le Bouddha. Si vous restez fidèle à la position assise, vous n'atteindrez pas le principe (du Zen) gg (1). »

(1) *Ku-tsun-hsü Yü-lu*, 1, 1, p. 2.

Il semble que ce soit là la doctrine suivie par tous les maîtres T'ang depuis Hui-neng jusqu'à Lin-chi. Dans aucun de leurs enseignements, je n'ai trouvé trace d'une recommandation de la méthode *za-zen* qui est à l'heure actuelle l'occupation principale des moines zen (1). Au contraire, cette pratique est contestée de façon répétée par le style apparemment négatif des deux citations précédentes.

On pourrait supposer que le *za-zen* était si bien ancré dans la règle normale de la vie monastique que nos documents de base ne prennent pas la peine de le discuter et que leur enseignement était destiné uniquement aux novices avancés ayant franchi ce stade : il pouvait donc aborder d'emblée le stade supérieur. Cette hypothèse ne concorde toutefois pas très bien avec les allusions qui sont faites aux grands rassemblements d'auditeurs, clercs et laïcs, qui assistaient à certains sermons, car il serait bien étonnant que la Chine ait été peuplée de tant de yogis accomplis. Ces sermons débutent souvent par une introduction plutôt brève et improvisée précisant que l'enseignement est destiné à ceux qui sont déjà passablement entraînés à l'exercice des vertus bouddhiques. Mais ceci signifie sans doute simplement qu'il était destiné à des gens ayant déjà une certaine maturité d'esprit et au-dessus des conventions morales et sociales ordinaires, et par conséquent, non enclins à se servir du bouddhisme comme un prétexte de rébellion contre l'ordre social commun.

On pourrait également admettre que le type de *za-zen* contesté est le *za-zen* pratiqué dans un but précis, pour parvenir à la bouddhéité, au lieu de « rester assis juste pour être assis ». Cela concorderait avec l'objection de l'école Soto à la doctrine Rinzai, reprochant d'entretenir l'état de « doute énorme » par la méthode du *koan*. Quoi-

(1) Il est vrai qu'un texte connu sous le nom de *T'so-chan I*, ou « Instructions concernant le Za-Zen », est incorporé dans le *Po-chang Ching-kuei*, « Règles des communautés Zen », attribué à Po-chang (720-814), et que ces règles elles-mêmes prévoient des périodes consacrées à la méditation. On ne peut cependant retrouver d'édition de cet ouvrage antérieure à 1265 (Suzuki) et peut-être même avant 1338 (Dumoulin). La version existante montre l'influence de la secte Shingon, apparentée au lamaïsme tibétain, qui apparut en Chine au cours du VIIIe siècle.

que l'école Soto ne soit pas tout à fait juste à l'égard du Rinzai en ce qui concerne ladite méthode, ce pourrait être une interprétation plausible de la doctrine des anciens maîtres. On trouve toutefois maintes allusions tendant à associer la position assise prolongée à l'idée de la mort. Certes, s'asseoir, être debout, marcher, se coucher, ce sont là des actes qui peuvent avoir leur opportunité, mais imaginer qu'être assis puisse comporter une vertu spéciale est une manifestation « d'attachement aux formes ». C'est ainsi que Hui-neng dit dans le *T'an-ching* :

Un homme vivant assis et qui n'est pas couché;
Un homme mort couché et qui n'est pas assis!
Après tout, ce ne sont que de misérables squelettes [hh] (8).

On rencontre même parfois dans le Zen japonais des sectateurs qui n'attachent pas d'importance spéciale au *za-zen*, mais recommandent plutôt l'exercice du travail ordinaire comme moyen de méditation. C'est certainement le cas de la doctrine de Bankei (1), qui voit dans la pratique ordinaire et habituelle d'arts tels que la cérémonie du thé, la flûte, la peinture au pinceau, le tir à l'arc, l'escrime et le *ju-jutsu* un moyen d'accomplir le rituel zen. L'exagération du *za-zen* qui s'est manifestée secondairement résulte alors peut-être de la transformation des monastères en pensionnats de jeunes gens. Les faire rester immobiles pendant des heures sous la férule de moniteurs armés de bâtons est assurément la meilleure méthode pour éviter qu'ils commettent des sottises.

Mais quand bien même l'importance du *za-zen* aurait été exagérée en Extrême-Orient, un peu de « position assise juste pour être assis » serait peut-être le remède idéal pour les esprits agités des Européens et des Américains, à condition toutefois qu'ils ne s'empressent pas de s'en servir comme un moyen pour parvenir à la bouddhéité.

(1) Cf. Suzuki (10), pp. 176-180.

DEUXIÈME PARTIE

PRINCIPES ET PRATIQUES

1. « Vide et merveilleux »

Le plus vieux poème Zen commence ainsi :

La voie parfaite (Tao) est sans difficulté,
Sauf qu'elle évite le choix.
Ce n'est que lorsque vous cessez d'aimer et de détester
Que tout peut être clairement compris.
Une infime différence
Suffit à diviser le ciel et la terre !
Si vous voulez parvenir à la claire vérité,
Ne vous préoccupez pas du juste et du non-juste.
Les conflits entre le juste et le non-juste
Sont la maladie de l'esprit [a] (1).

Il ne s'agit pas ici de tendre à faire taire les sentiments et de cultiver une douce indifférence. Il s'agit de voir par-delà l'universelle illusion, de comprendre que ce qui est bien ou plaisant ne peut être dissocié de ce qui est mal ou douloureux. Selon le premier principe taoïste :

Lorsque la beauté est perçue comme étant belle,
Il y a déjà de la laideur ;
Lorsque la bonté est perçue comme bonne,
Il y a déjà le mal ;
« Être » et « ne pas être » s'engendrent mutuellement ;
Difficile et facile se réalisent mutuellement ;
Long et court s'opposent mutuellement ;
Haut et bas coexistent mutuellement ;
Avant et après se succèdent mutuellement (2).

(1) Seng-ts'an : *Hsin-hsin Ming.*
(2) *Tao Te Ching*, 2.

Comprendre cela, c'est comprendre que le bien sans le mal est comme le haut sans le bas, et que prendre comme idéal la poursuite du bien revient à ignorer la gauche en s'orientant constamment vers la droite : on est alors contraint de tourner en cercle.

La logique de ceci est si simple que l'on est tenté de la juger ultra-simple, et la tentation est d'autant plus forte qu'elle tend à détruire l'illusion la plus chère à l'esprit humain, à savoir que tout peut aller de mieux en mieux à la longue. Dans l'hypothèse contraire, la vie de l'homme, selon l'opinion courante, serait dénuée de toute signification et de tout stimulant. On a le sentiment que sans progrès constant, la seule issue serait une existence statique et morne, si triste et si vaine même qu'elle pourrait aboutir au suicide. Cette notion de « seule issue » montre bien comment l'esprit se trouve étroitement enchaîné dans une structure dualiste, et combien il est difficile de penser autrement qu'en termes de bien ou de mal, ou en un mélange confus des deux.

Le Zen vise alors à nous libérer de cette structure paralysante et son point de départ, apparemment déprimant, consiste à comprendre l'absurdité qu'il y a à choisir, l'inanité du sentiment que la vie peut être notablement améliorée par une sélection constante du « bon ». Il faut donc commencer par « avoir conscience » de la relativité et savoir que la vie n'est pas une position à partir de laquelle il y a quoi que ce soit à saisir ou gagner, comme s'il s'agissait d'un objet susceptible d'être abordé du dehors, comme un gâteau ou un verre de bière. « Réussir » signifie toujours « échouer », en ce sens que plus on réussit dans un domaine quelconque, plus grand est le besoin de continuer à réussir. Manger, c'est survivre pour être à nouveau affamé.

L'illusion d'une amélioration perceptible ne se manifeste que dans les moments de contraste, comme lorsqu'on change de position sur un lit inconfortable : la nouvelle position est « meilleure » aussi longtemps que subsiste le contraste, mais, bien vite, elle se révèle tout aussi inconfortable que la précédente. On achète alors un lit plus moelleux et, pendant un certain temps, on peut dormir en paix. Mais la solution du problème laisse un vide étrange dans la conscience, vide rapidement comblé par la sensation d'un autre contraste intolérable, jusqu'alors imperceptible, et aussi urgent, aussi impératif que la sensation d'inconfort. Le vide se manifeste parce que la sensation de confort ne peut persister qu'en fonction de la sensation d'inconfort, tout comme une image n'est perceptible à l'œil que grâce au contraste de la toile de fond. Le bien et le mal, le plaisant et le pénible, sont si inséparables, si identiques dans leur différence, comme les deux faces d'une pièce de monnaie, que :

Le pur est l'impur, et l'impur est le pur.

Ou selon un poème du *Zenrin Kushu*:

Avoir des soucis est avoir de la chance;
Être en accord est être en opposition [b] (1).

Un autre verset est encore plus explicite :

Au crépuscule le coq annonce l'aurore
A minuit, le soleil brillant [c].

Le Zen ne va cependant pas jusqu'à considérer qu'il est parfaitement vain de se nourrir lorsqu'on a faim ou à déconseiller de se gratter lorsqu'on a des démangeaisons. La vanité de la poursuite du bien n'implique pas qu'il faut nécessairement se résoudre au mal de la stagnation, car la position de l'homme est comme celle de la puce sur un plateau brûlant. Aucun des choix n'est satisfaisant, car la puce qui retombe doit sauter aussitôt pour ne pas se brûler, et dès qu'elle ressaute, il lui faut retomber. Choisir est absurde car il n'y a pas de choix possible.

(1) Le *Zenrin Kushu* est une anthologie de quelque 5 000 poèmes en deux vers, compilés par Toyo Eicho (1429-1504). Son but était de donner aux étudiants zen un ouvrage de référence pour y choisir les versets exprimant le thème d'un *koan* nouvellement résolu. De nombreux maîtres exigeaient de l'élève un verset dès que la solution convenable au *koan* avait été trouvée. Ces poèmes sont tirés de sources chinoises les plus diverses : bouddhistes, taoïstes, littérature classique, chants populaires, etc.

Envisagée sous l'angle dualiste, il semblerait donc que la position du Zen soit une attitude fataliste, excluant le libre-arbitre. Lorsqu'on demanda à Mu-chou : « Nous nous habillons et mangeons chaque jour. Comment peut-on éviter d'avoir à se vêtir et à manger ? », il répondit : « Nous nous habillons, nous mangeons ». « Je ne comprends pas », dit alors le moine. « Si vous ne comprenez pas, habillez-vous et mangez »[d], rétorqua simplement Mu-chou (1). Interrogé sur la façon d'échapper à la « chaleur », un autre maître dirigea le questionneur vers l'endroit où il ne fait ni chaud ni froid. Quand on lui demanda de s'expliquer, il dit alors : « En été, nous transpirons, en hiver, nous frissonnons. » Ou, comme un poème l'exprime :

Lorsqu'il fait froid, nous nous rassemblons autour de l'âtre
[devant le feu qui flambe;
Lorsqu'il fait chaud, nous nous asseyons sur le bord du
[torrent montagneux dans le bosquet de bambous [e] (2).

Si l'on se place de ce point de vue, on peut encore :

Voir le soleil au milieu de la pluie,
Puiser de l'eau claire au sein des flammes [f].

Mais ce n'est pas un point de vue fataliste. Ce n'est pas une simple résignation à l'inévitabilité de la transpiration lorsqu'il fait chaud, du frissonnement lorsqu'il fait froid, du manger lorsque la faim se fait sentir ou du repos lorsqu'on est las. La soumission au destin implique quelqu'un qui se soumet, quelqu'un qui est le jouet impuissant des circonstances, et pour le Zen, il n'y a pas de telle personne. La dualité du sujet et de l'objet, du connaissant et du connu est considérée comme tout aussi relative, aussi inter-dépendante, aussi inséparable que n'importe quelle autre. Nous ne transpirons pas *parce* qu'il fait chaud ; la transpiration est la chaleur elle-même. Il est tout aussi exact de dire que le soleil est la lumière du fait de l'existence des yeux, que de dire que

(1) *Mu-chou Lu*, in *Ku-tsun-hsü Yü-lu*, 2, 6.
(2) *Zenrin Kushu* : 2.

les yeux voient la lumière du fait du soleil. Cette façon de concevoir les choses nous est étrangère parce que nous avons convenu, et cette convention est bien établie, que la chaleur préexiste, et que le corps transpire par causalité. L'inverse serait aussi surprenant pour nous que si nous disions « du beurre et du pain » au lieu de « du pain et du beurre ». C'est ainsi que le *Zenrin Kushu* dit :

Le feu n'attend pas le soleil pour être chaud,
Ni le vent n'attend la lune pour être frais.

Cette inversion choquante et apparemment illogique du sens commun peut peut-être s'expliquer par la fameuse métaphore zen de la « lune-dans-l'eau ». Le phénomène de la « lune-dans-l'eau » est comparé à l'expérience humaine. L'eau est le sujet, et la lune l'objet. Lorsqu'il n'y a pas d'eau, il n'y a pas de « lune-dans-l'eau », et pareillement, lorsqu'il n'y a pas de lune. Mais lorsque la lune se lève, l'eau n'attend pas pour recevoir son image, et la lune n'attend pas pour envoyer son reflet, quand bien même il n'y aurait qu'une seule minuscule goutte d'eau pour le recevoir. Car la lune se reflète spontanément et l'eau ne réfléchit pas son image dans un but déterminé. Le phénomène a sa cause aussi bien dans l'eau que dans la lune, et, tout comme l'eau témoigne de la clarté de la lune, la lune témoigne de la clarté de l'eau. Un autre poème du *Zenrin* dit :

Les arbres concrétisent la forme du vent;
Les vagues confèrent une énergie vitale à la lune [g].

En termes moins poétiques, l'expérience humaine est déterminée autant par la nature de l'esprit et la structure des sens que par les objets extérieurs dont l'esprit révèle la présence. Les hommes ont le sentiment d'être les victimes ou les jouets de leur expérience car ils *se* dissocient de leur esprit, pensant que la nature de l'esprit-corps est quelque chose qui *leur* est involontairement imposé. Ils pensent qu'ils n'ont pas demandé à naître, qu'ils n'ont pas demandé qu'il leur soit « donné » un organisme sensible susceptible de souffrir par l'alternance du plaisir et de la douleur. Mais le Zen nous propose de découvrir « qui » « possède » cet esprit, et « qui » n'a pas demandé à naître avant que nos parents nous aient conçus. Il apparaît donc que tout le sentiment d'isolement subjectif, la sensation d'être celui à qui fut « donné » un esprit et qui vit ses expériences, est une illusion reposant sur des notions sémantiques erronées, sur une suggestion obsessionnelle par le fait de faux concepts. Car il n'y a pas de « moi-même » en dehors de l'esprit-corps qui confère une structure à mon expérience. Il est pareillement ridicule de parler de cet esprit-corps comme quelque chose qui aurait « reçu » passivement et involontairement une certaine structure. *C'est* cette structure-là, et avant que la structure ne soit édifiée, il n'y avait pas d'esprit-corps.

Le drame est que la puissance de la pensée nous permet d'élaborer des symboles en dehors des choses elles-mêmes, y compris le symbole, l'idée d'un soi extérieur à notre être. Et l'idée nous apparaît tellement plus compréhensible, tellement plus stable que la réalité, que nous en arrivons à identifier le symbole avec le soi réel. D'où le sentiment subjectif d'un « soi » qui « possède » un esprit, d'un sujet intérieurement isolé auquel surviennent involontairement des expériences. En mettant spécialement l'accent sur le concret, le Zen entend montrer que notre précieux « Soi » n'est qu'une idée, assez utile et légitime, certes, si on ne lui accorde pas plus de valeur qu'elle n'en a, mais désastreuse si on l'identifie avec notre vraie nature. La gaucherie non naturelle d'une certaine conscience de soi se manifeste lorsque nous prenons conscience d'un conflit ou d'une opposition entre l'idée de nous-même, d'une part, et la sensation immédiate, concrète, de nous-même, d'autre part.

Lorsque nous ne nous identifions plus avec l'idée que nous avons de nous-même, le sujet et l'objet, le connaissant et le connu subissent dans leur rapport une transformation soudaine et radicale, rapport qui devient alors une réalité, une causalité réciproque par laquelle sujet et objet s'engendrent mutuellement. Celui qui connaît ne se sent plus indépendant du connu. Celui qui éprouve l'expérience ne se sent plus étranger à l'expérience. En conséquence, vouloir obtenir quelque chose *de* la vie, vouloir retirer quelque chose *de* l'expérience devient absurde. En d'autres termes, je n'ai plus d'autre « soi » que la totalité des choses dont j'ai conscience. C'est la doctrine Hua-yen (Kegon) du réseau de joyaux, du *shih shih wu ai* (en japonais, *ji ji mu ge*), selon laquelle chaque joyau reflète tous les autres.

Ce sentiment d'isolement subjectif résulte également de ce que l'on est incapable de voir la relativité des événements volontaires et involontaires. On peut facilement percevoir cette relativité en prenant conscience de notre respiration, car, en modifiant légèrement notre façon de voir, il devient aussi aisé de sentir que « je respire » que de sentir que « je me respire ». Nous sentons que nos actions sont volontaires lorsqu'elles succèdent à une décision, et involontaires lorsqu'elles se produisent sans décision préalable. Mais si la décision était volontaire, toute décision devrait être précédée de la décision de décider, par une infinie régression, qui, heureusement, n'a pas lieu. Il est assez curieux de songer que s'il nous fallait prendre la décision de décider, nous ne serions pas libres de décider. Nous sommes libres de décider parce que la décision « se produit ». Nous décidons tout simplement sans avoir la moindre idée comment nous le faisons. En fait, ce n'est ni volontaire, ni involontaire. Avoir la sensation de cette relativité revient à découvrir une autre transformation extraordinaire de notre expérience, susceptible d'être définie d'une façon ou d'une autre. Je sens que je décide de tout ce qui s'accomplit, ou bien, je sens que tout, y compris mes décisions, s'accomplit spontanément. Car une décision, la plus libre de mes actions, se produit comme le hoquet en dedans de moi, ou comme un oiseau chantant, en dehors de moi.

Un maître zen moderne, Sokei-an Sasaki, a bien exposé cette manière de voir les choses :

« Un jour, je rejetai toutes notions de mon esprit. Je renonçai à tout désir. J'éliminai tous les mots avec lesquels je pensais et me sentis en paix. J'éprouvais une impression un peu étrange, comme si j'avais été transporté dans quelque chose, ou comme si je touchais quelque puissance inconnue... et ztt! j'entrai. Je perdis les limites de mon corps physique. Ma peau était toujours là, certes, mais j'avais l'impression d'être au milieu du cosmos. Je parlais, mais mes paroles avaient perdu leur sens. Je voyais des gens venir vers moi, mais ils étaient tous le même homme. Tous étaient moi-même! Je n'avais jamais connu ce monde. J'avais cru que j'avais été créé, mais alors, je devais changer d'avis : je n'avais jamais été créé, j'étais le cosmos ; il n'y avait plus de M. Sasaki (1)! »

Il semblerait donc qu'en ne faisant plus de distinction subjective entre « moi » et « mon expérience », en prenant conscience que l'idée que je me fais de moi-même n'est pas moi-même, on arrive à percevoir le rapport réel entre moi-même et le monde extérieur. L'individu et le monde ne sont que les limites ou les termes abstraits d'une réalité concrète qui se situe « entre » eux, tout comme la pièce de monnaie concrète se trouve « entre » les surfaces abstraites, euclidiennes, de ses deux faces. D'une manière analogue, la réalité de tous les « opposés inséparables », la vie et la mort, le bien et le mal, le plaisir et la douleur, le gain et la perte, est constituée par cet « entre » pour lequel nous n'avons pas de substantif.

L'identification de l'homme avec l'idée qu'il se fait de lui-même donne une impression spécieuse et précaire de permanence, car cette notion est relativement fixe puisqu'elle s'appuie sur des souvenirs soigneusement choisis et stables de son passé. Les conventions sociales favorisent cette fixité de l'idée étant donné que l'utilité des symboles dépend précisément de leur stabilité. Elles encouragent l'homme à associer l'idée qu'il se fait de lui-même avec des rôles stéréotypés également abstraits et symboliques, et ces rôles l'aident à définir cette idée, et à la rendre intelligible. Mais dans la mesure où il s'identifie avec l'idée fixe, il prend conscience de la « vie » comme quelque chose qui le fuit de plus en plus au fur et à mesure qu'il vieillit et que son idée devient de plus en plus stable, de plus en plus riche de souvenirs. Plus il essaie de saisir le monde, plus ce dernier lui apparaît comme un processus en mouvement.

(1) « The Transcendental World », *Zen Notes,* vol. 1, n° 5. Premier institut Zen d'Amérique, New York, 1954.

Un jour, Ma-tsu et Po-chang étaient en promenade lorsqu'ils aperçurent des oies sauvages volant très haut dans le ciel.

— Qu'est-ce donc? demanda Ma-tsu.

— Ce sont des oies sauvages, répondit Po-chang.

— Où vont-elles? interrogea Ma-tsu.

Po-chang répliqua : « Elles sont déjà parties. »

Soudain, Ma-tsu empoigna Po-chang par le nez et le tordit si fort que ce dernier en cria de douleur.

« Comment, s'exclama Ma-tsu, ont-elles pu partir? »

C'est alors que Po-chang ressentit son Éveil (1).

La relativité du temps et du mouvement est l'un des thèmes principaux de Dogen dans *Shobogenzo*, où il écrit :

« Si l'on regarde le rivage à partir d'un bateau sur lequel on navigue, on a la sensation que le rivage se meut. Mais si l'on regarde le bateau, on s'aperçoit que c'est ce dernier qui est en mouvement. Si l'on regarde l'univers dans la confusion du corps et de l'esprit, l'on en arrive fréquemment à penser que notre esprit est constant. Mais si l'on pratique réellement (le Zen) et si nous revenons vers nous-même, nous nous apercevons que cela était faux. »

« Lorsque les bûches sont devenues cendres, elles ne redeviennent jamais bûches. Mais nous ne devons pas imaginer que ce qui est en dernier lieu cendres était précédemment bûches. Il nous faut comprendre que, selon la doctrine bouddhique, les bûches restent des bûches... Il y a des stades primaires et des stades secondaires, mais ces stades sont bien délimités.

« Il en est de même de la vie et de la mort. Ainsi, nous disons dans le bouddhisme que le « non-né » « ne meurt pas non plus ». La vie est une position du temps, la mort est une position du temps, tout comme l'hiver et le printemps. Dans le bouddhisme, on ne considère pas que l'hiver *devient* printemps, ou que le printemps *devient* été (2). »

Dogen essaie d'exprimer ici la sensation étrange

(1) *Pi-yen Chi.*

(2) *Shobogenzo,* fasc. 1. Je suis reconnaissant au Pr Sabro Hasegawa d'avoir effectué cette traduction.

d'immobilité temporelle qui survient lorsqu'on n'essaie plus de résister au flot des événements, le calme et la plénitude particuliers des instants successifs lorsque l'esprit suit pour ainsi dire leurs cours, sans tenter de les interrompre. Ma-tsu a exprimé un point de vue similaire :

« Un *sutra* dit : Ce n'est qu'un groupe d'éléments qui se sont assemblés pour constituer ce corps. Lorsqu'il s'édifie, seuls ces éléments s'édifient. Lorsqu'il disparaît, seuls ces éléments disparaissent. Mais lorsque ces éléments s'édifient, ne dites pas : je m'édifie, et lorsqu'ils disparaissent, ne dites pas : je disparais. Il en va de même pour nos anciennes pensées, nos pensées récentes et pour nos pensées (ou expériences) intercurrentes : les pensées se suivent les unes les autres sans lien. Chacune d'elles est indépendante [h] (1). »

Le bouddhisme a souvent comparé le cours du temps au mouvement apparent de la vague donnant l'illusion d'un plan mobile en surface alors qu'en fait l'eau se déplace de haut en bas. L'illusion est la même à considérer qu'il y a un « soi » constant se déplaçant au travers d'expériences successives et les reliant entre elles sans discontinuité : l'enfant devenant l'homme qui devient le vieillard qui devient le cadavre!

En rapport, par conséquent, avec la poursuite du bien, est la poursuite du futur, l'illusion par laquelle nous sommes incapables d'être heureux sans un « futur prometteur » pour le soi symbolique. La progression vers le bien se trouve donc mesurée en fonction de la prolongation de la vie humaine, oubliant que rien n'est plus relatif que notre sens de la durée. Un poème Zen dit :

La gloire du matin qui resplendit pendant une heure
Ne diffère pas fondamentalement du pin géant
Qui vit un millénaire.

Le moustique estime sans doute, très subjectivement, que les quelques jours de vie qui lui sont impartis constituent un laps de temps raisonnable. La tortue qui vit plusieurs siècles, pense sans doute comme le moustique.

(1) *Ku-tsun-hsü Yü-lu*, 1, 2, 4.

Il n'y a pas si longtemps, la durée moyenne de la vie humaine était d'environ quarante-cinq ans ; elle est maintenant de soixante-cinq à soixante-dix ans, mais, subjectivement, les années passent plus vite, et la mort, lorsqu'elle survient, est toujours précoce. Ainsi Dogen dit :

Les fleurs disparaissent quand nous craignons de les perdre,
Les mauvaises herbes apparaissent lorsque nous craignons
[de les voir croître.

Ceci est parfaitement naturel, parfaitement humain et retarder l'échéance du temps n'y changera rien.

Au contraire, vouloir apprécier la valeur et le succès en fonction du temps, et rechercher avec insistance l'assurance d'un futur prometteur interdit de vivre librement, et dans le présent, et dans le futur « prometteur » lorsqu'il arrive. Car il n'y a rien d'autre que le présent, et celui qui ne peut y vivre, ne peut vivre nulle part. Le *Shobogenzo* dit :

« Lorsqu'un poisson nage, il nage sans arrêt et il n'y a pas de limite à l'eau. Lorsqu'un oiseau vole, il vole sans cesse, il n'y a pas de frontière au ciel. Depuis des temps immémoriaux, jamais un poisson n'a nagé hors de l'eau, ni un oiseau n'a volé hors du ciel. Cependant, lorsque le poisson n'a besoin que d'un peu d'eau, il n'en utilise qu'un peu, et lorsqu'il en a besoin de beaucoup, il en utilise beaucoup. Ainsi, le bout de leur tête se trouve toujours à la limite (de leur espace). Si jamais l'oiseau vole au-delà de cette limite, il meurt, de même que le poisson. Le poisson fait sa vie avec l'eau, et l'oiseau avec le ciel. Mais cette vie est faite par l'oiseau et le poisson. Et simultanément, le poisson et l'oiseau sont faits par la vie. Ainsi, il y a le poisson, l'eau et la vie, et tous trois se créent mutuellement. »

« S'il y avait cependant un oiseau qui voudrait tout d'abord mesurer la dimension du ciel, ou un poisson qui voudrait s'assurer du volume de l'eau, puis essayer de voler ou de nager, ils ne trouveraient jamais leur chemin dans le ciel ou dans l'eau (1). »

(1) *Shobogenzo*, fasc. 1. Lecture faite à l'auteur par Sabro Hasegawa.

Il ne s'agit pas d'une philosophie déconseillant de regarder là où l'on va ; c'est une philosophie visant à ne pas accorder au lieu où l'on va autant d'importance qu'au lieu où l'on est, de manière que rien n'incite à aller.

Le Zen commence donc par détourner de la poursuite de buts irréels, le bien sans le mal, le contentement d'un soi qui n'est rien de plus qu'une construction abstraite, et les lendemains qui n'arrivent jamais. Car toutes ces choses ne sont que des fausses réalités et vouloir les saisir est comme vouloir traverser un mur sur lequel un peintre aurait suggéré, par une adroite perspective, une ouverture en trompe-l'œil. En résumé, la vie zen *commence* au moment où il n'y a plus rien à poursuivre, plus rien à convoiter. Il ne faut surtout pas le voir comme un système d'auto-perfectionnement, ou une méthode pour parvenir à la bouddhéité, car, selon les paroles de Lin-Chi : « Celui-là qui cherche le Bouddha le perd. »

Toute idée d'auto-perfectionnement et tout espoir de devenir ou d'obtenir quelque chose dans le futur ne concerne que l'image abstraite de nous-même, et équivaut à attribuer à cette image une réalité qu'elle n'a pas. Notre soi réel, non-conceptuel, est d'ailleurs déjà le Bouddha et n'a nul besoin d'être perfectionné. Il peut se développer dans le cours du temps, mais personne ne blâme un œuf de ne pas être poulet, ou le porc d'avoir un cou plus court que la girafe. Un poème du *Zenrin* dit :

Dans le paysage du printemps, il n'y a ni haut, ni bas,
Les branches fleuries croissent naturellement, certaines sont [longues, d'autres courtes[1].

Lorsqu'on demanda à Ts'ui-wei la signification du bouddhisme, il répondit : « Attendez que nous soyons seuls, et je vous répondrai. » Quelque temps après, le moine l'interrogea à nouveau : « Il n'y a personne maintenant. Répondez-moi, je vous prie. » Ts'ui-wei le mena dans le jardin, vers le bosquet de bambous, silencieusement. Le moine ne comprenait toujours pas, si bien qu'à la fin Ts'ui-wei lui dit : « Voici un long bambou, en voilà un court (1)! » C'est ce que résume un autre verset du *Zenrin* :

Chose longue est le long Corps de Bouddha,
Chose courte est le court Corps de Bouddha [j].

Ce que l'on peut acquérir par le Zen est par conséquent appelé *wu-shih* (en japonais, *buji*), c'est-à-dire « rien de spécial », ainsi que Bouddha le précise dans *Vajracchedika* :

« Je n'ai pas obtenu la moindre chose de l'Éveil incomparable, parfait, et c'est précisément pour cette raison qu'on l'appelle « Éveil incomparable, parfait » (22).

L'expression *wu-shih* a également le sens de « parfaitement naturel », « non affecté », « sans artifice ». L'évocation du *satori* est souvent suggérée par le vieux poème chinois :

La montagne Lu dans le brouillard pluvieux, la rivière Che [à marée haute.
Quand je n'y étais pas allé, je me languissais de nostalgie!
J'allai là-bas et je revins... Je ne trouvai rien de spécial :
La montagne Lu dans le brouillard pluvieux, la rivière Che [à marée haute.

Et selon le passage fameux de Ch'ing-yüan : « Avant d'étudier le Zen pendant trente années, je voyais les montagnes comme des montagnes et les eaux comme des eaux. Lorsque je parvins à une connaissance plus intime, je n'arrivais plus à voir les montagnes comme des montagnes et les eaux comme des eaux. Mais maintenant que j'ai pénétré la vraie substance, je suis en paix. Je recommence à voir les montagnes comme des montagnes et les eaux comme des eaux [k] (2). »

La difficulté du Zen est évidemment de transférer son attention de l'abstrait au concret, du soi symbolique à la vraie nature. Tant que l'on se contente d'en parler, tant que nous ruminons dans notre esprit des idées sur le « symbole » et la « réalité », ou tant que nous nous

(1) *Ch'uan Teng Lu*, 15.
(2) *Ch'uan Teng Lu*, 22.

répétons : « Je ne suis pas l'idée que je me fais de moi-même », nous restons dans l'abstraction pure et simple. Le Zen a créé la méthode (*upaya*) de la « désignation directe » afin d'échapper à ce cercle vicieux, afin de nous faire percevoir immédiatement le réel. Lorsqu'on lit un livre difficile, il ne sert à rien de penser : « il *faudrait* que je me concentre », car alors on pense à la concentration au lieu de se concentrer sur le sujet du livre. Il en est de même lorsqu'on étudie ou lorsqu'on pratique le Zen ; il n'est pas besoin de songer à la doctrine. Comme le vieux maître le dit, être pris dans le filet des notions et des termes zen, c'est « puer le Zen ».

C'est pourquoi les maîtres en parlent aussi peu que possible, préférant jeter la réalité concrète directement devant nous. Cette réalité est le *tathata* de notre monde naturel verbal. Si nous le voyons simplement tel qu'il est, il n'y a rien de bien, rien de mal, rien de fondamentalement long ou court, rien de subjectif et rien d'objectif. Il n'y a pas de soi symbolique à oublier, pas de notion de réalité concrète à garder en mémoire.

Un moine demanda à Chao-chou : « Pour quelle raison le Premier Patriarche vient de l'ouest ? » (C'est là une question formelle concernant le point central de l'enseignement de Bodhidharma, c'est-à-dire du Zen lui-même.)

Chao-chou répondit : « Le cyprès dans la cour ». « N'essayez-vous pas, dit le moine, de le démontrer au moyen d'une réalité objective ? » « Je n'*essaie* pas », rétorqua le maître.

« Pour quelle raison, donc, le Premier Patriarche vint-il de l'ouest ? »

« Le cyprès dans la cour (1) ! »

Remarquez comment Chao-chou débarrasse le moine de sa conceptualisation de la réponse. Lorsqu'on demanda à T'ung-shan : « Qu'est-ce que le Bouddha ? », il répondit : « Trois livres de lin ! » Yüan-wu commente ainsi cette réponse :

« Différentes réponses ont été faites par différents maîtres à la question : « Qu'est-ce que le Bouddha ? »... Aucune cependant ne surpasse « les trois livres de lin »

(1) *Chao-chou Lu* in *Ku-tsun-hsü Yü-lu*, 3, 13.

de T'ung-shan qui, par son caractère irrationnel, interdit toute tentative de spéculation. Certains disent que T'ung-shan était occupé à peser du lin lorsque la question lui fut posée... D'autres pensent encore que, le questionneur n'ayant pas conscience du fait qu'il était lui-même le Bouddha, T'ung-shan lui répondit d'une façon indirecte. Ils sont tous pareils à des cadavres car ils sont incapables de comprendre la vérité vivante. Il y a encore d'autres qui prennent les « trois livres de lin » pour le Bouddha. Quelles remarques extravagantes et fantastiques ne font-ils pas (1)! »

Les maîtres sont résolument opposés à toute spéculation théorique sur ces réponses. La « désignation directe » échoue totalement dans ses intentions si elle exige ou stimule un commentaire conceptuel quelconque.

Fa-yen demanda au moine Hsüan-tzu pourquoi il ne lui avait jamais posé de question sur le Zen. Le moine expliqua qu'il avait déjà compris grâce à un autre maître. Pressé par Fa-yen de préciser, le moine répondit alors que lorsqu'il avait interrogé son maître sur ce qu'est le Bouddha, il avait reçu cette réponse : « Ping-ting T'ung-tzu vient pour le feu! »

« Une bonne réponse, dit Fa-yen, mais je suis sûr que vous ne la comprenez pas. » « Ping-ting, expliqua le moine, est le dieu du feu. Pour lui, la recherche du feu est comme pour moi la recherche du Bouddha. Je suis déjà le Bouddha, et aucune question n'est nécessaire. »

« C'est bien ce que je pensais! répondit Fa-yen en riant. Vous n'avez pas compris. »

Le moine en fut si offensé qu'il quitta le monastère, mais se repentit ensuite et revint, mendiant humblement d'être instruit.

— Interrogez-moi, dit Fa-yen.

— Qu'est-ce que le Bouddha? demanda le moine.

— Ping-ting T'ung-tzu vient pour le feu (2)!

Le trait saillant de ce *mondo* est peut-être mieux souligné par deux poèmes soumis au maître zen Hoto par le bouddhiste de la Terre Pure Ippen Shonin, et traduits

(1) *Pi-yen Chi*, 12, in Suzuki (1), vol. 2, pp. 71-72.
(2) *Ch'uan Teng Lu*, 25.

par Suzuki d'après les *Sayings of Ippen.* Ippen fut un de ceux qui étudièrent le Zen en vue de faire un *rapprochement* entre le Zen et l'École de la Terre Pure, qui pratique la répétition du nom d'Amitabha. En japonais, la formule est « *Namu Amida Butsu!* » Ippen présenta d'abord ces vers :

Lorsque le nom est prononcé,
Ce n'est
Ni le Bouddha, ni le soi
Na-mu-a-mi-da-bu-tsu
La voix seule est entendue.

Cependant, Hoto n'eut pas l'impression que cela exprimait parfaitement le caractère saillant, et il ne donna son approbation que lorsque Ippen lui soumit ces seconds vers :

Lorsque le Nom est prononcé,
Ce n'est
Ni le Bouddha, ni le soi,
Na-mu-a-mi-da-bu-tsu
Na-mu-a-mi-da-bu-tsu ! (1)

Po-chang avait tant d'élèves qu'il dut ouvrir un second monastère. Pour choisir le moine compétent qui en serait le supérieur, il les réunit tous et posa une cruche devant eux, disant :

« Sans l'appeler une cruche, dites-moi ce que c'est. »

Le moine principal répondit : « On ne pourrait dire que c'est un morceau de bois. » A ces mots, le cuisinier du monastère renversa la cruche par un coup de pied et sortit. Ce fut lui qui fut chargé du nouveau monastère (2).

L'une des conférences de Nan-ch'üan mérite d'être citée ici :

« Pendant la période (*kalpa*) ayant précédé l'apparition du monde, il n'y avait pas de noms. Au moment où le Bouddha arrive dans le monde, il y a des noms, et ainsi, nous saisissons les formes. Dans le grand Tao, il

(1) Suzuki (1), vol. 2, p. 263.
(2) *Wu-men-kuan*, 40. Mais, ainsi que Wu-men le déclare, il tomba tout droit dans le piège de Po-chang, car il abandonna une tâche plus facile pour une beaucoup plus difficile.

n'y a absolument rien de séculier ou de sacré. S'il y a des noms, tout se trouve classé dans des limites. C'est pourquoi le vieil homme à l'ouest de la rivière (c'est-à-dire Ma-tsu) disait : « Ce n'est pas l'esprit, ce n'est pas le Bouddha, ce n'est pas une chose [1] (1). »

Cela reflète évidemment la doctrine du *Tao Te Ching*, selon laquelle :

L'innominé est l'origine du ciel et de la terre;
La nomination est la mère des dix mille choses.

Mais « l'innominé » de Lao-tzu et le « *kalpa* du vide » de Nan-ch'üan avant l'apparition du monde ne sont pas antérieurs au monde conventionnel des choses dans le temps. Ils représentent la naturalité du monde tel qu'il est précisément maintenant et que les maîtres zen désignent directement. Le cuisinier de Po-chang vivait éveillé dans ce monde-là et il apporta, sous une forme innominée et concrète, une solution au problème du maître.

Un moine demanda à Ts'ui-wei : « Pour quelle raison le Premier Patriarche vint-il de l'ouest ? »

Ts'ui-wei répondit : « Passez-moi ce repose-menton. »

Dès que le moine l'eut passé, Ts'ui-wei l'en frappa (2).

Un autre maître prenait le thé un jour avec deux de ses disciples lorsqu'il lança son éventail à l'un d'eux, disant : « Qu'est-ce que cela ? » L'étudiant le déploya et se mit à s'éventer. « Pas mal », commenta-t-il. « A vous maintenant », fit-il en se tournant vers l'autre, qui, immédiatement, referma l'éventail et se mit à s'en gratter le cou. Ceci fait, il le rouvrit, plaça dessus une part de gâteau et l'offrit au maître. Cette réponse fut considérée comme encore meilleure, car, lorsque les noms sont absents, le monde n'est plus « classé dans des limites ».

Il existe indubitablement un certain parallèle entre ces démonstrations et les théories sémantiques de Korzybski. On y retrouve le même souci d'éviter les confu-

(1) *Nan-ch'üan Yü-lu*, in *Ku-tsun-hsü Yü-lu*, 3, 12.
(2) *Pi-yen Lu*, 20. Le repose-menton est le *ch'an-pan*, une planchette pour supporter le menton au cours des longues méditations.

sions entre les mots et les signes d'une part, et le monde indicible infiniment variable, d'autre part. Il n'est pas rare que les explications des principes sémantiques en salle de classe ressemblent au *mondo*. Le Pr Irving Lee, de la Northwestern University, avait coutume de montrer une boîte d'allumettes à ses élèves en demandant : « Qu'est-ce que cela ? » Les étudiants tombaient en général dans le piège et répondaient : « Une boîte d'allumettes. » Là-dessus, le professeur s'exclamait, en brandissant ladite boîte : « Non ! Non ! C'est *ceci*. *Boîte d'allumettes* est un bruit. Est-ce que *ceci* est un bruit ? »

Il semblerait cependant que Korzybski voyait encore le monde « inexprimable » comme une multiplicité d'événements infiniment différenciés. Pour le Zen, le monde de la « naturalité » n'est ni un, ni multiple, ni uniforme, ni différencié. A quelqu'un soutenant qu'il existe des différences réelles, un maître zen pourrait montrer sa main et dire : « Sans prononcer un seul mot, veuillez préciser les différences entre mes doigts. » Il est immédiatement évident que les termes « identité » et « différence » sont des abstractions, de même que toutes les catégorisations du monde concret, le mot « concret » lui-même, car des termes tels que « physique », « matériel », « objectif », « réel » et « existentiel » sont des symboles totalement abstraits. En vérité, plus l'on essaie de les définir, plus ils apparaissent vides de signification.

Le monde de la « naturalité » est vide car il élimine toute pensée de l'esprit, étouffant l'expression vaine des définitions, si bien qu'il ne reste plus rien à dire. Nous ne nous trouvons certes pas devant un néant littéral, mais toute tentative de préhension à l'égard de notre monde nous laisse les mains vides ; lorsque nous essayons de parvenir à quelque certitude, au moins de nous-même, nous disparaissons. Nous sommes incapables de déceler un soi quelconque en dehors de l'esprit, et nous sommes incapables de découvrir un esprit quelconque en dehors de ces expériences mêmes que l'esprit, alors évanoui, essayait de saisir. Selon la frappante métaphore de R. H. Blyth, lorsque l'on est sur le point d'emprisonner le papillon dans le filet, on s'aperçoit qu'il s'est envolé pour venir se poser dessus. Transposé dans le domaine de la perception immédiate, lorsque nous cherchons les choses, nous ne trouvons que l'esprit, et lorsque nous cherchons l'esprit, il n'y a plus que les choses. Nous sommes alors paralysés pendant un moment car il semble que nous n'ayons plus de base pour agir, plus de sol ferme sous le pied pour prendre notre élan. Mais c'est ainsi qu'il en a toujours été et le moment d'après, nous nous retrouvons aussi libres d'agir, de parler et de penser qu'avant, dans un monde nouveau, étrange et miraculeux, d'où « soi » et « autre », « esprit » et « choses » ont disparu, et comme le dit Te-shan :

« Ce n'est que lorsque vous n'avez aucune chose dans l'esprit, et aucun esprit dans les choses que vous êtes libre et spirituel, vide et merveilleux [m] (1). »

Cet état merveilleux ne peut se décrire que comme la sensation particulière de liberté d'action ressentie quand le monde n'est plus perçu comme une sorte d'obstacle oppressant. Il ne s'agit pas de liberté dans le sens vulgaire d'indiscipline, ou de comportement capricieux. C'est la découverte de la liberté dans les tâches les plus modestes, car, lorsque le sentiment d'isolement subjectif disparaît, le monde n'est plus perçu comme un objet insaisissable.

Yün-men dit un jour : « Notre école vous permet de faire ce que vous voulez. Elle tue et vous mène aussi à la vie. »

Un moine demanda : « Comment cela tue-t-il ? »

Le maître répliqua : « L'hiver s'en va et le printemps vient. »

« Comment est-ce, reprit le moine, quand l'hiver s'en va et que le printemps vient ? »

Le maître dit : « Un bâton sur l'épaule, vous allez au hasard, vers l'est ou l'ouest, le sud ou le nord, frappant à votre gré les troncs sauvages [n] (2). »

Le déroulement des saisons n'est pas enduré passivement, mais se « produit » aussi librement qu'un vagabond

(1) *Lien-teng Hui-yao.* C'est l'élégante traduction de Ruth Sasaki, dans Dumoulin et Sasaki (1), p. 48, où elle souligne que dans ce contexte, « spirituel » désigne un état inexprimable par des mots.

(2) *Yün-men Kuang-lu,* dans *Ku-tsun-hsü Yü-lu,* 4, 16.

dans la campagne frappe à droite et à gauche avec son bâton. On pourrait interpréter cela dans le contexte chrétien comme le sentiment d'être devenu omnipotent, d'être Dieu, de commander aux événements. Mais il ne faut pas oublier que dans la pensée bouddhiste et taoïste, il n'y a pas de notion d'un Dieu gouvernant délibérément et consciemment l'univers. Voici ce que dit Lao-tzu du Tao :

Il ne pose pas de condition à ses réalisations,
Il aime et nourrit toutes choses
Sans les tyranniser (34).
Le Tao, sans faire quoi que ce soit,
Ne laisse rien inaccompli (37).

Pour employer les expressions imagées d'un poème tibétain, toute action, tout événement surgit de lui-même du vide, « comme un poisson bondit soudainement à la surface d'un lac aux eaux tranquilles ». Lorsque l'on a reconnu que cela était aussi vrai pour les choses préméditées et routinières que pour les choses soudaines et imprévues, on est alors d'accord avec le poète zen P'ang-yun :

Pouvoir miraculeux et merveilleuse activité —
Tirer de l'eau et couper du bois ° (1).

(1) *Ch'uan Teng-Lu*, 8.

2. « Assis paisiblement, sans rien faire »

Aussi bien dans la vie que dans les arts, c'est la spontanéité ou le naturel (*tzu-jan*) que les civilisations extrêmes-orientales apprécient le plus ; *tzu-jan*, c'est-à-dire la marque d'indiscutable sincérité qui caractérise l'action libre et non préméditée. Car l'homme résonne comme une cloche fêlée lorsqu'il pense et agit avec un esprit dissocié, une partie interférant avec l'autre pour contrôler, condamner ou admirer. Mais l'esprit, ou la vraie nature de l'homme, ne peut en réalité être dissocié. Selon le poème du *Zenrin*, il est :

Comme une épée tranchante, mais qui ne peut se trancher [elle-même,
Comme un œil qui perçoit, mais ne peut se percevoir lui-[même [a].

L'illusion de la dissociation provient de la tentative que fait l'esprit à vouloir être à la fois lui-même et l'idée de lui-même, par une fatale confusion du fait avec la réalité. Pour s'en échapper, l'esprit doit cesser de s'efforcer d'agir sur lui-même, sur le torrent de ses expériences, en abolissant l'idée du soi que l'on nomme l'ego. Un autre poème du *Zenrin* l'exprime ainsi :

Assis paisiblement, sans rien faire,
Le printemps vient, et l'herbe croît d'elle-même [b].

Ce « d'elle-même » est la façon d'agir naturelle de l'esprit et du monde, comme les yeux voient par eux-mêmes, comme les oreilles entendent par elles-mêmes, comme la bouche s'ouvre d'elle-même, sans que l'on ait à écarter les mâchoires de force. Le *Zenrin* dit encore :

Les montagnes bleues sont d'elles-mêmes des montagnes [bleues ;
Les nuages blancs sont d'eux-mêmes des nuages blancs [c].

Par l'importance qu'il accorde à la naturalité, le Zen est manifestement le continuateur de la tradition taoïste et sa conception de l'action spontanée en tant « qu'activité merveilleuse » (*miao-yung* [d]) correspond précisément à ce que les taoïstes entendent par le mot *te*, la vertu, en y ajoutant une nuance de pouvoir magique. Mais ni le taoïsme, ni le Zen n'y voient un caractère de surnaturel merveilleux. C'est parce qu'elle est parfaitement humaine que l'action spontanée est « magique » ou « merveilleuse », sans contrainte.

Cette qualité de magique et de merveilleux est extrêmement subtile (autre sens de *miao*) et bien difficile à exprimer par des mots. On raconte qu'un moine zen pleurait un jour en apprenant la mort d'un de ses proches parents. Un de ses condisciples lui ayant fait remarquer que c'était absolument inconvenant pour un moine de manifester un tel attachement personnel, il répliqua : « Ne soyez donc pas stupide ! Je pleure parce que je veux pleurer. » Le grand Hakuin fut aussi profondément troublé au cours de son noviciat en apprenant l'histoire du maître Yen-t'ou dont on raconte qu'il hurla de toutes ses forces lorsqu'il fut assassiné par un brigand (1). Mais tous ses doutes s'évanouirent quand il atteignit son propre *satori* et, dans les milieux zen, sa mort est restée comme un exemple admirable d'émotion humaine. Le maître Kwaisen et ses moines par contre se laissèrent brûler vifs par les soldats de Nobunaga, assis calmement dans la position de méditation. Un naturel aussi contradictoire ne manque pas de dérouter, mais il faut peut-

(1) *Ch'uan Teng Lu*, 26.

être en chercher l'explication dans les paroles de Yün-men : « Lorsque tu marches, contente-toi de marcher; lorsque tu es assis, contente-toi d'être assis. Avant tout, ne tergiverse pas! » La qualité essentielle du naturel est la sincérité de l'esprit indivis qui n'hésite pas entre plusieurs choix. Ainsi, lorsque Yen-t'ou hurla, il le fit avec une telle force qu'on l'entendit des lieues à la ronde.

On aurait toutefois tort de croire que cette sincérité naturelle procède de l'observance de lieux communs du genre : « Quel que soit l'objet de l'action, fais-le de toutes tes forces! » Quand Yen-t'ou hurla, il ne le fit pas dans le but d'être naturel, ni n'en décida préalablement pour mettre ensuite sa décision à exécution avec toute l'énergie de sa volonté. Le naturel prémédité et la sincérité intentionnelle sont des notions absolument contradictoires ayant pour effet de masquer, et non pas de découvrir, « l'esprit original ». Essayer d'être naturel est artificiel ; essayer de ne pas s'efforcer d'être naturel l'est aussi. Un poème du *Zenrin* en apporte la confirmation :

Vous ne pouvez y parvenir en y songeant;
Vous ne pouvez le chercher en n'y songeant pas [e].

Mais cette affirmation paradoxalement complexe et troublante résulte d'une simple et élémentaire erreur dans l'utilisation de l'esprit. Lorsqu'on a compris que l'erreur découle de toute évidence de l'effort fait pour dissocier l'esprit vis-à-vis de lui-même, il n'y a plus ni paradoxe, ni difficulté. Mais pour le concevoir clairement, il nous faut pénétrer plus profondément dans la cybernétique de l'esprit, dans la structure fondamentale de son fonctionnement auto-correcteur.

Indiscutablement, c'est en partie là le véritable génie de l'esprit humain de pouvoir, pour ainsi dire, s'isoler de la vie et y réfléchir, de pouvoir être conscient de sa propre existence et critiquer ses propres processus. L'esprit est en effet constitué par une sorte de circuit fermé, de « feed-back », système sur lequel repose, dans la technique des communications, l'un des principes de base de l'automation permettant aux machines de se contrôler elles-mêmes. La machine se trouve, grâce à un tel système, informée constamment des effets de sa propre action et peut ainsi exercer son auto-régulation. L'exemple le plus familier en est le thermostat électrique qui maintient la chaleur d'un local à une température stable. En fixant préalablement les limites supérieure et inférieure de la température désirée, on branche un thermomètre de telle manière qu'il allume le chauffage lorsque la limite inférieure est atteinte, et qu'il l'éteigne lorsqu'elle est à la limite supérieure tolérée. Le chauffage reste alors constant à l'intérieur de certaines limites. Par l'intermédiaire du thermostat, la chaudière du chauffage central se trouve ainsi munie d'une sorte d'organe sensitif ayant une analogie extrêmement rudimentaire avec l'auto-conscience humaine (1).

La mise au point d'un dispositif de feed-back pose toujours un problème mécanique ardu, car la machine primitive, disons, la chaudière d'un chauffage central, est régulée par ce dispositif, qui exige à son tour d'être lui-même régulé. Par conséquent, une automatisation de plus en plus poussée nécessite d'insérer toute une séquence de systèmes feed-back, un second pour corriger le premier, un troisième pour corriger le second, et ainsi de suite. Il y a évidemment des limites à ces séries de systèmes correcteurs, car, au-delà d'un certain point, le mécanisme est « saturé » en quelque sorte par sa propre complexité. On en arriverait par exemple à ce qu'il faille à l'information correctrice tellement de temps pour parcourir la série entière des correcteurs, qu'elle parviendrait trop tardivement à la machine pour être utile. D'une manière analogue, lorsqu'un individu réfléchit trop soigneusement et trop attentivement sur une décision à

(1) Je ne pousserai pas l'analogie entre l'esprit humain et les servo-mécanismes jusqu'à prétendre que l'esprit-corps n'est qu'un automate mécanique très compliqué. Je veux seulement montrer que le système de feed-back comporte certains problèmes similaires à ceux de l'auto-conscience et de l'auto-contrôle chez l'homme. Les mécanismes et les organismes me semblent par ailleurs totalement différents dans leurs principes, c'est-à-dire dans leur fonctionnement réel, car les uns sont fabriqués alors que les autres résultent d'un devenir par un processus de croissance. Le fait de transposer certains processus organiques en termes mécaniques ne signifie pas plus que l'organisme est un mécanisme, que la symbolisation arithmétique du commerce n'implique que le commerce *est* arithmétique.

prendre, il n'a plus le temps d'agir au moment opportun. En d'autres termes, un individu ne peut corriger indéfiniment ses propres moyens d'auto-correction et il se trouve amené, en dernière analyse, à faire prévaloir l'une de ses sources d'informations, faute de quoi, il lui est impossible d'agir, et le système est paralysé.

Le système peut encore être paralysé d'une autre façon. Tout dispositif feed-back fonctionne obligatoirement avec une certaine marge d'imprécision. L'ensemble du mécanisme s'effondrerait si l'on tentait de construire un thermostat absolument parfait, c'est-à-dire si l'on rapprochait les limites supérieure et inférieure de manière à maintenir la température juste à 25°, par exemple. En effet, si les limites extrêmes prévues coïncidaient exactement, les signaux d'allumage et d'extinction se confondraient également ! Si 25° était à la fois la limite supérieure et la limite inférieure, si le signal « marche » était aussi le signal « arrêt », « oui » impliquerait « non » et « non » impliquerait « oui ». Le mécanisme deviendrait « fou » par les successions ininterrompues de mises en route et d'arrêts jusqu'à ce qu'il se détraque complètement. Un tel système serait trop sensible et ressemblerait étrangement, dans ses dérèglements, à la symptomatologie de l'anxiété humaine. Lorsqu'un être humain est doué d'une auto-conscience, d'un auto-contrôle tels qu'il ne peut « laisser aller », il oscille alors sans fin entre des pôles opposés. C'est précisément ce qu'entend le Zen en faisant allusion au « Cercle de la naissance-et-de-la-mort », car le *samsara* bouddhiste est le prototype de tous les cercles vicieux (1).

La vie humaine consiste primitivement et originellement à agir, à évoluer dans le monde concret de la « naturalité », mais nous avons la faculté de contrôler l'action par la réflexion, c'est-à-dire par la pensée, par la comparaison du monde réel avec les souvenirs ou « réflexions ». Les souvenirs se manifestent sous forme

(1) Cf. à ce sujet la captivante discussion concernant les analogies entre les contradictions mécaniques et logiques d'une part, et les psychonévroses d'autre part, par Gregory Bateson, in Reusch et Bateson : *Communication : The social matrix of psychiatry*, chap. 8 (édit. Norton, New York, 1950).

d'images plus ou moins abstraites, de mots, de signes, de symboles simplifiés et autres schémas qui peuvent être rapidement passés en revue les uns après les autres. C'est à partir de tels souvenirs, de telles réflexions, de tels symboles que l'esprit construit son idée de lui-même. C'est l'équivalent du thermostat, source d'information de l'action passée à partir de laquelle tout le système effectue son auto-régulation. L'esprit-corps doit évidemment faire confiance à l'information avant d'agir, car si l'on essayait de se remémorer chaque fois si l'on s'est bien souvenu de tout avec exactitude, il en résulterait une paralysante indécision.

Mais pour conserver et entretenir sa « provision » d'informations en mémoire, l'esprit-corps doit continuer à agir de son propre chef, sans être trop étroitement soumis à son registre mnésique. Il doit y avoir une certaine latitude, une certaine marge entre la source d'information et la source d'action. Cela *ne* signifie *pas* que la source d'action doit hésiter avant d'accepter l'information, mais qu'elle ne doit pas s'identifier avec la source d'information. Nous avons vu que lorsque la chaudière répond trop servilement au thermostat, elle ne peut se mettre en marche sans aussitôt s'arrêter, ou s'arrêter sans aussitôt se mettre en marche. C'est précisément ce qui se passe dans l'esprit humain lorsque le désir de certitude et de sécurité incite à s'identifier avec sa propre image. Il ne peut se libérer de lui-même. Il lui semble qu'il ne devrait pas faire ce qu'il fait et qu'il devrait faire ce qu'il ne fait pas. Il lui semble qu'il ne devrait pas être ce qu'il est et qu'il devrait être ce qu'il n'est pas. L'effort pour baigner constamment dans un état de « félicité » équivaut, pour la chaudière, à essayer de maintenir une température invariable en faisant coïncider sur le thermomètre la limite inférieure avec la limite supérieure.

L'identification de l'esprit avec sa propre image a par conséquent un effet paralysant, car l'image est fixée, accomplie, elle appartient au passé. Mais c'est une image du soi en mouvement! S'y accrocher implique contradiction et conflits constants. C'est pourquoi Yün-men disait : « Lorsque tu marches, contente-toi de marcher. Lorsque tu es assis, contente-toi d'être assis. Mais surtout, ne tergiverse pas ! » En d'autres termes, l'esprit ne peut agir sans renoncer, à partir d'un certain point, à vouloir se contrôler lui-même. Il doit « s'abandonner » à lui-même, d'une part en faisant confiance à sa mémoire et à sa réflexion, d'autre part en agissant spontanément, de son propre chef, dans l'inconnu.

C'est pourquoi le Zen semble souvent considérer l'action par opposition à la réflexion, c'est pourquoi aussi il se décrit lui-même comme « non-esprit » (*wu-hsin*) ou « non-pensée » (*wu-nien*), et c'est encore la raison pour laquelle les maîtres l'enseignent en faisant des réponses instantanées et non préméditées aux questions : lorsqu'on demanda à Yün-men l'ultime secret du bouddhisme, il répliqua : « Poudding ». Selon les paroles du maître japonais Takuan : « Lorsqu'un moine demande ce qu'est le bouddhisme, le maître répond en montrant son poing ; lorsqu'on lui demande quelle est l'idée ultime du bouddhisme, il peut s'exclamer avant même que le demandeur ait terminé sa phrase : « une branche fleurie du prunier » ou « le cyprès dans la cour ». Il importe que l'esprit répondant ne s'interrompe pas, mais réplique d'un trait sans accorder une pensée à l'opportunité de la réponse (1). »

L'esprit est donc laissé libre d'agir à sa guise.

Mais la réflexion est également action, et Yün-men aurait pu dire aussi : « Dans l'action contente-toi d'agir. En pensant, contente-toi de penser. Avant tout, ne tergiverse pas. » Autrement dit, si l'on doit réfléchir, que l'on réfléchisse, mais sans réfléchir à la réflexion. Le Zen admettrait certes que réfléchir à la réflexion est également action, à condition qu'en s'y livrant, on se contente de ne faire que cela, sans s'en écarter et sans s'engager dans l'infinie régression de vouloir toujours se placer au-dessus ou en dehors du niveau auquel on agit. Le Zen est donc également une libération à l'égard de la dualité de la pensée et de l'action, car il pense comme il agit, avec le même abandon, la même foi. L'attitude du *wu-hsin* n'est en aucune manière une exclusion anti-intellectuelle de la pensée. *Wu-hsin* est action à n'importe quel niveau, phy-

(1) Suzuki (7), p. 80.

sique ou psychique, mais sans qu'il y ait *simultanément* tentative d'observer et de contrôler l'action du dehors. L'effort qui consiste à agir et à penser simultanément à l'action aboutit précisément à l'identification de l'esprit avec sa propre image. La contradiction est identique à celle d'un énoncé se définissant lui-même comme faux.

Le même conflit réapparaît dans les rapports entre les sensations et l'action, car la sensation bloque l'action et se bloque elle-même en tant que forme d'action lorsqu'elle tend à s'observer et à vouloir se ressentir indéfiniment, comme si l'on se livrait, en pleine félicité, à une auto-analyse afin de s'assurer que l'on éprouve bien le maximum de plaisir de la circonstance. Non content de goûter la nourriture, l'on veut aussi goûter la langue qui goûte. Non content de se sentir heureux, l'on veut sentir que l'on se sent heureux, comme si l'on voulait être sûr de ne pas rater une parcelle de bonheur.

Que l'on fasse confiance aux souvenirs, ou bien que l'on laisse l'esprit agir à son gré, c'est bonnet blanc et blanc bonnet : en fin de compte, il nous faut agir et penser, vivre et mourir, en partant d'une source qui se trouve au-delà de « notre » connaissance et de notre contrôle. Mais cette source est nous-même et lorsqu'on a reconnu cela, elle n'est plus en opposition avec nous comme une menace permanente. Aucun degré de prudence et d'hésitation, aucun degré d'introspection et d'analyse de nos motivations ne peut changer quoi que ce soit au fait que l'esprit est

comme un œil qui voit, mais incapable de se voir lui-même.

Finalement, la seule solution à adopter pour éviter l'oscillation paralysante de l'esprit, est de se jeter dans l'action sans s'inquiéter des conséquences. L'action engagée dans cet état d'esprit peut-être bonne ou mauvaise vis-à-vis des règles conventionnelles, mais nos décisions dans ce domaine doivent être soutenues par la conviction que tout ce que nous pouvons faire, ou tout ce qui peut nous arriver, est finalement « bien ». Autrement dit, nous devons entrer dans l'action sans *arrière-pensée* de regret, d'hésitation, de doute ou de remords. Lorsqu'on demandait à Yün-men ce qu'est le Tao, il répondait simplement : « Continue à marcher (*ch'ü* [f]). »

Mais agir sans arrière-pensée n'est en aucune manière un précepte à observer ainsi. Ce mode d'action ne peut être réalisé que si l'on a clairement compris, sans l'ombre d'un doute, qu'il est effectivement impossible d'agir autrement. Écoutons Huang-po :

« Les hommes craignent d'oublier leur propre esprit, de choir dans le vide sans rien à quoi ils puissent se raccrocher. Ils ne savent pas que le vide n'est pas réellement le vide, mais le royaume réel du Dharma... Il ne peut être recherché ou convoité, ni compris par la sagesse ou la connaissance, ni expliqué par des mots, ni perçu matériellement (c'est-à-dire, objectivement), par contact, ni atteint par une action méritoire (14) » (1).

L'impossibilité de « saisir l'esprit avec l'esprit » équivaut, lorsqu'on en a conscience, à la non-action (*wu-wei*), à « être assis paisiblement sans rien faire », et alors « le printemps vient et l'herbe croît d'elle-même ». Il n'est pas nécessaire que l'esprit s'efforce de s'abandonner à lui-même ou qu'il s'efforce de ne pas s'efforcer, car cette attitude introduirait d'autres artifices, bien qu'il ne soit pas nécessaire d'éviter les artifices dans un but de stratégie psychologique. Dans la doctrine du maître japonais Bankei (1622-1693), l'esprit qui ne peut se saisir lui-même est appelé « Non-né » (*fusho* [g]), c'est-à-dire l'esprit qui ne se manifeste pas dans le domaine de la connaissance symbolique.

Un laïc demanda : « J'apprécie beaucoup votre doctrine du Non-né, mais par la force de l'habitude, les arrière-pensées tendent à surgir constamment et à induire en erreur ; il est donc difficile d'être en harmonie avec le Non-né. Comment puis-je m'en remettre entièrement à lui ? »

Bankei répondit : « Si vous tentez d'interrompre les arrière-pensées qui se manifestent, alors l'esprit qui interrompt et l'esprit interrompu sont dissociés et il n'y a plus de place pour la paix de l'esprit. Il est ainsi préfé-

(1) Cf. Chu Ch'an (1), p. 29.

rable pour vous de croire qu'il n'y a originellement aucune (possibilité de contrôle par) arrière-pensée. Mais par affinité karmique, par l'intermédiaire de ce que vous voyez et entendez, ces pensées sont passagères et sans substance » (2).

« Éliminer les pensées qui surgissent revient à laver du sang avec du sang. Nous restons impurs parce que nous sommes lavés avec du sang, même lorsque le sang primitif est déjà disparu, et si l'on persiste dans cette voie, l'impureté ne disparaît jamais. C'est par ignorance de la nature claire, permanente et *fusho* de l'esprit. Si l'on considère l'arrière-pensée comme une authentique réalité, l'on reste enchaîné au cycle de la naissance-et-de-la-mort. Il vous faut vous rendre compte qu'une telle pensée n'est qu'une construction mentale que l'on ne doit chercher ni à entretenir, ni à détruire. Laissez cette pensée se manifester librement. Elle est comme une image réfléchie par un miroir. Le miroir est clair et reflète tout ce qui se présente devant lui, sans qu'aucune image n'y adhère. L'esprit de Bouddha (c'est-à-dire l'esprit réel, Non-né) est dix mille fois plus clair qu'un miroir et infiniment plus merveilleux. Sous sa lumière, toutes les pensées de cet ordre disparaissent sans laisser de trace. Si vous placez votre foi dans ce mode d'entendement, ces pensées resteront inoffensives quelle que soit leur intensité (1) » (4).

C'est aussi le point de vue de Huang-po qui dit : « Si l'on tient qu'il y a quelque chose à réaliser ou à atteindre en dehors de l'esprit, et que l'on fasse appel à l'esprit pour le poursuivre, (cela implique) la méconnaissance que l'esprit et l'objet de sa poursuite ne sont qu'un. L'esprit ne peut être utilisé pour poursuivre quelque chose qui en émane, car, même après des millions de kalpas, le jour du succès ne serait pas atteint (2) » (10).

Le contexte social du Zen ne doit pas être perdu de vue. Il s'agit initialement d'un mode de libération à

(1) *Daiho Shogen Kokushi Hogo*, par BANKEI. Texte japonais édité par FURATA et SUZUKI, Tokio, 1943. Traduction lue à l'auteur par le Pr HASEGAWA.
(2) Cf. CHU CH'AN (1), p. 24.

l'usage de ceux qui ont maîtrisé les disciplines de la vie sociale conventionnelle et qui ont accepté les servitudes de la vie collective. Le Zen est le remède aux effets néfastes de cette éducation, à la paralysie mentale et à l'anxiété qui résultent d'un intellectualisme trop poussé. Il faut donc replacer la doctrine dans le cadre social où régnaient les principes confucéens, faits de convenances et de rituels pointilleux. Au Japon, il faut le juger à la lumière de ses rapports avec l'éducation rigide de la caste des Samouraïs soumis à des efforts émotionnels constants en ces temps de conflits perpétuels. En tant que remède à ces servitudes, il ne vise pas à les combattre, mais les accepte au contraire sans réserve, ainsi qu'en témoignent les manifestations nippones telles que la cérémonie du thé, ou *cha-no-yu.* Dans un climat social aux conventions trop fragilement établies, ou encore si les circonstances se prêtaient à une exploitation de la doctrine dans un but de révolte à l'encontre des autorités, le Zen pourrait se révéler un remède dangereux.

Tenant compte de cela, on peut porter un jugement sur la valeur de la doctrine. L'éducation sociale entretient et favorise l'identification de l'esprit avec l'idée qu'il se fait de lui-même, y voyant un moyen d'autocontrôle, mais l'individu se considère alors comme un « moi », et le centre de gravité mental se trouve déplacé de l'esprit spontané ou original vers l'idée du moi. Le centre véritable de notre vie psychique est identifié avec le mécanisme d'auto-contrôle. Il devient donc presque impossible de concevoir comment « je » puis laisser-faire « moi-même » puisque je suis précisément l'effort habituel visant à me contrôler moi-même. Je suis absolument incapable d'une action mentale quelconque qui ne soit non intentionnelle, préméditée et insincère. Par conséquent, tout ce que je puis faire pour me laisser aller, pour m'abandonner, ne peut être qu'une forme déguisée de l'effort habituel de contrôle. Je ne puis être intentionnellement non-intentionnel, ou spontané à dessein. Dès qu'il devient nécessaire pour moi d'être spontané, l'intention de l'être se trouve renforcée ; je ne puis m'en délivrer et c'est cependant le seul obstacle à sa propre réalisation. C'est comme si l'on me prescrivait un médicament en m'avertissant qu'il sera inefficace si je pense à un singe en l'absorbant.

En m'appliquant à oublier le singe, je suis dans une situation cornélienne dans laquelle « oublier » équivaut à « ne pas oublier », et vice versa. « Oui » implique « non » et « marche » implique « arrêt ». C'est alors que le Zen intervient en demandant : « Si vous ne pouvez vous empêcher de penser au singe, le faites-vous intentionnellement ? » Autrement dit, ai-je l'intention d'avoir l'intention ? Et soudain je prends conscience que mon intention est spontanée, que mon soi contrôleur, l'ego, émane de mon soi naturel ou incontrôlé. A cet instant, toutes les machinations de l'ego se réduisent à zéro ; il est pris à son propre piège. Je vois alors qu'il est réellement impossible de ne pas être spontané et ce que je ne puis m'empêcher de faire, je le fais spontanément, mais si au même moment je m'efforce de contrôler, je l'interprète comme une contrainte. Ainsi que le déclarait un maître zen : « A ce moment-là, il ne vous reste plus rien d'autre à faire qu'à en rire. »

La qualité de la prise de conscience se trouve dès lors totalement transformée et je me sens dans un autre monde, où je vivais cependant déjà depuis toujours. Mais depuis que je sais que mon action volontaire et intentionnelle se réalise spontanément, d'elle-même, tout comme la respiration ou les processus sensoriels, je ne me laisse plus prendre au piège de l'effort de la spontanéité. Il n'y a pas de véritable contradiction puisque « s'efforcer » est « spontané », et quand on a compris cela, le sentiment de contrainte, de blocage, disparaît. Aucune entrave à la spontanéité ne subsiste lorsque l'effort pour y parvenir est reconnu inutile. Comme nous l'avons vu, la constatation du caractère spontané des démarches volontaires et involontaires de l'esprit a pour effet d'abolir immédiatement le dualisme entre l'esprit et le monde, le connaissant et le connu. Le monde nouveau dans lequel je me trouve devient d'une extraordinaire transparence, délivré de toute limitation, comme si j'étais devenu en quelque sorte l'espace vide dans lequel tout s'accomplit.

C'est donc là la signification de l'assertion souvent répétée selon laquelle « tous les êtres sont dans le *nirvana* depuis le commencement », que « le dualisme est un concept erroné », que « l'esprit ordinaire est le Tao », et les efforts faits pour se mettre en harmonie avec le Tao n'ont, en définitive, aucun sens. Il est dit dans le *Cheng-tao Ke* :

Comme le ciel vide, il n'a pas de limite,
Et cependant, il est bien dans cet espace, toujours profond
[et clair.
Si vous cherchez à le connaître, vous ne pouvez pas le voir.
Vous ne pouvez le saisir,
Mais vous ne pouvez le perdre.
En restant incapable de l'atteindre, vous l'atteignez.
Lorsque vous êtes silencieux, il parle;
Lorsque vous parlez, il est silencieux.
La grande porte est ouverte pour dispenser les aumônes,
Et aucune foule ne bloque la voie [h] (34).

C'est en prenant conscience de cela qu'au moment de son *satori* Hakuin s'écria : « Comme c'est merveilleux! Comme c'est merveilleux! Il n'y a pas de Cycle de la naissance-et-de-la-mort auquel il faut échapper, ni de connaissance suprême à atteindre (1). » Comme le disait encore Hsiang-yen :

D'un seul coup j'oubliai toutes mes connaissances!
La discipline artificielle ne sert à rien,
Car quoi que je fasse, je reste toujours dans la même voie [i] (2).

Paradoxalement, rien n'est plus artificiel que la notion d'artificialité. Quoi que l'on fasse, il est aussi impossible de s'opposer au Tao spontané que de vivre en d'autres temps que dans le présent, ou ailleurs que là où nous sommes. Lorsqu'un moine demanda à Bankei ce qu'il pensait des exercices de discipline personnelle pour atteindre le *satori*, le maître répondit : « Le *satori* est l'opposé de la confusion. Étant donné que chacun de nous est la substance de Bouddha (en réalité), il n'y a

(1) *Orategama*, in Suzuki (1), vol. 1, p. 239.
(2) *Wu-teng Hui-yüan*, 9.

pas lieu à confusion. Alors, que cherche-t-on donc par le *satori* (1) ? »

Reconnaissant donc qu'il n'y a pas de possibilité de s'écarter du Tao, l'individu devient comme l'homme placide de Hsüan-Chüeh qui

n'évite les pensées fausses, ni ne cherche la vérité,
car l'ignorance est en réalité la nature de Bouddha,
et ce corps illusoire, changeant et vide, est le Dharmakaya (2).

On ne cherche plus à être spontané lorsqu'on a conscience que cet effort est inutile. Pour susciter cet état d'esprit spécial, qui peut survenir n'importe quand, les maîtres zen utilisent souvent le stratagème consistant à éluder une question, puis, lorsque le questionneur s'apprête à partir, ils l'appellent brusquement par son nom. Tout naturellement, il se retourne en disant : « Oui ? », et le maître s'exclame alors : « Ça y est ! »

Il peut sembler au lecteur occidental que tout ceci se résume à une sorte de panthéisme, une tentative de résoudre tous les conflits en affirmant que « Tout est Dieu ». Mais, du point de vue Zen, ce serait là une position très éloignée du véritable naturel car elle implique un concept artificiel : « Tout est Dieu » ou « Tout est le Tao ». Concept ici parfaitement inutile car on ne prend pas conscience en comprenant qu'aucun stratagème n'est nécessaire. Le Zen qualifie du reste toutes les méthodes et tous les moyens pour parvenir au Tao de « jambes de serpent », c'est-à-dire de servitudes parfaitement superflues.

Aux yeux du logicien, tout ceci n'est que pure absurdité, et, dans un certain sens, c'est effectivement absurde. Mais pour le bouddhiste, la réalité en soi n'a aucune signification car elle ne représente pas un symbole désignant quelque chose situé au-delà d'elle-même. Parvenir à la réalité, à la « naturalité », c'est aller au-delà du *karma*, au-delà de l'action conséquente et adopter une vie absolument sans but. Cependant, pour le Zen

(1) *Bankei Kokushi Seppo.* Texte lu à l'auteur par le Pr HASEGAWA.
(2) *Cheng-tao Ke*, 1.

comme pour le taoïsme, c'est la véritable vie de l'univers qui se suffit à elle-même à chaque instant et qui n'exige pas de se justifier en tendant vers un but situé au-delà. Selon le *Zenrin* :

Si vous ne croyez pas, contemplez seulement septembre,
regardez octobre!
Les feuilles jaunes tombant, tombant pour remplir à la fois
[montagne et rivière [j] .

Comprendre cela, c'est être comme les deux amis dont un autre poème du *Zenrin* disait :

En se rencontrant, ils rient et rient,
Le bosquet du bois, les feuilles innombrables qui sont tom-
[bées! [k].

Du point de vue taoïste, une vie sans but et vide ne suggère rien de déprimant, mais au contraire la liberté des nuages et des torrents de montagne, du vagabond, des fleurs qui croissent dans les vallées impénétrables, dont personne ne jouit de la beauté, de la vague qui vient baigner le sable du rivage, inlassablement.

L'expérience Zen, c'est plus une conclusion qu'une prémisse. Ce n'est en aucune manière le premier pas d'une suite de raisonnements éthiques ou métaphysiques, car les conclusions y conduisent plutôt qu'elles n'en découlent. Tout comme la vision béatifique chrétienne, c'est l'ultime accomplissement, la véritable fin de l'homme, et non pas quelque chose susceptible de servir à d'autres buts. Les philosophes n'admettent pas facilement qu'il arrive un moment où la pensée, comme la cuisson d'un œuf, doit s'arrêter. Tenter de formuler l'expérience zen sous forme d'un axiome : « Tout est le Tao », puis l'analyser pour en tirer des conclusions est faire fausse route, de même que la Crucifixion est une pierre d'achoppement pour les Juifs (moralistes) et une folie pour les Grecs (logiciens). En déclarant que « tout est le Tao », nous touchons presque au but, mais juste au moment d'y arriver, les mots deviennent absurdes car nous parvenons à la limite de leur signification puisqu'ils impliquent toujours quelque chose qui les dépasse, et au-delà de cette limite, il n'y a plus de signification.

Le Zen ne commet pas l'erreur de considérer l'expérience selon laquelle « toutes choses sont une » comme la prémisse d'une éthique de fraternité universelle. Au contraire, Yüan-wu dit :

« Si vous êtes un homme véritable, vous avez absolument le droit de partir avec le bœuf du paysan, ou de vous emparer de la nourriture d'un homme qui meurt de faim [l] (1). »

Ceci, simplement pour montrer que la doctrine se place au-delà de l'éthique dont la sanction doit être cherchée, non dans la réalité, mais dans l'agrément mutuel des humains. Si l'on veut l'universaliser ou lui donner un caractère absolu, l'éthique interdit alors toute possibilité d'existence, car nous ne pouvons vivre un seul jour sans détruire la vie de quelque créature.

Le Zen n'est pas un système doctrinal comparable à une religion occidentale et il serait vain d'y chercher des rapports logiques entre son expérience centrale et l'amélioration des relations humaines. Cette expérience, ce mode de vie est au contraire plutôt l'objet de relations humaines meilleures, que visait à promouvoir le confucianisme. Depuis le règne de la dynastie Sung (959-1278), le Zen a constamment favorisé la diffusion des principes confucéens, dont il avait d'ailleurs si bien reconnu l'importance pour susciter le climat naturel qui lui permettrait de prospérer sans entrer en conflit avec l'ordre social, qu'il fut dans une large mesure à l'origine de leur introduction au Japon : l'éthique confucéenne se place sur un plan humain et relatif, et non pas divin et absolu.

Bien qu'essentiellement « inconséquente » par nature, l'expérience zen peut s'appliquer dans n'importe quel sens, n'importe quelle activité humaine concevable, conférant en toute circonstance une incomparable qualité à l'œuvre. Les traits caractéristiques de la vie spontanée sont entièrement contenus dans les trois expressions suivantes : *mo chih ch'u* [m], « aller de l'avant sans hésitation », *wu-wei*, que l'on peut interpréter ici par

(1) Commentaires de *Pi-yen Lu,* 8.

« le fait d'être sans but », « l'absence d'intention », et *wu-shih*, « l'absence d'artifice », « la simplicité ».

Alors que l'expérience zen n'implique aucune orientation spécifique de l'action puisqu'elle ne comporte aucun but, aucune motivation, elle se dirige sans hésitation vers tout ce qui se présente à réaliser. *Mo chih ch'u*, c'est l'esprit fonctionnant sans à-coup, sans hésiter entre plusieurs possibilités, et une majeure partie de l'éducation zen consiste à mettre l'étudiant devant des dilemmes qu'il doit résoudre à brûle-pourpoint, sans « s'arrêter » pour décider de son choix. La réaction en face d'une situation donnée doit avoir la promptitude du bruit que font les paumes des mains lorsqu'on les presse brusquement l'une contre l'autre, ou de l'étincelle de la pierre à briquet. L'élève non accoutumé à ce genre de réponse est tout d'abord déconcerté, mais au fur et à mesure que sa confiance en son esprit « original » et spontané s'accentue, non seulement il répond de plus en plus facilement, mais avec de plus en plus d'à-propos, un peu comme le comédien chevronné fait face aux situations imprévues.

Le maître peut engager une conversation avec un disciple en lui posant une série de questions très simples sur les sujets les plus banals auxquels il répond avec une parfaite spontanéité. Puis soudainement, il demande par exemple : « Lorsque l'eau du bain s'écoule, tourne-t-elle dans le sens des aiguilles d'une montre ou inversement ? » L'élève se trouve alors surpris par le caractère insolite d'une telle question et il essaie de se remémorer dans quel sens l'eau s'écoule. Le maître s'exclame alors, en faisant tournoyer sa main en l'air : « Ne réfléchissez pas ! Agissez ! Comme ça ! » Ou encore, moins indulgent peut-être, il dira : « Jusqu'à présent, vous avez répondu naturellement et facilement à mes questions. Mais où réside donc votre difficulté ? »

Le disciple est pareillement libre de mettre le *roshi* à l'épreuve et on peut imaginer qu'à l'époque où l'éducation zen était plus libérale, les membres des communautés devaient beaucoup s'amuser à se poser des pièges les uns aux autres. C'est encore ainsi que cela se passe, jusqu'à un certain point, malgré la solennité de l'entretien *sanzen* au cours de duquel on discute sur les *koan*.

Kozuki Roshi, qui avait invité un jour deux moines américains à prendre le thé, leur demanda incidemment : « Et vous, Messieurs, que savez-vous du Zen ? » L'un des moines jeta son éventail fermé à la figure du maître. Ce dernier au même moment pencha légèrement la tête de côté, si bien que l'éventail le manqua et vint perforer le papier *shoji* derrière lui, et il éclata de rire.

Suzuki a traduit une longue lettre du maître zen Takuan sur les rapports de la doctrine avec l'escrime, qui constitue sans doute la meilleure référence sur ce qu'elle entend par *mo chih ch'u*, « aller de l'avant sans s'arrêter » (1). Takuan et Bankei ont insisté sur le fait que l'esprit « original » ou « non né » accomplit constamment des miracles, même chez les individus les plus ordinaires. L'esprit perçoit toutes les feuilles d'un arbre à la fois sans être « arrêté » par aucune d'entre elles en particulier. Expliquant ceci à un moine qui lui rendait visite, Bankei lui dit : « Pour avoir la preuve que votre esprit est l'esprit de Bouddha, remarquez comme tout ce que je dis ici pénètre en vous sans que rien n'échappe, sans que je fasse effort pour le faire pénétrer de force (2). » Agacé un jour par un certain moine Nichiren qui prétendait sur un ton agressif ne pas comprendre un seul mot, Bankei le pria de s'approcher de lui. Le moine s'avança. « Encore plus près », dit Bankei. Le moine s'approcha encore. « Comme vous me comprenez bien ! », remarqua alors Bankei (3). Autrement dit, notre organisme naturel accomplit les activités les plus merveilleusement complexes sans la moindre hésitation. La pensée consciente repose aussi sur tout son système de fonctionnement spontané, et c'est pourquoi il n'y a véritablement aucune raison de ne pas faire entièrement confiance à ce fonctionnement. Le Soi *est* son fonctionnement.

Le Zen n'est pas simplement un culte de l'action impulsive et le *mo chih ch'u* ne vise pas à abolir la pensée réfléchie, mais le « blocage » dans l'action et dans la pensée, de manière que la réponse de l'esprit soit toujours comme une balle emportée par un torrent de mon-

(1) Suzuki (7), p. 73-87 et Suzuki (1), vol. 3, p. 318-319.
(2) *Bankei Kokushi Seppo*. Lu à l'auteur par le Pr Hasegawa.
(3) Suzuki (10), p. 123.

tagne, les pensées se succédant les unes aux autres sans hésitation. On constate une certaine analogie à cette attitude dans la pratique psychanalytique des associations mentales libres, destinées à permettre au « subconscient » de se libérer. On tend en effet à confondre le blocage, phénomène purement inhibiteur, avec la réflexion mentale, mais l'exemple d'un processus tel que l'addition d'une colonne de chiffres permet d'en faire la distinction. Certaines combinaisons arithmétiques, 8 et 5, ou 7 et 6 par exemple, provoquent chez nombre de personnes un sentiment de résistance mentale. C'est là quelque chose de toujours gênant et déconcertant et le sujet est alors enclin à s'arrêter devant l'obstacle, déclenchant l'état oscillatoire du système feed-back déréglé. Le remède le plus simple consiste à se sentir libre et à ne pas se laisser freiner par la cause de l'inhibition. Lorsqu'on se sent libre de s'arrêter, l'obstacle s'élimine de lui-même ; on assiste d'ailleurs à un phénomène semblable lorsqu'on apprend à monter à bicyclette. Si l'on tend à chuter du côté gauche, ce n'est pas en tournant le guidon vers la droite que l'on évitera la chute, c'est-à-dire le blocage. Il suffit de braquer vers la gauche, au contraire, pour rétablir l'équilibre. Le principe est ici le même que dans le cas où l'on échappe à la contradiction de « l'effort de spontanéité » en considérant « l'effort » comme étant « spontané », et en ne résistant pas au blocage.

« Blocage » est sans doute la meilleure traduction du terme zen *nien* [n], tel que dans l'expression *wu-nien*, « non-pensée », ou mieux, « absence de seconde pensée ». Takuan souligne que c'est là la signification véritable de « l'attachement » de la doctrine bouddhiste, dans le sens qui lui est attribué lorsqu'on dit qu'un Bouddha est libre de toute attache avec le monde. Cela ne signifie pas qu'il est un « Bouddha de marbre », sans sentiment, sans émotion, sans sensation de faim ou de douleur. Cela signifie que rien ne le bloque, rien ne l'entrave. Le Zen a un style d'action qui implique impérativement un accomplissement, une continuation. Il s'engage hardiment et librement, sans réserve et sans hésitation. Il ne confond pas la spiritualité avec la méditation sur Dieu lorsqu'on est en train d'éplucher les pommes de terre. La spiritualité zen consiste simplement à éplucher les pommes de terre. Comme le dit Lin-chi :

« Lorsque le moment est venu de t'habiller, habille-toi. Lorsque tu dois aller, va. Lorsque tu dois t'asseoir, assieds-toi. Débarrasse ton esprit de toute pensée sur la recherche de la bouddhéité... Tu parles de la parfaite discipline de tes six sens et de tout ton comportement, mais, à mes yeux, tout cela est *karma*. Rechercher la (nature) de Bouddha et rechercher le Dharma entraîne immédiatement le *karma* qui mène aux enfers. Rechercher (à être) Bodhisattva est également *karma*, de même que l'étude des *sutra* et des commentaires. Les Bouddhas et les Patriarches sont des gens dénués de ces artifices... Il est dit partout qu'il y a un Tao à cultiver et un Dharma à réaliser... Quel Dharma, dis-tu, doit être réalisé, et quel Tao cultivé ? Que manque-t-il à ton comportement actuel ? Qu'ajouteras-tu au lieu où tu es (1) ? [o] »

Un poème du *Zenrin* dit :

Rien n'égale le port de vêtement et l'absorption de nourriture,
Hors de cela, il ni a ni Bouddha, ni Patriarche [p].

C'est le *wu-shih*, le naturel sans contrainte et sans effort, sans songer au Zen, au Tao ou au Bouddha. Il n'est certes pas exclu d'y penser, mais seulement lorsque cela est nécessaire. « Il ne s'attarde pas là où est le Bouddha, et là où il n'y a pas de Bouddha, il poursuit directement son chemin (2). » Ainsi que le *Zenrin* le déclare encore :

Être conscient de l'esprit original, de la nature originale,
La grande maladie du Zen ne réside que là [q] *!*

Comme « le poisson nage dans l'eau sans avoir conscience de l'eau », comme « l'oiseau vole dans l'air en ignorant le vent », de même la véritable vie zen n'a pas besoin de « soulever des vagues lorsque le vent ne souffle pas », de faire de la religion ou de la spiritualité quelque chose qui transcende la vie. C'est pourquoi les

(1) *Lin-chi Lu* dans *Ku-tsun-hsü Yü-lu*, 1, 4, 11-12, 12.
(2) *Shih Niu T'u*, 8.

oiseaux n'apportaient plus de fleurs au sage Fa-yung après son entrevue avec le Quatrième Patriarche, car sa sainteté ne se dressait plus « comme un pouce douloureux ». D'un tel homme, le *Zenrin* dit :

Pénétrant la forêt, il ne déplace pas l'herbe,
Pénétrant dans l'eau, il ne fait pas de remous [r].

Personne ne le remarque, car il ne se remarque pas lui-même.

Il est fréquemment rappelé que se saisir soi-même revient à avoir une épine sous la peau et que le bouddhisme est une seconde épine pour extraire la première. Lorsque celle-ci est extraite, on les jette toutes deux. Mais au moment où le bouddhisme, la philosophie ou la religion deviennent une autre façon de se saisir soi-même en recherchant une sécurité spirituelle, les deux épines n'en font plus qu'une. Et alors, comment la retirer ? Pour Bankei, c'est « effacer du sang avec du sang ». C'est pourquoi dans le Zen, il n'y a ni soi, ni Bouddha auquel on puisse s'accrocher, ni bien à acquérir, ni mal à éviter, ni pensée à déraciner, ni esprit à purifier, ni corps à être anéanti, ni âme à sauver. D'un seul coup, toute la charpente des abstractions se trouve démolie. Écoutons encore le *Zenrin* :

Pour sauver la vie, il faut la détruire,
Lorsqu'elle est entièrement détruite, on est alors en paix pour [la première fois [s].

Un seul mot apaise le ciel et la terre,
Un glaive nivelle le monde dans son entier [t].

A propos de ce glaive, Lin-chi disait :

« Si un homme cultive le Tao, le Tao restera sans effet. De tous côtés, des conditions mauvaises vont surgir concurremment. Mais lorsque le glaive de la sagesse (*prajna*) sortira, il ne restera plus une seule chose [u] (1). »

Le « glaive de *prajna* » qui tranche l'abstraction est cette « désignation directe » par laquelle le Zen évite les

(1) Cf. *Ku-tsun-hsü Yü-lu*, 1, 4, 13.

pièges de la religiosité et va droit au but. Ainsi, lorsque le gouverneur de Lang demanda à Yao-shan : « Qu'est-ce que le Tao ? », le maître pointa le doigt en l'air, vers le ciel, et en bas vers une cruche d'eau qui se trouvait près de lui. Pressé de s'expliquer, il répondit : « Un nuage dans le ciel, et de l'eau dans la cruche. »

3. Za-Zen et le Koan

Un axiome zen dit que « la réalisation originale est pratique merveilleuse » (en japonais : *honsho myoshu* [a]). Cela signifie qu'aucune distinction ne doit être faite entre la réalisation de l'Éveil (*satori*) et la pratique du zen par la méditation et l'action. Cette pratique, répétons-le encore une fois, ne doit pas être prise comme un moyen pour parvenir à l'Éveil puisque seule une pratique non intentionnelle permet de le réaliser et de pénétrer dans la vie réelle et sans but de l'Éternel Maintenant. Pratiquer avec une fin en vue reviendrait à avoir un œil sur la pratique et l'autre vers le but, au détriment de la concentration et de la sincérité. Autrement dit, on ne pratique pas la doctrine pour devenir un Bouddha, mais parce que l'on est déjà d'emblée un Bouddha : et c'est cette prise de conscience originale qui est le point de départ de la vie zen. La prise de conscience originale est le « corps » (*t'i* [b]) et la pratique merveilleuse, « l'application » (*yung* [c]), ces deux notions correspondant respectivement à *prajna*, la sagesse, et à *karuna*, l'activité de compassion du Bodhisattva éveillé dans le monde de la naissance-et-de-la-mort.

Dans les deux chapitres précédents, nous avons exposé la réalisation originale. Dans celui-ci et le suivant, nous allons envisager la pratique ou activité qui en découle, c'est-à-dire la vie de méditation et la vie journalière sous le double aspect du travail et de la récréation.

Les communautés zen modernes, aussi bien de l'école Soto que de l'école Rinzai, attachent, comme nous l'avons vu, la plus grande importance à la méditation assise (*za-zen*), quel qu'ait pu être le point de vue des maîtres T'ang à cet égard. Il peut sembler à la fois étrange et absurde que des individus sains et intelligents puissent rester ainsi assis pendant des heures sans rien faire. Pour la mentalité occidentale, c'est non seulement contraire aux tendances naturelles, mais également une perte de temps précieux, malgré la valeur d'une telle discipline pour inculquer la patience et affermir la volonté. Bien qu'il subsiste en Occident une tradition contemplative dans l'Église catholique, la vie de « contemplation assise » a perdu de son attrait car aucune religion n'est reconnue valable si elle ne concourt à faire « progresser le monde », et il est difficile d'admettre qu'il puisse progresser en restant immobile. Il est cependant évident que l'action sans la sagesse, sans la claire conscience de ce qu'est réellement le monde, est incapable de perfectionner quoi que ce soit. En outre, on pourrait ajouter que, semblables à l'eau trouble se clarifiant lorsqu'on la laisse se reposer et décanter, ceux qui restent assis paisiblement sans rien faire sont ceux qui apportent la meilleure contribution possible à un monde désordonné.

Il n'y a en vérité absolument rien de contraire à la nature à rester assis tranquillement pendant des heures. Les peuples dits primitifs, les Indiens d'Amérique, et les paysans de tous pays s'y adonnent, tout comme les chats, les chiens et autres animaux encore plus nerveux. Mais cet art est particulièrement ardu pour ceux dont l'intellect sensitif atteint un degré de développement tel qu'ils ne peuvent s'empêcher de faire des prévisions pour l'avenir, et qui sont accaparés en permanence par une multitude d'activités afin d'y faire face. Il semble que l'inaptitude à rester assis et à contempler paisiblement aille de pair avec l'incapacité d'expérimenter dans sa totalité le monde dans lequel nous vivons. Il ne suffit pas seulement d'y réfléchir et d'agir sur lui pour le connaître. Il faut tout d'abord l'expérimenter plus directement et prolonger l'expérience sans se lancer dans des conclusions hâtives.

Le *za-zen* s'intègre donc bien dans la doctrine zen si l'on songe que cette doctrine voit la réalité directement, dans sa « naturalité ». Pour concevoir le monde dans sa réalité concrète, sans le diviser et le disséquer en catégories et en abstractions, il faut évidemment l'aborder avec un esprit vierge de toute pensée, c'est-à-dire de toute idéation symbolique. Le *za-zen*, par conséquent, ne consiste pas à être assis, l'esprit vide, en repoussant toutes les impressions des organes sensoriels internes et externes. Il ne s'agit pas d'un « état de concentration » dans le sens usuel d'une limitation de l'attention à un seul objet perceptible, tel qu'un point lumineux ou le bout de son nez. Il s'agit simplement d'une prise de conscience paisible, sans commentaire, de ce qui se passe à l'entour. Cette prise de conscience s'accompagne d'une sensation très vive de « non-différence » entre le soi et le monde extérieur, entre l'esprit et son contenu, les bruits, les objets et autres manifestations du monde ambiant. Cette sensation ne se manifeste naturellement pas si l'on fait effort pour l'éprouver ; elle ne se manifeste que d'elle-même, spontanément, lorsqu'on se livre à la contemplation assise, et que l'esprit ne poursuit aucune intention, pas même l'intention de se débarrasser de l'intention.

A l'intérieur du *sodo* ou *zendo*, la salle de méditation des communautés zen, on ne trouve rien de particulièrement attirant à l'œil. C'est une longue salle comportant de chaque côté une large plate-forme où les moines dorment et méditent. Ces plates-formes sont recouvertes de *tatami*, épaisses nattes de sol en paille, sur lesquelles les moines s'assoient sur deux rangs, face à face. Le silence qui y règne est encore accentué, plutôt que rompu, par les bruits occasionnels perçus d'un village voisin, par les sonneries intermittentes des cloches aux timbres doux des autres parties du monastère, ou encore par le chant des oiseaux dans les arbres. Rien d'autre, hormis la fraîcheur de l'air pur des montagnes et la senteur « sylvestre » d'un encens spécial.

Une grande importance est accordée à la posture physique du *za-zen*. Les moines sont assis sur des coussins durs, jambes croisées et pieds posés sur les cuisses, plantes tournées vers le haut. Les mains reposent sur le giron, la gauche sur la droite, paumes en l'air, les pouces restant en contact l'un avec l'autre. Le corps doit être droit, mais non raide, les yeux maintenus ouverts et le regard dirigé sur un point situé sur le sol, à un mètre environ en avant. Le rythme respiratoire doit être lent et régulier, sans effort, mais en marquant l'expiration, par contraction de l'abdomen plutôt que du thorax, ce qui a pour effet de décaler le centre de gravité du corps vers l'abdomen et de conférer ainsi une certaine fermeté d'attitude, donnant l'impression d'appartenir au sol sur lequel on est assis. La respiration abdominale lente et facile agit sur la conscience comme les soufflets d'orgue, et laisse une sensation de clarté brillante et paisible. On recommande au novice de s'accoutumer au calme en ne faisant rien d'autre que compter sa fréquence respiratoire de un à dix, et de recommencer indéfiniment, jusqu'à ce qu'il arrive à rester assis sans effort.

Pendant que les moines se livrent à la méditation assise, deux « moniteurs » vont et viennent lentement entre les plates-formes, chacun d'eux portant un *keisaku*, sorte de longue férule ronde à une extrémité, plate à l'autre, symbole de l'épée de *prajna* du Bodhisattva Manjusri. Dès qu'ils aperçoivent un moine s'endormir ou dans une posture incorrecte, ils s'arrêtent devant lui, s'inclinent cérémonieusement et le frappent sur les épaules. Ceci n'est pas considéré comme une « punition », mais comme un « massage stimulant » destiné à détendre les muscles de l'épaule et revigorer l'esprit. Cependant, les moines avec lesquels je me suis entretenu de cette pratique ont tous réagi avec la même attitude gênée qu'adoptent les enfants lorsqu'on leur parle des punitions santionnant leurs écarts de conduite. Les règles du *sodo* précisent en outre « que pendant la séance du matin, ceux qui somnolent seront sévèrement punis avec le *keisaku* » (1).

(1) Cf. Suzuki (5), p. 99. Le règlement du *sodo* ajoute : « Lorsque vous recevez le *keisaku*, croisez les mains et inclinez-vous courtoi-

A certains moments, la méditation assise est interrompue et les moines se mettent en rangs pour se dégourdir les jambes en marchant à une allure rapide dans l'espace compris entre les plates-formes. Les périodes de *za-zen* sont également interrompues pour effectuer des travaux divers dans les monastères, nettoyer les lieux, se livrer aux exercices rituels devant l'autel de la salle du Bouddha, etc., ainsi que pour les repas et le sommeil. A certaines époques de l'année, cette discipline est observée presque continuellement de 3 heures 30 du matin à 10 heures du soir, et ces longues séances sont désignées sous le nom de *sesshin*, « recueillement de l'esprit ». Tous les actes de la vie des moines se déroulent selon un horaire précis dépourvu de solennel qui confère à l'atmosphère du *sodo* un aspect de régularité militaire. L'emploi du temps est marqué et accompagné de sonneries de cloches diverses ou de bruits de gongs selon des rythmes variés pour annoncer le *za-zen*, l'heure des repas, des services, des conférences ou des entretiens *sanzen* avec le maître.

Le style cérémonieux ou ritualiste est si caractéristique du Zen qu'une explication s'impose, étant donné que la doctrine voit dans cette attitude une manifestation affectée ou superstitieuse. Les quatre activités principales de l'homme, la marche, la station debout, la station assise et la station couchée sont désignées dans le bouddhisme sous le nom des « quatre dignités », car ce sont les postures prises par la nature de Bouddha dans son incarnation humaine (*nirmanakaya*). Le rituel qui préside aux activités de tous les jours est par conséquent la symbolisation du fait que « l'homme ordinaire est un Bouddha », et s'impose naturellement à toute personne accomplissant chaque chose avec une totale présence d'esprit. Ainsi donc, si dans l'acte si simple et si banal d'allumer une cigarette, on a parfaitement conscience

sement. Ne laissez pas les pensées égoïstes ou rancunières pénétrer votre esprit ». Il semble bien que le *keisaku* est utilisé à deux fins, d'une part pour le massage des épaules, d'autre part dans un but de punition, quel que soit le nom que l'on donne à ce châtiment. Il est intéressant de noter que Bankei abolit cette pratique dans sa propre communauté, estimant qu'un individu n'est pas moins Bouddha lorsqu'il dort que lorsqu'il ne dort pas.

en voyant la flamme et la fumée que ce sont là les choses les plus importantes de l'univers, l'observateur aura l'impression d'une action à caractère rituel.

L'école Soto, qui ne considère pas du tout le *za-zen* et le cycle des activités journalières comme un moyen de parvenir à un but, mais comme la vraie réalisation de la bouddhéité, insiste particulièrement sur cette attitude de « comportement selon le Bouddha ». Dogen dit dans le *Shobogenzo* :

« Vous ne devez penser qu'au jour et à l'heure présents sans vous préoccuper à chaque instant du lendemain. Vous devez vous appliquer à suivre la voie bouddhiste pendant que vous vivez encore aujourd'hui, car demain est difficile et incertain, et malaisé à connaître... Il faut vous concentrer sur la pratique du Zen sans perdre de temps, en songeant qu'il ne vous reste que ce jour et cette heure. Après cela, tout est véritablement facile. Il vous faut oublier le bon et le mauvais de votre nature, la force ou la faiblesse de votre pouvoir (1). »

La pratique du *za-zen* ne doit impliquer aucune pensée visant à parvenir au *satori*, ou à éviter le cercle de la naissance-et-de-la-mort, ni d'intention quelconque pour le futur.

« Si la vie vient, ceci est la vie. Si la mort vient, ceci est la mort. Il n'y a aucune raison pour que vous restiez sous leur domination. N'y mettez aucun espoir. Cette vie et cette mort sont la vie et la mort de Bouddha. Si vous les rejetez dans un esprit de négation, vous perdez la vie de Bouddha (2). »

Les « trois mondes » du passé, du présent et du futur ne s'étendent pas jusqu'à l'infini, comme on le croit communément.

« Le soi-disant passé est le sommet du cœur ; le présent est le sommet du poing, le futur est l'arrière du cerveau (3). »

La totalité du temps est contenue ici dans ce corps, qui est le corps de Bouddha. Le passé existe dans sa mémoire et le futur dans son anticipation, l'un et l'autre sont

(1) Chapitre *Zuimonki*, in MASUNAGA (1), p. 42.
(2) Chapitre *Shoji*, in MASUNAGA (1), p. 44.
(3) Chapitre *Kenbutsu*, in MASUNAGA (1), p. 45.

actuels, car lorsque le monde est contemplé directement et clairement, nul part on ne trouve le passé et le futur. Cela correspond aussi à l'enseignement de Bankei :

« Vous êtes des Bouddhas dès l'origine ; vous n'allez pas être des Bouddhas pour la première fois. Il n'y a pas dans votre esprit naturel l'ombre d'une chose qui puisse être qualifiée d'erronée... Si vous éprouvez le moindre désir d'être meilleur que vous l'êtes effectivement, si vous aspirez le moins du monde à quoi que ce soit, vous êtes déjà en contradiction avec le Non-né (1). »

Une telle façon de voir la pratique du Zen est par conséquent assez difficile à concilier avec la discipline qui règne maintenant dans l'école Rinzai, et qui consiste à subir une série progressive d'environ cinquante problèmes *koan*. De nombreux maîtres Rinzai attachent une grande importance à la nécessité de susciter au maximum l'esprit de recherche, une sensation de « doute » contraignante par laquelle il devient presque impossible d'oublier les *koan* à résoudre. Ceci permet évidemment de faire des comparaisons entre les niveaux respectifs atteints par les disciples, et l'on attache une valeur formelle précise au fait d'avoir gravi graduellement toutes les étapes de l'enseignement.

Les détails formels de la discipline du *koan* font partie des quelques véritables secrets que garde le monde bouddhiste, et il est bien difficile d'y porter un jugement valable si on ne l'a pas subie soi-même. Mais si par ailleurs on l'a pratiquée, on est tenu de n'en rien révéler, exception faite de quelques vagues généralités. L'école Rinzai a toujours interdit la publication des réponses acceptables aux divers *koan*, car la discipline vise précisément à ce que l'élève les découvre lui-même, par intuition. En avoir connaissance sans les avoir découvertes spontanément équivaudrait à étudier un itinéraire sur une carte, sans entreprendre le voyage. Lorsque manque le choc authentique de leur reconnaissance, ces réponses purement verbales apparaissent vidées de leur contenu et de leur signification, et, du reste, aucun

(1) In Suzuki (10), pp. 177-178.

maître ne se laisserait induire en erreur par quiconque les ferait sans authentique conviction.

Rien ne justifie malgré tout que l'enseignement conserve en fait la niaiserie des « examens progressifs » et fasse une distinction entre celui qui a franchi tel échelon et celui qui ne l'a pas franchi, jugeant qui est ou n'est pas un vrai Bouddha d'après ces critères arbitraires. Toutes les institutions religieuses bien établies sont encombrées de ces absurdités et se réduisent généralement à une sorte d'esthétisme par leur tendance excessive à vouloir cultiver un « style » spécial dont les raffinements ne servent qu'à faire des distinctions de détail. Ces critères permettent tout au plus à l'esthète liturgique de différencier les prêtres catholiques romains des anglicans, confondant le style de l'atmosphère traditionnelle avec les caractères surnaturels d'une vraie ou d'une fausse participation à la succession apostolique. Il arrive cependant parfois que le maintien d'un style traditionnel soit digne d'intérêt, comme dans le cas d'artistes ou d'artisans se transmettant de génération en génération certains secrets ou raffinements techniques. Mais, même dans ces conditions, il en découle rapidement une discipline affectée et prétentieuse, dénuée dès lors de toute la « saveur » zen.

L'enseignement basé sur les *koan*, tel qu'il existe à l'heure actuelle, est dans une large mesure l'œuvre de Hakuin (1685-1768), maître extraordinaire et particulièrement versatile, qui en fit une systématisation précise, si bien que dans l'école Rinzai, l'étude complète du Zen est divisée en six degrés. Il y a tout d'abord cinq groupes de *koan* [d] :

1. *Hosshin,* ou *Dharmakaya koan,* par lequel on « entre par la première porte du Zen ».

2. *Kikan* ou *koan* de la « barrière d'habileté », concernant l'expression active de l'état réalisé dans le premier stade.

3. *Gonsen* ou *koan* de « l'investigation des mots », concernant sans doute l'expression verbale de l'enseignement.

4. *Nanto* ou *koan* « difficile à pénétrer ».

5. *Goi* ou *koan* des « Cinq Grades », basé sur les cinq

relations du « seigneur » et « serviteur », ou du « principe » (*li*) et de « l'objet-événement » (*shih*), par lequel le Zen s'apparente à la philosophie Hua-yen ou *Avatamsaka*.

Le sixième stade est consacré à l'étude des préceptes bouddhistes et des règles de la vie monastique (*vinaya*) dans le cadre de la doctrine (1).

L'ensemble des études est normalement étalé sur trente ans environ, mais tous les moines ne vont évidemment pas jusqu'au bout. Seuls les suivent entièrement ceux qui se destinent à recevoir le « sceau d'approbation » ou *inka* et à devenir eux-mêmes des maîtres (*roshi*) reconnus parfaitement familiarisés avec tous les « moyens habiles » (*upaya*) pour enseigner le Zen aux autres. Comme tant de choses de ce genre, la valeur du système dépend essentiellement de ceux qui l'appliquent et, parmi tous les « diplômés », il y a à la fois des grands et des petits Bouddhas. Il ne faut pas croire qu'un élève ayant suivi un ou même plusieurs *koan* soit nécessairement un être « transformé » dont le caractère et le mode de vie sont radicalement différents de ce qu'ils étaient auparavant. Il ne faut pas non plus croire que le *satori* est un « saut » unique et soudain faisant passer de l'état de conscience ordinaire à « l'Éveil incomparable et parfait » (*anuttara samyak sambodhi*). Le *satori* désigne en réalité une façon soudaine et intuitive de percevoir n'importe quoi, qu'il s'agisse de se remémorer un nom oublié ou de pénétrer les principes les plus profonds du bouddhisme. On cherche et l'on cherche inlassablement, puis l'on abandonne, et la réponse vient d'elle-même. Il se présente donc maintes occasions de *satori* au cours des études, des grands et des petits *satori*, et la solution de nombreux *koan* ne dépend de rien d'autre que d'une sorte de « chic » pour assimiler le style zen dans la façon de concevoir les principes bouddhistes.

Les idées que se font les Occidentaux des connaissances bouddhistes sont trop souvent déformées par la sensation d' « ésotérisme oriental » et par les fantaisies

(1) Ce résumé est basé sur les précisions données lors d'une conférence à l'Académie Américaine d'Études Asiatiques par Ruth Sasaki.

si largement répandues dans les écrits théosophiques de la fin du XIXe et du début du XXe siècle. Ces fantaisies ne reposaient pas sur une étude sérieuse, mais sur des interprétations littérales de certains passages mythologiques des *sutras*, dans lesquels les Bouddhas et Bodhisattvas sont idéalisés par des attributs miraculeux et surhumains les plus divers. Il ne faut donc pas confondre les maîtres zen avec les « mahatmas » théosophiques, ces soi-disant « Maîtres de la Sagesse » qui vivent dans les retraites montagneuses du Tibet, et qui pratiquent l'occultisme. Les maîtres zen sont de simples hommes qui souffrent et qui meurent, qui connaissent la joie et la tristesse, qui se laissent aller à la colère et autres « petites faiblesses » de caractère comme tout un chacun, qui peuvent être amoureux et entretenir des relations parfaitement humaines avec les personnes du sexe opposé. La perfection zen consiste à être parfaitement et simplement humain. La différence entre le sectateur zen et l'homme ordinaire est que ce dernier se trouve, d'une façon ou d'une autre, en conflit avec sa propre humanité, et s'efforce d'être ange ou démon (1).

Manger, excréter, dormir, se lever,
Tel est notre monde.
Tout ce qu'il nous reste à faire après cela
Est mourir (2).

La pratique des *koan* implique des rapports typiquement asiatiques entre maître et disciple, totalement dif-

(1) On ne soulignera jamais assez l'importance du grand symbole bouddhiste du *bhavachakra*, la Roue du Devenir. Les anges et les démons occupent les positions haute et basse, position du bonheur parfait et de la parfaite frustration. Ces positions se trouvent sur les parties opposées du cercle car elles conduisent l'une à l'autre. Ils représentent moins des êtres réels que nos propres idéaux et nos propres terreurs, car la Roue est véritablement une carte de l'esprit humain. L'homme se trouve dans le milieu, c'est-à-dire à gauche de la Roue, et ce n'est qu'à partir de cette position qu'il peut devenir un Bouddha. La naissance humaine est regardée comme particulièrement heureuse mais il ne faut pas confondre cette naissance avec l'événement physique, car l'on « n'est pas né véritablement au monde humain » tant que l'on n'a pas accepté totalement sa propre humanité.

(2) Traduit par R. H. Blyth, dans « Doka de Ikkyu », *The Young East*, vol. 2, n° 7, Tokio, 1953.

férents des nôtres, car dans ces cultures, on considère traditionnellement que le maître est tenu pour responsable du *karma* de l'élève. En retour, ce dernier doit obéissance absolue au maître et le respecte presque plus que son père, ce qui n'est pas peu dire. Le *roshi*, aux yeux du novice, c'est le symbole de l'autorité patriarcale la plus élevée. Le maître joue d'ailleurs son rôle à la perfection, car c'est en général un homme déjà âgé, d'aspect impressionnant et féroce, plein de dignité et de solennelle présence lorsqu'il préside un entretien *sanzen*. Drapé dans son rôle, il symbolise bien de façon vivante tout ce qui peut inhiber la spontanéité, tout ce qui peut susciter des complexes pénibles. Il assume son rôle comme étant un moyen habile, *upaya*, pour défier le candidat et le gêner dans la recherche de son équilibre de naturel parfait en présence de cet archétype terrible. S'il réussit à garder son sang-froid, il est alors un homme libre que rien sur terre ne peut désarçonner. Il ne faut pas oublier non plus que dans la culture japonaise, l'adolescent et l'enfant sont particulièrement sensibles au ridicule, et c'est là un trait de caractère que l'on exploite librement pour leur apprendre à se conformer aux conventions sociales.

Le Zen ajoute encore quelque chose au concept normal des rapports maître-élève en ce sens qu'il laisse entièrement à l'initiative de l'élève la direction de ces rapports, selon le principe qu'il n'y a rien à dire, rien à enseigner. La vérité bouddhique est si évidente que l'expliquer ne pourrait que la fausser. C'est pourquoi le maître n' « aide » l'élève en aucune façon, car l'aider serait en réalité le gêner. Au contraire, il ne sort de sa réserve que pour placer des obstacles au travers de sa route. C'est ainsi que les commentaires de Wu-men sur les divers *koan* dans le *Wu-men kuan* visent intentionnellement à induire en erreur, et les *koan* dans leur ensemble sont appelés « glycines » ou « enchevêtrements », et certains types « barrières habiles » (*kikan*) ou « difficiles à pénétrer » (*nanto*). Manifestement, l'intention de base est d'aider l'élève, comme lorsqu'on élague une haie en vue d'orienter son développement, mais il ne peut vraiment connaître la doctrine tant qu'il ne l'a pas découverte par lui-même. Pour le Zen, « ce qui entre par la grande porte n'est pas trésor de famille », selon le proverbe chinois, signifie que ce que quelqu'un d'autre vous enseigne n'est pas votre propre connaissance. Ainsi que Wu-men l'explique, le *satori* ne se manifeste que lorsqu'on a asséché sa propre pensée et que l'on s'est convaincu de l'impossibilité pour l'esprit de se saisir lui-même. Selon un autre poème de Ikkyu :

Un esprit cherchant ailleurs
Le Bouddha,
Est folie,
Au centre même de la folie.

Car :

Mon soi depuis longtemps
Non existant en nature;
Nulle part à aller après la mort,
Rien du tout (1).

Le *koan* préliminaire *hosshin* commence donc par faire obstacle à l'élève en l'orientant dans une direction opposée à celle qu'il devrait suivre, mais d'une façon suffisamment astucieuse pour camoufler le stratagème. Chacun sait que la nature de Bouddha est en soi-même et ne doit pas être cherchée ailleurs, et aucun élève ne serait dupe si on lui disait de la chercher aux Indes ou en lisant tel ou tel *sutra.* Au contraire, on lui dit de la chercher en lui-même. Et ce qui plus est, on l'invite à la chercher avec toute l'énergie de son être, sans jamais interrompre sa poursuite de jour comme de nuit, qu'il se livre au *za-zen* ou qu'il soit occupé à travailler ou à manger. On l'encourage en fait à s'abêtir lui-même, à tourner indéfiniment en rond comme un chien essayant d'attraper sa queue.

Les premiers *koan* sont donc normalement celui du « Visage Original » de Hui-neng, le « *Wu* » de Chao-chou ou la « Main unique » de Hakuin. Lors du premier entretien *sanzen*, le *roshi* engage l'étudiant, accepté à

(1) R. H. Blyth, *ibid.*, vol. 3, nº 9, p. 14, et vol. 2, nº 2, p. 7.

contrecœur, à découvrir lui-même son « visage original » ou « aspect », c'est-à-dire sa nature fondamentale telle qu'elle était avant que son père et sa mère ne l'aient conçu. On lui commande de retourner là où il le découvrit et d'apporter quelque preuve de cette découverte. Sous aucun prétexte, il ne doit discuter entre-temps du problème avec ses condisciples ou demander leur aide. De retour au *sodo* avec eux, le *jikijitsu*, ou moine principal, lui inculquera sans doute les rudiments du *za-zen*, lui montrant comment s'asseoir, et peut-être l'encourageant à retourner vers le *roshi* pour un nouveau *sanzen* dès que possible, afin de ne négliger aucune occasion d'acquérir une vue correcte de son *koan*. Méditant le problème de son « visage original », il va donc s'efforcer inlassablement d'imaginer ce qu'il était avant d'être né, ou encore ce qu'il est maintenant dans le tréfonds de lui-même, ce qu'est la réalité fondamentale de son existence en dehors de ses dimensions temporelles et spatiales.

Il s'aperçoit bien vite que le *roshi* ne montre pas d'indulgence pour les réponses philosophiques ou verbeuses. Ce que veut le maître, c'est que l'élève lui « désigne » la réponse : il exige quelque chose de concret, une démonstration solide. L'élève commence alors à présenter des « spécimens de la réalité », sous forme de cailloux, de feuilles, de branches, ou encore par des cris ou des gestes, ou tout autre moyen qu'il peut imaginer. Mais tout est repoussé, jusqu'à ce que, à court d'imagination, il ne sache plus que faire, et c'est alors qu'il commence à s'engager dans la bonne voie. Il « sait alors qu'il ne sait pas ».

Lorsque le premier *koan* proposé est celui de Chao-chou, on demande à l'élève pourquoi le maître répondit « *Wu* », « non », à la question : « Un chien a-t-il une nature de Bouddha ? » Le *roshi* exige que ce « non » lui soit matérialisé. Selon un proverbe chinois, « une seule main ne peut pas claquer [e] », c'est pourquoi Hakuin demanda « quel était le bruit d'une seule main ». Peut-on entendre ce qui ne fait pas de bruit ? Peut-on entendre un son sortir d'un objet qui n'a rien à frapper ? Peut-on avoir une « connaissance » quelconque de notre propre nature ? Quelle question idiote !

L'élève est ainsi amené finalement à se sentir complètement stupide, comme s'il se trouvait enfermé dans un grand bloc de glace, incapable de se mouvoir ou de penser. Il ne sait tout simplement rien ! Le monde entier, tout ce qu'il touche ou voit est aussi incompréhensible que le « rien » ou le « bruit d'une seule main ». Lors du *sanzen*, il est totalement muet. Il marche et s'assoit tout au long du jour comme étourdi, mais conscient de ce qui se passe autour de lui, réagissant mécaniquement aux circonstances, mais totalement déconcerté par tout.

Après être resté dans cet état pendant un certain temps, il arrive un moment où le bloc de glace se liquéfie subitement, où cette immense masse d'inintelligibilité s'éveille instantanément à la vie. Le problème de son identité se révèle manifestement absurde, problème qui dès le départ ne signifiait rien du tout. Il n'y a plus personne pour se poser la question ou y répondre, et pourtant, au même instant, cette transparente insignifiance peut rire et parler, manger et boire, monter et descendre, regarder le ciel et la terre, faire tout cela sans éprouver le sentiment qu'il y ait de nœud psychologique. Il n'y a pas de difficulté car « l'esprit cherchant à connaître l'esprit », ou le « soi cherchant à contrôler le soi » ont été anéantis en démasquant leur caractère abstrait. Et lorsque cette difficulté psychologique est disparue, la sensation du voile opaque de la personnalité masquant le reste du monde s'est évanouie du même coup. En un clin d'œil, le *roshi* sait alors que l'élève est mûr pour commencer sérieusement à suivre l'enseignement de la doctrine.

Il n'est pas aussi paradoxal qu'il semble au premier abord de dire que l'éducation Zen ne commence que lorsqu'elle est terminée. C'est tout simplement le principe fondamental du Mahayana selon lequel *prajna* conduit au *karuna*, et l'Éveil n'est véritablement atteint que s'il implique aussi la vie du Bodhisattva, la manifestation de « l'emploi merveilleux » de la vacuité au bénéfice de tous les êtres sensibles.

Parvenu à ce stade, le *roshi* pose alors à l'élève des *koan* comportant des actions impossibles ou des jugements absurdes, tels que :

— Tirez les quatre divisions de Tokyo de votre manche.

— Stoppez ce bateau sur le lointain océan.

— Arrêtez le tintement de cette cloche éloignée.

— Une jeune fille traverse la rue. Est-elle la sœur aînée ou la sœur cadette.

Le caractère énigmatique de ces *koan* est sensiblement plus marqué que celui des problèmes de base des degrés préliminaires et visent à montrer à l'élève que ce qui est un dilemme pour l'esprit ne doit pas faire obstacle à l'action. Un mouchoir en papier peut facilement représenter les quatre divisions de Tokyo et le jeune moine résoudra le problème de la sœur aînée ou cadette en minaudant à travers la pièce comme une jeune fille. Car dans sa « naturalité » absolue, la jeune fille n'est que *cela* ; son état de sœur, d'aînée ou de cadette n'est que relatif. On peut peut-être comprendre pourquoi un homme ayant pratiqué le *za-zen* pendant huit ans déclarait à R. H. Blyth que « le Zen n'était que des énigmes de mots », selon le principe qu'extraire une épine avec une épine Zen équivaut à extraire les individus de l'équivoque où ils s'enlisent en confondant les mots et les idées avec la réalité.

La pratique continue du *za-zen* confère alors au novice un esprit clair et désobstrué dans lequel il peut lancer le *koan* comme on lance un caillou dans un étang, et observer simplement ce que son esprit en fait. A l'issue de chaque *koan*, le *roshi* demande habituellement au novice de lui réciter un verset du *Zenrin Kushu* exprimant l'idée du *koan* venant d'être résolu. On fait également appel à d'autres ouvrages et le maître Sokei-an Sasaki, professant aux États-Unis, estimait que le fameux *Alice au pays des merveilles* convenait admirablement bien à cet effet. Puis au fur et à mesure, on alterne les *koan* de base avec des *koan* subsidiaires destinés à approfondir les implications des premiers et à familiariser totalement le novice avec tous les thèmes de la doctrine bouddhiste, de manière qu'il en soit pénétré jusqu'au plus profond de son être. Il apprend ainsi à réagir instantanément et sans hésitation aux circonstances les plus diverses de la vie de tous les jours.

Le dernier groupe de *koan*, les « Cinq Degrés » (*go-i*), représente une vue schématique des rapports entre la connaissance relative et la connaissance absolue, les objets-événements (*shih*) et le principe sous-jacent (*li*). Le promoteur de ce schème fut T'ung-shan (807-869), mais il émane des contacts du Zen avec l'école Hua-yen (en japonais, Kegon) et la doctrine des Cinq Degrés est étroitement apparentée avec celle du Quadruple *Dharmadhatu* (1). Les Degrés sont fréquemment symbolisés par les positions relatives du seigneur et du serviteur, de l'hôte et de l'invité représentant respectivement le principe sous-jacent et les objets-événements. Nous avons donc :

1. Le serviteur abaisse son regard sur le serviteur.
2. Le serviteur lève son regard vers le seigneur.
3. Le seigneur.
4. Le serviteur.
5. Le seigneur et le serviteur conversent ensemble.

Il suffit de dire que les quatre premiers correspondent aux quatre *Dharmadhatu* de l'école Hua-yen, quoique les rapports soient assez complexes, et le cinquième, à la « naturalité ». En d'autres termes, on peut considérer l'univers, le *Dharmadhatu*, d'un certain nombre de points de vue, tous également valables, soit comme multiple, soit comme unique, soit à la fois comme unique et comme multiple, ou comme ni l'un ni l'autre. Mais la position finale du Zen est qu'il ne se place d'aucun point de vue particulier, restant libre d'adopter celui qui convient le mieux dans telle ou telle circonstance, ainsi que l'exprime Lin-chi :

« J'enlève parfois l'homme (c'est-à-dire le sujet), sans enlever les circonstances (c'est-à-dire l'objet). Parfois j'enlève les circonstances sans enlever l'homme. Parfois, j'enlève l'un et l'autre ; et parfois je n'enlève ni l'un ni l'autre f (2). »

Et parfois, aurait-il pu ajouter, je ne fais rien de spécial (*wu-shih*) (3).

(1) Pour plus de détails, voir pp. 178 et la suite.
(2) *Ku-tsun-hsü Yü-lu*, 1, 4, pp. 3-4.
(3) On trouve un exposé très détaillé, mais extrêmement confus des Cinq Degrés, dans DUMOULIN et SASAKI (1), pp. 25-29.

Le cycle de l'éducation *koan* arrive à sa conclusion lorsqu'est atteint le stade de la parfaite naturalité du désengagement à la fois dans le monde absolu et dans le monde relatif, mais, étant donné que cette indépendance ne s'oppose pas à l'ordre conventionnel, puisqu'il s'agit plutôt d'une liberté qui « soutient le monde » (*lokasamgraha*), la phase finale de l'enseignement est consacrée aux rapports du Zen avec les règles de la vie sociale et monastique. Yun-men demandait un jour : « Dans un monde si vaste, pourquoi répondre à la cloche et revêtir les robes de cérémonie (1) ? » La réponse d'un autre maître dans une circonstance entièrement différente s'applique parfaitement ici : « Si vous avez un motif quelconque de le faire, vous avez la permission de me trancher la tête ! » Car l'acte moral n'est significativement moral que s'il est libre, sans la contrainte d'une motivation ou d'une nécessité. C'est également la signification profonde de la doctrine chrétienne du libre-arbitre, car « agir en union avec Dieu » est agir, non par peur ou par orgueil, ou par l'espoir d'une récompense, mais avec l'amour gratuit du « Moteur Immobile ».

Comme n'importe quelle méthode, celle des *koan* peut comporter des dangers ou des inconvénients si elle est mal appliquée. Il s'agit d'une technique très conventionnelle, et partant, artificielle et affectée. C'est là l'écueil de toute méthode, même celle si empirique de Bankei dont le principe est de refuser toute méthode. Il est essentiel de connaître les défauts de ces systèmes, et en ce qui concerne les *koan*, il en existe deux.

Le premier défaut est de prétendre avec insistance que le *koan* est la « seule voie » pour pratiquer véritablement la doctrine. On peut certes éluder le problème en disant que le Zen, par-delà l'expérience de l'Éveil, est précisément la façon de concevoir le Bouddhisme qu'incarnent les *koan*. Mais dans ce cas, l'école Soto ne relèverait pas du Zen et rien ne serait Zen en dehors de la tradition particulière de l'école Rinzai. Ainsi défini, le Zen n'aurait aucune universalité et serait aussi exotique et aussi culturellement limité que le théâtre *no* ou la calligraphie

(1) *Wu-men kuan*, 16.

chinoise. Du point de vue occidental, une doctrine aussi restreinte ne plairait qu'aux amateurs de « japonaiseries », aux romantiques épris d'exotisme oriental. Non pas qu'un tel romantisme soit mauvais en soi car il n'existe pas de culture « pure », et les emprunts que l'on peut faire au style d'un autre peuple apportent toujours quelque diversité et quelque piment à la vie. Mais le Zen signifie tellement plus qu'un raffinement intellectuel !

Le second inconvénient, le plus sérieux, est celui qui peut résulter de l'opposition du *satori* à l'intense « sentiment de doute » que certains maîtres *koan* encouragent si délibérément. Une telle attitude tend à favoriser un *satori* empreint de dualisme. Dire que la profondeur du *satori* est proportionnelle à l'intensité de la recherche et de l'effort qui le précèdent, revient à le confondre avec ses à-côtés émotionnels. En d'autres termes, si l'on veut se sentir délicieusement léger, il est toujours possible de courir pendant un certain temps avec du plomb dans ses chaussures, et puis de l'enlever. Le sentiment de soulagement serait certainement proportionnel au temps pendant lequel on a couru avec les chaussures plombées, et au poids du plomb. Cela rappelle le stratagème classique des revivalistes qui infligeaient à leurs ouailles un choc émotionnel intense en leur inculquant préalablement un sentiment aigu du péché pour les en délivrer subséquemment par la foi en Jésus. Mais de tels chocs sont éphémères, et Yün-feng, faisant allusion à un tel *satori*, déclarait que « le moine éprouvant un *satori* quelconque partait comme une flèche vers l'enfer » (1).

L'Éveil implique presque nécessairement un sentiment de soulagement car il délivre de cette contracture psychologique qui accompagne habituellement les efforts en vue de saisir l'esprit avec l'esprit, efforts aboutissant à engendrer l'ego avec tous ses conflits et ses complexes. A la longue, la sensation de soulagement s'estompe, mais non l'Éveil, à moins qu'il ait été précisément confondu avec le soulagement, et que l'on ait tenté de « l'exploiter » en s'adonnant à l'extase. L'Éveil n'est donc qu'incidem-

(1) *Ku-tsun-hsü Yü-lu*, 41.

ment agréable ou extatique ; en premier lieu, ce n'est qu'une intense sensation de relaxation émotionnelle. Mais en soi, ce n'est rien d'autre que le renoncement à l'utilisation artificielle et absurde de l'esprit. C'est avant tout *wu-shih*, rien de spécial, car le contenu ultime de l'Éveil n'est jamais un objet de connaissance ou d'expérience particulier. D'après la doctrine bouddhiste des « Quatre Invisibles », la Vacuité est au Bouddha ce que l'eau est au poisson, l'air pour l'homme et la nature des choses pour celui qui est dans l'erreur, c'est-à-dire au-delà de toute conception.

Il devient alors évident que ce que nous sommes, dans notre réalité la plus substantielle et la plus fondamentale, ne peut jamais être un objet de connaissance distinct. Quoi que nous puissions connaître la vie et la mort, la lumière et l'obscurité, le plein et le vide, ce ne seront jamais que les aspects relatifs de quelque chose d'aussi inconcevable que la couleur de l'espace. L'Éveil ne consiste pas à savoir ce qu'est la réalité.

Comme les papillons venant vers les fleurs nouvellement [plantées,
Bodhidharma dit : « Je ne sais point » [8].

dit encore un autre poème du *Zenrin*.

L'Éveil, c'est connaître ce que la réalité n'est pas. C'est cesser de s'identifier soi-même avec un objet de connaissance quelconque. De même que toute hypothèse concernant la substance ou l'énergie fondamentale de la réalité est sans signification, toute assertion sur ce que je suis au fin fond de mon être est également le summum de la déraison. L'illusion est la prémisse erronée sur laquelle s'appuie le bon sens ; c'est l'épistémologie et l'ontologie inconscientes de l'homme moyen, son affirmation tacite qu'il est « quelque chose ». L'affirmation selon laquelle « je ne suis rien » serait également fausse car quelque chose et rien, l'être et le non-être sont des notions apparentées dépendant semblablement du domaine du « connu ».

Il existe une méthode de détente musculaire consistant à accentuer tout d'abord le tonus musculaire afin de se rendre compte de ce qu'il importe de *ne pas* faire (1). Cette méthode comporte certainement à cet égard un point commun avec le *koan* initial visant à intensifier l'effort absurde de l'esprit pour se saisir lui-même. Mais l'identification du *satori* avec la *sensation* de soulagement, de relaxation subséquents serait parfaitement erronée, car le *satori* est la relaxation elle-même, et non pas la sensation. L'aspect conscient de la vie Zen n'est donc pas le *satori*, « l'esprit original », mais tout ce que l'on est libre de faire, de voir, et de sentir lorsque la tension de l'esprit est disparue.

Considérée ainsi, la foi simple de Bankei dans « l'esprit non-né », et même la doctrine de Shinran du *Nembutsu* constituent également des préliminaires au *satori*. La « relaxation » n'est pas nécessairement toujours l'épuisement consécutif aux efforts faits pour saisir et poursuivis jusqu'au moment où ils deviennent intolérables. A l'opposé de cette méthode brutale, il y a la méthode « souple », *judo*, qui permet de prendre conscience que l'esprit, la réalité de base, reste spontanée et libre, que l'on tente ou non de la saisir. Ce que l'on fait ou ne fait pas est indifférent. Penser que l'on est tenu de saisir, ou de ne pas saisir, de laisser aller ou de ne pas laisser aller, ne fait qu'entretenir l'illusion de la réalité de l'ego et des obstacles qu'il amoncelle sur la voie du Tao. Comparés au processus spontané de l'esprit « non-né », ces efforts, ou ces absences d'efforts, sont strictement sans importance. Dans le langage très imagé de Shinran, il suffit d'entendre le « vœu sauveur » d'Amitabha et de prononcer son nom, le *nembutsu*, même une seule fois, sans s'inquiéter si l'on a ou non la foi, sans s'inquiéter si l'on est ou non sans désir. Tout le reste n'est qu'orgueil de l'ego. Kichibei Shin-shu déclare :

« Lorsque toute idée d'orgueil basée sur des valeurs morales et des règles de discipline est éliminée, il ne reste plus rien en vous pour se dire auditeur et précisément pour cela, vous ne manquez rien de ce que vous entendez (2). »

(1) Voir Edmond Jacobson, *Progressive Relaxation*, Chicago, 1938.

(2) In Suzuki (10), p. 130.

Aussi longtemps que l'on s'applique à écouter, on ne peut entendre clairement, et aussi longtemps que l'on s'applique à essayer, ou à ne pas essayer de se relaxer, on ne peut parvenir à la relaxation. Mais que l'on s'applique ou non à écouter, les oreilles perçoivent de la même façon et rien ne peut empêcher les sons de les atteindre.

L'avantage de la méthode des *koan* réside peut-être dans le fait que l'autre est trop subtile et trop facilement sujette à de fausses interprétations, d'une façon générale, et en particulier pour des moines qui seraient enclins à y chercher une justification à leurs goûts de flânerie en vivant aux crochets de pieux et généreux laïcs. C'est presque certainement la raison pour laquelle l'importance que les maîtres T'ang attachaient à la « non-recherche » fit place à une application plus stricte des *koan* comme moyen destiné à épuiser la force de la volonté égoïste. Le Zen de Bankei, privé de méthode d'application pratique n'offre, aucune base pour ériger une école ou une institution car les moines seraient livrés à eux-mêmes et pourraient en profiter pour s'adonner à des occupations secondaires. Il ne subsisterait aucun symbole extérieur du Zen ; il n'y aurait plus de doigt pointé vers la lune de Vérité, et ceci est nécessaire pour que la délivrance de tous les êtres par le Bodhisattva puisse s'accomplir, quand bien même on risque de confondre le doigt avec la lune.

4. Le Zen dans l'art

Fort heureusement, il nous est possible, non seulement d'entendre discourir sur la doctrine, mais d'en percevoir visuellement les manifestations. « Un dessin vaut mieux que cent paroles », dit le proverbe, et l'expression du Zen dans l'art nous fournit un des moyens les plus directs de le comprendre, d'autant plus que les formes artistiques qu'il revêt sont loin d'avoir le caractère symbolique de celle des autres sectes bouddhistes ou de « l'art religieux » d'une façon générale. Les sujets favoris des artistes zen, qu'il s'agisse de peintres ou de poètes, sont des sujets naturels, concrets, autrement dit, des sujets de la vie courante. Même lorsqu'ils prennent comme thème le Bouddha, ou les Patriarches, ou les Maîtres ils les dépeignent d'une façon particulièrement terre-à-terre et humaine. En outre, l'œuvre d'art n'est pas seulement ou simplement une représentation de la nature, mais elle est elle-même une œuvre de la nature. La véritable technique implique en effet l'art du naturel, de la simplicité, ou ce que Sabro Hasegawa a appelé « l'accident contrôlé », de sorte que les tableaux sont composés aussi naturellement que les rochers ou les plantes qu'ils représentent.

Cela ne signifie pas que les formes artistiques Zen soient abandonnées au hasard, comme si l'on plongeait un serpent dans l'encre et qu'on le laisse gigoter sur une feuille de papier. Cela signifie qu'il n'y a pas de dualité, pas de conflit entre l'élément naturel du hasard et l'élément humain de contrôle. Les vertus constructives de l'esprit ne sont pas plus artificielles que les actions formatrices des plantes ou des abeilles, et l'on peut dire que la technique artistique est discipline dans la spontanéité et spontanéité dans la discipline.

Les formes artistiques du monde occidental émanent de traditions spirituelles et philosophiques selon lesquelles l'esprit est distinct de la nature et nous est venu du ciel pour agir précisément sur cette nature, tout comme une énergie intelligente façonne une matière inerte et récalcitrante. C'est ainsi que Malraux évoque toujours l'artiste « conquérant » son milieu comme nos explorateurs et nos savants parlent de la conquête de la montagne ou de l'espace. Ce sont là des expressions grotesques pour des oreilles chinoises, car, lorsqu'on gravit une montagne, c'est aussi bien la montagne que nos jambes qui nous hissent en haut, et lorsqu'on peint, c'est le pinceau, l'encre et le papier qui conditionnent le résultat, au même titre que nos propres mains.

Taoïsme, Confucianisme et Zen sont les expressions d'une mentalité qui se sent parfaitement à l'aise dans cet univers et qui considère l'homme comme partie intégrante de son environnement. L'intelligence humaine n'est pas l'esprit prisonnier d'un monde lointain, mais un aspect de tout l'ensemble complexe et équilibré du monde naturel, dont les principes furent explorés pour la première fois par le *Livre des Changements*. Le ciel et la terre sont pareillement membres de cet ensemble et la nature est aussi bien notre père que notre mère, car le Tao par lequel elle agit s'est manifesté primitivement dans le *yang* et le *yin*, les principes mâle et femelle, positif et négatif, qui, par un équilibre dynamique, entretiennent l'ordre du monde. Le principe sur lequel repose la culture extrême-orientale est que les opposés ont des rapports réciproques et sont fondamentalement harmonieux. Les conflits ne sont toujours que relativement superficiels car il ne peut y avoir de conflit essentiel lorsque les couples d'opposés sont interdépendants. Les distinctions absolues que nous faisons entre esprit et nature, sujet et objet, bien et mal, artiste et milieu sont des notions parfaitement étrangères à cette culture.

Dans un univers dont le principe de base est la relativité plutôt que la lutte, il n'y a pas de but puisqu'il n'y a pas de victoire à remporter, de fin à atteindre. Car toute fin, comme le mot lui-même l'indique, est un extrême, un opposé, et n'existe que par rapport à la fin opposée. Puisque le monde ne va nulle part, rien ne presse et il est aussi bien de « laisser aller » comme la nature procède elle-même ; du reste, dans la langue chinoise, le même mot, *i* [a], exprime à la fois « changements » de nature et « facilité ». Il est un principe essentiel dans le Zen et dans n'importe quel art de l'Extrême-Orient, selon lequel la hâte et tout ce qu'elle engendre, est fatale, car il n'y a pas de but à atteindre. A partir du moment où l'on conçoit un but, il devient impossible de pratiquer la discipline de l'art, de maîtriser les exigences de sa technique. On peut s'entraîner à la calligraphie chinoise pendant des jours et des jours, des mois et des mois sous l'œil attentif d'un maître, sans qu'il fasse rien d'autre que surveiller comme le jardinier surveille la croissance d'un arbre, exigeant de l'élève qu'il adopte l'attitude de l'arbre, l'attitude d'une progression non intentionnelle, interdisant les raccourcis, car chaque étape du chemin est à la fois commencement et fin. Ainsi, le maître le plus érudit ne se félicite pas plus d'une réussite que le débutant le plus maladroit.

Aussi paradoxal que cela puisse paraître, une vie à la poursuite d'un but est vide de tout contenu ; c'est une incessante poursuite qui « rate » tout. La vie sans but au contraire, ne courant après rien, ne manque rien car c'est seulement lorsqu'il n'y a ni but, ni hâte, que les sens humains sont totalement disponibles pour recevoir le monde. L'absence de hâte implique également une certaine neutralité à l'égard du cours naturel des événements, en particulier lorsque l'on sent que ce cours naturel se déroule selon des principes non étrangers à l'intelligence humaine. Ainsi que nous l'avons vu, la mentalité taoïste ne fait, ou ne force rien, mais « développe » tout. Lorsque la raison humaine se révèle être une expression du même équilibre spontané du *yang* et du *yin* que l'univers naturel, l'action de l'homme sur son environnement n'est plus comme une interférence exogène. Ainsi, la différence entre contraindre et développer ne peut s'exprimer par les orientations spécifiques à adopter ou à ne pas adopter, car la différence réside d'abord dans la qualité et le sentiment de l'action. La difficulté à décrire ces notions à des esprits occidentaux résulte de ce que les gens pressés n'ont pas le temps de sentir.

C'est peut-être à travers la peinture et la poésie que cette attitude apparaît le plus clairement dans le domaine artistique. Quoique les arts zen soient apparemment limités aux modes d'expression culturels les plus intellectuels, il faut cependant mentionner que presque chaque profession, chaque artisanat est considéré au Japon comme un *do*, c'est-à-dire un Tao ou Voie, non sans analogie avec ce que l'on désignait en Occident sous le nom de « mystère ». Chaque *do* était à un moment donné, dans une certaine mesure, une méthode laïque d'étude des principes incarnés par le Taoïsme, le Confucianisme et le Zen, tout comme la franc-maçonnerie moderne est une survivance de l'époque où le métier de maçon était un moyen d'initiation à une tradition spirituelle. Dans des villes modernes telles que Osaka, certains vieux marchands appliquent encore un *do* ou méthode commerciale basée sur le *shingaku*, système de psychologie étroitement apparenté au Zen.

Après la persécution du Bouddhisme chinois en 845, le Zen fut pendant un certain temps non seulement la forme prédominante du Bouddhisme, mais également l'institution spirituelle la plus influente dans le développement de la culture chinoise. Cette influence atteint son apogée sous le règne de la dynastie méridionale Sung (1127-1279), et, pendant cette période, les monastères zen devinrent des centres culturels renommés. Les étudiants laïques, confucéens et taoïstes, les fréquentaient assidûment et les moines zen à leur tour se familiarisèrent avec les études classiques chinoises. La littérature et la poésie étaient parmi les préoccupations essentielles des intellectuels chinois, et comme en outre la peinture chinoise est très proche de la littérature, on ne faisait pas de distinction très nette entre l'érudit littéraire, l'artiste et le poète. Le gentilhomme érudit n'était pas un spécialiste et il n'était pas dans la mentalité des moines zen de limiter leurs activités à des problèmes purement « religieux ». Il en résulta une extraordinaire « fertilisation croisée » des activités philosophiques, littéraires, poétiques et artistiques dont la note dominante resta cette prédilection zen et taoïste pour la « naturalité ». C'est au cours de cette même période que Eisai et Dogen vinrent du Japon pour y repartir en emmenant le Zen, suivis bientôt par un flux incessant de moines-érudits japonais empressés non seulement d'importer la doctrine, mais également toutes les autres richesses de la civilisation chinoise. Des bateaux entiers de moines, véritables monastères flottants, faisaient la navette entre la Chine et le Japon, transportant *sutras* et livres classiques, et aussi thé, soies, poteries, encens, peintures, drogues, instruments de musique, et tous les raffinements du continent, y compris les artistes et les artisans eux-mêmes.

Le Zen fut également dans une grande mesure l'inspirateur d'un style de peinture calligraphique utilisant l'encre noire sur papier ou sur soie, dont les compositions étaient à la fois peinture et poème. L'encre de Chine noire permet une grande diversité de nuances selon la quantité d'eau ajoutée et il existe des encres de toutes les qualités et de tous les « tons ». Elle se présente sous la forme de bâton solide et on la prépare en versant un peu d'eau dans une coupe plate en pierre, puis l'on frotte le bâton jusqu'à ce que le liquide ait la teinte voulue. On écrit ou l'on peint à l'aide d'un fin pinceau monté sur une tige de bambou, pinceau que l'on tient en l'air sans faire poser le poignet sur le papier, et dont les poils très souples donnent au trait d'infinies possibilités graphiques. Le contact du pinceau sur le papier est si léger et si fluide, et le mouvement doit être si continu si l'on veut un débit d'encre régulier, que sa maîtrise requiert une grande souplesse de la main et du bras, un peu comme si l'on dansait plutôt que si l'on écrivait. En somme, c'est un moyen d'expression parfait de cette spontanéité paisible, et un seul trait suffit à révéler le caractère du scripteur à un observateur expérimenté.

Ce style de peinture, que les Japonais appellent *sumi-e*, remonte peut-être à la dynastie T'ang, et aurait été créé par les maîtres presque légendaires Wu Tao-tzu (vers 700-760) et Wang-wei (vers 698-759). Cependant, l'authenticité des œuvres qui leur sont attribuées apparaît douteuse, quoiqu'elles puissent remonter au IXe siècle et qu'elles comprennent des sujets absolument caractéristiques du Zen, tels que la chute d'eau impressionniste attribuée à Wang-wei, flux foudroyant de puissance pure, suggéré par quelques traînées du pinceau légèrement incurvées, entre deux masses de rochers. Mais, indiscutablement, c'est sous la dynastie Sung (959-1279) que ce style se développa vraiment, avec des peintres tels que Hsia-kuei, Ma-yüan, Mu-ch'i et Liang-k'ai.

Les maîtres Sung étaient surtout des peintres de paysages, initiateurs d'une école de « peintres de la nature » qui n'a guère été égalée ailleurs. Elle nous livre la vie de la nature, des montagnes, de l'eau, des brouillards, des rochers, des arbres et des oiseaux telle qu'elle était ressentie par le Zen et le taoïsme. C'est un monde auquel l'homme appartient, mais qu'il ne domine pas ; il se suffit à lui-même car il n'a pas été « façonné » par quelqu'un et ne comporte aucun but. Écoutons Hsüan-chüeh :

Au-dessus de la rivière, la lune qui brille ; dans les pins, le
[vent qui soupire ;
Ce calme tout au long de la nuit — pourquoi ? Et pour
[qui ? » (1).

Les paysages Sung ne sont en aucun cas aussi fantastiques ni aussi stylisés que les critiques occidentaux veulent bien le dire parfois, ce sont des paysages qui se rencontrent partout lorsqu'on voyage dans ces contrées montagneuses et brumeuses, et le photographe pourrait fixer des vues ressemblant parfaitement aux peintures chinoises. Un des traits les plus frappants des paysages Sung, et de la peinture *sumi-e* en général, c'est le dé-

(1) *Cheng-tao Ke*, 24.

pouillement relatif de la composition, dépouillement qui semble cependant faire partie du tableau, et ne pas être simplement le fond vierge du support. Il suffit à l'artiste de ne peindre que dans un coin pour donner vie à toute la surface. Ma-yüan en particulier était passé maître dans cette technique qui consiste presque à « peindre sans peindre », ou à ce que le Zen appelle « jouer sur un luth sans corde ». Le secret de ce style réside dans l'art de savoir équilibrer la forme avec le vide, et par-dessus tout, savoir lorsqu'on en a « dit » assez. Le Zen en effet se garde de venir troubler le choc esthétique, ou le choc du *satori*, par des détails complémentaires, par des explications, des pensées secondaires et des commentaires intellectuels. La figure si étroitement harmonisée avec l'espace vide donne l'impression de cette merveilleuse « Vacuité » d'où surgit soudain l'événement.

Également impressionnante est la maîtrise du pinceau, du mouvement, allant de l'élégance délicate à la vitalité la plus brutale, des détails les plus minutieux aux esquisses et aux ensembles sobres qu'animent les « accidents contrôlés » des coups de pinceau fortuits et l'encrage inégal du papier. Les artistes zen ont conservé cette technique dans ce que l'on appelle le style *zenga* des idéogrammes chinois, des cercles, des branches de bambou, des oiseaux et des silhouettes humaines tracés de cette manière spontanée qui laisse l'illusion de la continuité du mouvement, même lorsque le trait est terminé. A la suite de Mu-ch'i, le plus grand maître de ce style âpre est peut-être le moine japonais Sesshu (1421-1506), dont la technique formidable s'appliquait aussi bien aux détails raffinés des paravents, aux paysages montagneux chers à Hsia-kuei, qu'aux paysages violents et presque vivants pour lesquels il se servait non seulement de son pinceau, mais également de faisceaux de pailles trempés dans l'encre pour reproduire les « envolées de lignes chevelues ».

L'œil occidental est immédiatement frappé par l'absence de symétrie dans ces compositions, de formes géométriques régulières, droites ou courbes. Car la ligne tracée par le pinceau est dentelée, noueuse, irrégulièrement entortillée, directe ou traînante, mais toujours spontanée et imprévisible. Même lorsque l'artiste dessine un cercle solitaire, l'un des thèmes les plus communs du *zenga*, il n'est pas seulement excentrique et asymétrique, mais la texture propre du trait est pleine de vie et de verve, avec ses éclaboussures et les lacunes incidentes de l'encrage. Le cercle « parfait » ou abstrait devient alors concret et naturel, un véritable cercle vivant, et les rochers et les arbres, les nuages et les eaux apparaissent d'autant plus semblables à eux-mêmes qu'ils s'écartent plus des formes conventionnelles de la géométrie et de l'architecture.

La science occidentale a rendu la nature intelligible en analysant ses symétries et ses régularités, en décomposant ses formes les plus bizarres en éléments descriptibles. Il en résulte que nous avons tendance à la considérer comme un ensemble « ordonné » dont toute spontanéité aurait été bannie. Mais cet ordre est *maya*, et la « vraie naturalité » des choses n'a rien de commun avec les aridités purement conceptuelles des cercles, des carrés ou des triangles parfaits, sauf de façon accidentellement spontanée. C'est pourtant la raison pour laquelle l'esprit humain est effrayé lorsque les concepts ordonnés de l'univers s'effondrent et lorsqu'on s'aperçoit que le comportement de base du monde physique est régi par un « principe d'indétermination ». Un tel monde nous semble sans signification et inhumain, mais l'étude des formes artistiques chinoises et japonaises pourrait nous ramener à une appréciation totalement nouvelle de ce monde, dans sa vivante et en définitive, inévitable réalité.

Mu-ch'i et Liang-k'ai firent de nombreux portraits des Dix Patriarches et des maîtres, qu'ils représentèrent la plupart du temps comme de pauvres fous abandonnés, d'aspect farouche, hurlant, fainéantant, ou éclatant de rire à la vue de feuilles emportées par le vent. Ils prirent comme personnages zen typiques les deux ermites simples d'esprit Han-shan et Shih-te, et le dieu populaire obèse Pu-tai, pour compléter ce savoureux assortiment de vagabonds et de farceurs insouciants, comme exemple de la splendide absurdité et de la vacuité de la vie Zen.

Cette doctrine, et dans une certaine mesure peut-être le taoïsme, sont probablement les seules traditions spirituelles se sentant assez sûres pour se satiriser elles-mêmes, ou suffisamment inconscientes-de-soi, non seulement pour rire de leur religion, mais aussi pour la ridiculiser en quelque sorte de l'intérieur. A travers ces silhouettes de fous, les artistes zen évoquent quelque chose de plus qu'un reflet de leur propre *wu-shin*, leur mode de vie « sans esprit », car il y a une analogie curieuse entre le babillage insensé d'un imbécile heureux et la vie non-intentionnelle du sage zen : le génie n'est-il pas proche de la folie? Selon les paroles d'un poème du *Zenrin*:

Les oies sauvages ne cherchent pas à se mirer;
L'eau ne pense pas réfléchir leur image.

Le thème constant de tous les arts zen, c'est la vie sans but, l'expression de l'état d'âme de l'artiste, sa sensation de n'aller nulle part en un instant intemporel. Cette sensation, tous les hommes arrivent à l'éprouver, et c'est précisément alors qu'ils perçoivent ces vives lueurs du monde illuminant les déserts intermédiaires de la mémoire — l'odeur des feuilles qui brûlent dans le matin d'un brouillard automnal, un envol de pigeons dans le soleil sous un ciel orageux, le bruit d'une chute d'eau invisible au crépuscule, ou le simple cri de quelque oiseau au cœur de la forêt. Dans l'art zen, chaque paysage, chaque croquis de bambous dans le vent ou de rochers solitaires est un écho de tels instants.

Lorsque l'ambiance du moment est empreinte de solitude et de paix, on la nomme *sabi* [c]. Lorsque l'artiste est triste ou déprimé, et, se trouvant dans cet état de vacuité sensorielle, perçoit quelque chose d'assez ordinaire et sans prétention dans son « incroyable naturalité », on désigne cet état d'esprit sous le nom de *wabi* [d]. Lorsque l'instant évoque une tristesse plus intense et plus nostalgique encore, on l'appelle *aware* [e]. Et lorsque la vision est la soudaine perception de quelque chose de mystérieux et d'étrange, évoquant un « inconnu » indéchiffrable, c'est l'état d'esprit *yugen* [f]. Ces expressions japonaises extrêmement difficiles à traduire dans notre langue expriment les quatre états fondamentaux du *furyu* [g], c'est-à-dire de l'état d'esprit zen dans sa perception des instants sans but de la vie.

Les vieux maîtres Sung inspirèrent nombre de peintres japonais *sumi* dont les œuvres comptent parmi les trésors les plus précieux de l'art national, Muso Kokushi (1275-1351), Cho Densu (mort en 1431), Shubun (1414-1465), Soga Jasoku (mort en 1483), Sesshu (1421-1506), Miyamoto Musashi (1582-1645), et bien d'autres. Les célèbres moines Hakuin et Sengai (1750-1837) sont également les auteurs de peintures de grande valeur, ce dernier manifestant d'ailleurs une prédilection pour la peinture abstraite annonçant en quelque sorte, de façon curieuse, la peinture moderne, et l'on comprend aisément l'intérêt de nombreux artistes contemporains pour le Zen.

Vers le début du XVIe siècle, les artistes japonais adoptèrent un style de *sumi-e* encore plus suggestif et plus spontané, appelé *haiga*, destiné à illustrer les poèmes *haiku*. Il s'agissait d'un style dérivant du *zenga*, ces peintures improvisées dessinées par les moines pour accompagner les citations poétiques du *Zenrin Kushu*, ainsi que les divers *mondo* et *sutras*. *Zenga* et *haiga* représentant les formes extrêmes de la peinture *sumi*, les plus spontanées, les plus dénuées d'artifice, les plus simples, dans lesquelles on retrouve constamment tous ces « accidents contrôlés » du pinceau qui symbolisent la merveilleuse insignifiance de la nature elle-même.

Depuis les temps les plus anciens, les maîtres zen avaient toujours marqué une préférence pour les poèmes courts, à la fois laconiques et directs comme leurs réponses aux questions sur le bouddhisme. Nombre de ces poèmes, tels que ceux cités d'après le *Zenrin Kushu*, comportent des références évidentes au Zen et à ses principes. Cependant, tout comme la fameuse réponse de T'ung-shan : « Trois livres de lin ! » était empreinte de la saveur zen la plus authentique sans y faire allusion directement, la poésie la plus expressive est celle qui « n'exprime rien », autrement dit, qui ne constitue pas un commentaire philosophique de la vie. Un moine demanda un jour à Feng-hsüeh : « Quand la parole et le silence sont tous deux inadmissibles, comment peut-on ne pas tomber dans l'erreur ? » Le maître répliqua :

Je me rappelle toujours Kiangsu en mars,
Le cri de la perdrix, toutes ces fleurs parfumées [h] (1) !

Ici encore, comme dans la peinture, le moment vivant est exprimé dans sa pure « naturalité », bien qu'il soit dommage d'avoir à le dire ainsi (2), et les maîtres citaient fréquemment la poésie chinoise classique en choisissant des quatrains ou des versets ayant un sens désignatif, puis se taisaient.

La citation de vers tirés de vieux poèmes chinois sous forme de chants, était très en faveur dans les cercles littéraires, et au début du XIe siècle, Fujiwara Kinto en fit une anthologie à laquelle il ajouta les courts poèmes japonais *waka*, sous le titre de *Roeishu, Recueil de Chants Clairs*. On retrouve dans cette poésie les mêmes tendances artistiques que dans les peintures de Ma-yüan et Mu-ch'i, le même espace vide animé par quelques coups de pinceau. En poésie, l'espace vide est le silence ambiant qu'exige un poème de deux lignes, silence de l'esprit, non pour « méditer », mais pour éprouver la sensation qu'il évoque, d'autant plus intensément que son contenu est plus succinct.

Cette poésie « sans parole » avait atteint au XVIIe siècle un degré de perfection inégalé avec le *haiku*, poème de dix-sept syllabes très exactement. Pour des non-Japonais, le *haiku* ne semble rien d'autre qu'un début ou un titre de poésie, et dans la traduction, il est impossible d'en conserver la sonorité et le rythme, elle permet tout au plus d'en conserver l'image, et c'est là l'essentiel. Il y a évidemment de nombreux *haiku* dont le style est aussi pompeux que celui des peintures sur laque bon marché destinées à l'exportation. Mais l'auditeur non japonais doit savoir qu'un bon *haiku* est un caillou lancé

(1) *Wu-men kuan*, 24.
(2) L'auteur fait allusion ici à un dialogue dans lequel un maître exprimait son regret d'avoir à reconnaître que « les montagnes et la terre étaient le corps du Bouddha », car la doctrine démontre sans parole.

dans l'étang de l'esprit de celui qui écoute, faisant remonter des associations mentales des profondeurs de la mémoire. Il invite l'auditeur à participer plutôt qu'à le laisser muet d'admiration pendant que le poète disparaît de la scène.

Le développement du style *haiku* est, dans une large mesure, l'œuvre de Basho (1643-1694), qui a voulu exprimer ses sentiments à l'égard du Zen au moyen de poésies qui soient bien dans l'esprit *wu-shih*, « rien de spécial ». « Pour composer des *haiku*, disait-il, prenez un enfant de trois pieds de haut », et ses poèmes exhalent la même objectivité inspirée que l'émerveillement d'un enfant, rappelant la sensation que nous avons éprouvée lorsque le monde apparut pour la première fois à nos yeux étonnés.

Kimi hi take
Yoki mono miseru
Yukimaroge!

Vous allumez le feu;
Je vais vous montrer quelque chose de joli,
Une grosse boule de neige (1)*!*

Basho rédigea ses *haiku* dans un langage très simple, évitant les expressions littéraires et intellectuelles, et créant ainsi un style qui permettait aux gens les plus ordinaires d'être aussi des poètes. Son contemporain Bankei adopta exactement la même attitude que résume bien l'un des poèmes *doka* de Ikkyu :

Tout ce qui va à l'encontre
De l'esprit et de la volonté des gens ordinaires,
Fait obstacle à la Loi des Hommes
Et à la loi de Bouddha (2).

(1) Toutes les traductions anglaises de ces poèmes sont l'œuvre de R. H. BLYTH et sont tirées de son magnifique ouvrage *Haiku*, qui est indiscutablement la meilleure étude du sujet existant en anglais. BLYTH a en outre l'avantage d'avoir une certaine expérience de la pratique du Zen, ce qui lui confère une grande autorité en matière de littératures chinoise et japonaise. Cf. Bibliographie.

(2) R. H. BLYTH, in « Doka de Ikkyu », *The Young East*, vol. 2, nº 7, Tokio, 1953.

Tout ceci est bien dans le sens de la parole de Nan-ch'üan : « L'esprit ordinaire est le Tao », « ordinaire » signifiant ici « simplement humain » plutôt que « vulgaire ». On assista donc au cours du XVIIe siècle à une diffusion extraordinaire de l'atmosphère zen au Japon, à travers toutes les couches de la population depuis les moines et les *samouraï*, jusqu'aux artisans et paysans.

Le véritable caractère du *haiku* transparaît bien dans l'un des poèmes de Basho, qui, cependant, semble trop explicite pour être un vrai *haiku*:

Comme il est admirable
Celui qui ne pense pas: « La vie est éphémère »
En voyant un éclair!

Le *haiku* traduit les choses dans leur « naturalité » sans les commenter, vision du monde que les Japonais appellent *sono-mama*, « Tel que cela est », ou « précisément ainsi ».

Mauvaises herbes dans la rizière,
Sarclées et abandonnées sur place —
Engrais!

Dans le Zen, un homme n'a pas d'idée, sauf de ce qu'i sait et de ce qu'il voit, et c'est ce qu'exprime presque Gochiku dans le poème suivant :

La nuit longue;
Le bruit de l'eau
Dit ce que je pense.

Et d'une façon plus directe encore :

Les étoiles sur l'étang;
L'averse d'hiver à nouveau
Ride l'eau.

Les poèmes *haiku* et *waka* expriment peut-être mieux encore que la peinture les subtiles différences entre les quatre états d'esprit *sabi*, *wabi*, *aware* et *yugen*. La paisible et émouvante solitude du *sabi* apparaît clairement dans celui-ci :

Sur une branche desséchée,
Un corbeau est perché,
Dans le soir d'automne.

Le sentiment est moins évident dans les suivants, et par là, plus profond :

Avec la brise du soir,
L'eau lèche
Les pattes du héron.

Dans la forêt obscure
Une baie tombe:
Le bruit de l'eau.

Sabi, c'est la solitude dans le sens bouddhique du détachement, la conception des choses selon laquelle elles s'accomplissent « d'elles-mêmes » dans une miraculeuse spontanéité. Il s'y mêle la sensation de quiétude profonde et infinie qui accompagne une chute de neige durable, engloutissant tous les bruits dans des couches répétées de douceur.

Neige fondue qui tombe;
Insondable, infinie
Solitude.

Wabi, c'est le fait de reconnaître soudainement la fidèle « naturalité » des choses très ordinaires, en particulier lorsque l'incertitude du futur a momentanément freiné notre ambition, c'est peut-être l'état d'esprit exprimé par :

Une porte rustique
Et pour loquet —
Cet escargot.

Le pivert
Reste à la même place:
Le jour s'estompe.

Désolation de l'hiver;
Dans la cuve d'eau de pluie,
Les moineaux se promènent.

Aware n'est ni exactement chagrin, ni exactement nostalgie dans le sens d'aspiration au retour d'un passé bien-aimé. C'est l'écho de ce qui est passé et de ce qui fut aimé, comme une vaste cathédrale amplifie le chant d'un chœur :

Personne ne vit à la Barrière de Fuha,
L'appentis de bois s'en est allé;
Seul reste
Le vent d'automne.

La brume du soir;
Songeant aux choses passées,
Comme elles sont loin!

Aware est le moment critique entre l'instant où l'on perçoit avec tristesse et regret le caractère transitoire du monde, et l'instant où il apparaît comme la vraie forme du Grand Vide :

Le torrent se cache
dans les herbes
De l'automne qui s'en va.

Les feuilles qui tombent
S'amoncellent les unes sur les autres;
La pluie cingle la pluie.

Ce moment de transition est presque atteint avec le *haiku* écrit par Issa sur la mort de son enfant :

Ce monde qu'est cette goutte de rosée,
C'est peut-être une goutte de rosée
Et pourtant, et pourtant...

Yugen est une sorte de mystère, le plus délicat à expliquer, et seuls les poèmes peuvent le traduire :

La mer s'assombrit;
Les voix des canards sauvages
Sont légèrement blanches.

L'alouette :
Sa voix seule tomba,
Ne laissant rien derrière.

Dans le brouillard épais,
Que crie-t-on
Entre colline et navire ?

Une truite saute ;
Des nuages passent
Dans le lit du torrent.

Voici encore un exemple de l'état d'esprit *yugen* dans ce poème du *Zenrin* :

Le vent s'apaisant, les fleurs tombent encore ;
L'oiseau criant, le silence de la montagne s'accentue[1].

L'apparition des *haiku* n'est pas pour nous étonner car la pratique zen a fait constamment appel à des citations poétiques chinoises depuis au moins la fin du XVe siècle. L'influence est évidente dans ce *haiku* de Moritake dont le caractère *yugen* est inversé. Le vers du *Zenrin* est le suivant :

Le miroir brisé ne renverra plus d'image ;
La fleur tombée remontera difficilement sur la branche[1].

Et Moritake écrit :

Une fleur tombée
Remontant sur la branche ?
C'était un papillon.

En évoquant la poésie dans ses rapports avec le Zen, on ne peut manquer de citer le moine et ermite Ryokan (1758-1831) qui appartenait à l'école Soto. On s'imagine souvent le saint comme un homme dont la sincérité provoque l'hostilité du monde, mais Ryokan était un saint aimé de tous, peut-être parce qu'il était naturel comme un enfant, plutôt que bon. On a souvent l'impression que l'amour de la nature que manifeste le Japonais est surtout sentimental, limité aux aspects « charmants », « jolis », aux papillons, aux fleurs de cerisier, à la lune en automne, aux chrysanthèmes et aux vieux pins (1).

Mais Ryokan est aussi le poète des poux, des puces, le poète trempé jusqu'aux os par la pluie froide.

Les jours de pluie,
Le moine Ryokan
A pitié de lui-même.

Et sa vision de la « nature » est tout d'une pièce :

Le bruit de la casserole
Que l'on récure se mêle
Aux voix des crapauds.

Ryokan était à certains égards une sorte de saint François d'Assise, dont l'ardeur religieuse eût été moins manifeste. C'était un vagabond se mêlant aux jeux des enfants, et vivant dans une hutte forestière isolée dont le toit laissait filtrer la pluie, aux murs tapissés de poèmes rédigés dans cette écriture aracnéenne merveilleusement illisible, si prisée des calligraphes japonais. Les sentiments humains les plus naturels, la tristesse, la solitude, l'égarement ou la compassion, il les exprime sans une trace de honte ou d'orgueil. Il regarde les poux courant sur sa poitrine comme des insectes empêtrés dans des

(1) Impression particulièrement déprimante pour l'ambiance poétique du milieu du xxe siècle. C'est la conséquence d'un certain style *haiku* et d'autres formes artistiques qui correspondent à la poésie de nos cartes de vœux et à la fantaisie des boîtes de bonbons.

Mais voyez le caractère presque surréaliste des vers suivants tirés du *Zenrin* :

Sur le mont Wu-t'ai les nuages crachent du riz ;
Devant le vieil autel de Bouddha, les chiens pissent vers le ciel.

Et celui-ci qui est de Issa :

La bouche
qui croqua une puce
Dit : « Namu Amida Butsu ! »

herbes. Même après avoir été détroussé par des brigands, il est encore riche car

Le voleur
A laissé derrière lui,
La lune à la fenêtre.

Et lorsqu'il n'a plus d'argent,

Le vent apporte
Assez de feuilles mortes
Pour faire du feu.

Lorsque la vie est vide, par rapport au passé, et sans but, par rapport au futur, la vacuité est comblée par le présent normalement réduit à l'épaisseur d'un cheveu, à une fraction de seconde trop éphémère pour que quoi que ce soit puisse s'accomplir. Le sentiment d'un présent infiniment durable n'est nulle part plus intense que dans le *cha-no-yu*, l'art du thé. Littéralement, cette expression signifie approximativement « thé avec de l'eau chaude », et le Zen a exercé une influence incalculable sur cet « art » particulier ; le *chajin*, l'homme du thé, est un arbitre du goût dans les nombreux arts secondaires qu'englobe le *cha-no-yu*, architecture, jardinage, poterie, travail des métaux, laque et arrangement floral (*ikebana*).

Depuis que le *cha-no-yu* fait partie de l'éducation conventionnelle des jeunes filles, il est devenu le thème d'innombrables absurdités sentimentales, où l'on associe ces femmes-poupées couvertes de brocarts aux porcelaines et aux fleurs de cerisiers, minaudant au milieu de salons éclairés par la lune. Mais dans l'austère pureté de l'école Soshu Sen par exemple, l'art du thé est l'expression authentique du Zen qui n'exige rien d'autre, si tant est que cela est nécessaire, qu'un bol, du thé et de l'eau chaude ; mais si cela fait défaut, le *chado*, l'art du thé, peut-être pratiqué n'importe où et avec n'importe quoi, car c'est véritablement le Zen lui-même.

Si le Christianisme est le vin, l'Islam le café, le Bouddhisme est certainement le thé. Son goût apaisant, purifiant et légèrement amer rappelle presque la « saveur » de l'Éveil, bien que l'amertume corresponde à la rugosité délicieuse de la « texture naturelle » et à la « voie moyenne » entre le doux et l'aigre. Bien avant l'apparition du *cha-no-yu*, les moines zen faisaient usage du thé comme stimulant de la méditation, le savourant alors dans un esprit de lenteur paisible et consciente qui tout naturellement glissa vers le mode rituel. En été, c'était un rafraîchissement, et au cours de l'hiver, il réchauffait ces moines-ermites qui affectionnaient les huttes faites d'herbes et de bambous au milieu des forêts montagneuses ou au bord des gorges des torrents. C'est cette simplicité et ce dépouillement absolument total des ermitages taoïstes ou zen qui ont inspiré non seulement le style tout particulier des maisons consacrées au *cha-no-yu*, mais également l'ensemble de l'architecture domestique japonaise (1).

La « cérémonie du thé » monastique fut introduite au Japon par Eisai, et, quoique différente dans sa forme du *cha-no-yu* actuel, elle n'en est pas moins l'origine et il semble que les laïcs l'aient adoptée au cours du xve siècle. Le *cha-no-yu* proprement dit fut codifié par Sen-no-Rikyu (1518-1591) selon un rite d'où découlèrent les trois principales écoles actuelles. Le thé utilisé pour la cérémonie n'est pas le thé ordinaire en feuilles, que l'on fait infuser dans l'eau bouillante, mais un thé vert finement pulvérisé que l'on mélange à l'eau bouillante au moyen d'un baguette de bambou jusqu'à ce qu'il devienne ce qu'un écrivain chinois appelait « une crème de jade liquide ». C'est lorsqu'il se déroule au cours d'une réunion intime de quelques personnes ou entre deux amis seulement que le *cha-no-yu* est le plus apprécié, aussi bien par les vieux Samouraï d'autrefois que par les hommes d'affaires harassés d'aujourd'hui, qui y trouvent un moyen de s'échapper des soucis du monde (2).

La maison réservée au *cha-no-yu* est théoriquement

(1) On retrouve cette influence sur le style autochtone primitif dans l'ancien autel Shinto de Ise, style qui rappelle fortement les civilisations insulaires du Pacifique sud.

(2) J'ai fréquemment le plaisir d'être invité pour le *cha-no-yu* par Sabro Hasegawa qui a une remarquable intuition pour faire ces invitations aux moments les plus opportuns, et je puis certifier que je ne connais pas de meilleure méthode psychothérapeutique.

une petite hutte située à l'écart dans le jardin de l'habitation principale. Le sol doit être recouvert de *tatami*, ou nattes de paille, entourant l'âtre. Le toit est habituellement en paille de riz et les murs, comme dans toutes les maisons japonaises, en papier *shoji* fixé sur des montants verticaux très rustiques. L'un des côtés de la pièce est occupé par une sorte d'alcôve, ou *tokonoma*, destinée à être uniquement agrémentée d'un tableau peint ou d'un rouleau calligraphié accroché au mur, avec un morceau de rocher, quelques fleurs ou un objet d'art quelconque.

Bien que solennelle, l'atmosphère est étrangement détendue et les invités se sentent libres de bavarder ou de rester silencieux à leur gré. L'hôte prépare sans hâte un feu de charbon de bois, puis à l'aide d'une cuillère de bambou verse de l'eau dans une large bouilloire de fer mat. Avec la même solennité et toujours sans aucune hâte, il apporte les autres ustensiles, un plateau avec quelques gâteaux, le bol et la boîte à thé, la baguette pour faire le mélange et un grand récipient pour les débris. Pendant tous ces préparatifs, la conversation éventuelle se poursuit, mais dès que l'eau commence à chanter dans la bouilloire, les invités se taisent pour écouter. Au bout d'un certain temps, l'hôte sert le thé aux invités un à un avec le même bol, le puisant dans la boîte avec une tige de bambou adaptée à cet effet, versant l'eau de la bouilloire avec une sorte de cuillère à long manche, et après avoir remué avec la baguette, pose le bol devant le premier invité, la face la plus décorative du récipient tournée vers ce dernier.

Les bols utilisés pour la cérémonie du thé sont généralement de couleur terne et d'aspect grossier, et le plus souvent, on a laissé le vernis couler sur les flancs de façon irrégulière, maladresse heureuse et originale dans laquelle on a vu d'infinies possibilités « d'accidents contrôlés ». Les bols à riz coréens de la plus basse qualité sont les plus prisés, et c'est parmi ces objets de peu de valeur, à l'usage de paysans, que les maîtres du thé sélectionnent des chefs-d'œuvre improvisés dans leur forme. La boîte à thé est souvent de couleur argentée ou en laque très noire, parfois encore, c'est un antique pot d'apothicaire qui en fait office, tous ustensiles purement fonctionnels choisis minutieusement par le maître pour leur beauté naturelle. Une boîte à thé magnifique brisée un jour en morceaux fut réparée avec un ciment doré et devint plus précieuse encore du fait du fin réseau de lignes dorées qui serpentaient toute sa surface selon un arrangement de hasard. Après que le thé a été savouré, les invités peuvent demander à examiner tous les ustensiles utilisés car chacun d'eux a été conçu ou choisi avec le soin le plus grand, et souvent même sorti expressément pour cette occasion, car l'un de leurs traits était susceptible de plaire tout particulièrement à l'un des invités.

Tous les accessoires du *cha-no-yu* ont été sélectionnés en harmonie avec les canons du bon goût, qui sont l'objet des méditations des Japonais les plus sensibles depuis des siècles. Bien que le choix soit habituellement intuitif, l'examen attentif de ces ustensiles révèle des proportions intéressantes et inattendues, ouvrages de géométrie spontanée aussi remarquable que le coquillage en spirale du nautile ou la structure d'un flocon de neige. Les architectes, les peintres, les jardiniers et les artisans de toutes sortes ont œuvré en accord avec les maîtres *cha-no-yu* comme un orchestre avec son chef, si bien que l'esprit zen imprègne tous les objets fabriqués par ces artistes, même les objets d'emploi courant et ordinaire tels que ustensiles de cuisine, papiers *shoji*, bols à soupe, pots et tasses à thé, tapis de sol, paniers, bouteilles et récipients utilitaires, tissus, et une foule d'autres objets pour lesquels les Japonais montrent le goût le plus sûr.

On reconnaît bien dans le Zen du *cha-no-yu* le caractère purement séculier du rituel, qui n'a absolument pas le caractère liturgique de la messe catholique ou des cérémonies pleines de pompe du Bouddhisme Shingon. Si les invités évitent certes les conversations portant sur des sujets politiques, financiers ou professionnels, ils ne sont pas ennemis des discussions philosophiques calmes et sans passion, mais les sujets préférés restent toutefois l'art et la nature. Il faut savoir que les Nippons abordent ces sujets aussi couramment que nous parlons sports ou voyages, et leurs discussions sur la beauté naturelle n'ont pas le caractère sophistiqué qu'elles pourraient revêtir dans notre propre culture. En outre, ils ne se sentent pas le moins du monde coupables de s'évader ainsi des soi-disant réalités de la vie professionnelle et extérieure. L'évasion leur est aussi naturelle et nécessaire que le sommeil. Ils n'éprouvent aucun remords, ni gêne à appartenir pour un instant au monde taoïste des ermites insouciants, vagabondant à travers les montagnes comme des nuages poussés par le vent, sans rien d'autre à faire qu'à cultiver un rang de légumes, à contempler la brume ou à écouter les chutes d'eau. Quelques-uns peut-être découvrent le secret d'harmoniser ces deux mondes opposés et réussissent à comprendre que les « dures réalités » de la vie quotidienne sont autant l'œuvre non-intentionnelle du Tao que la silhouette des branches se détachant dans le ciel. Selon les paroles de Hung Tzu-ch'eng :

« Si l'esprit n'est pas masqué par le vent et les vagues, vous vivrez toujours parmi les montagnes bleues et les arbres verts. Si votre vraie nature a la force créatrice de la nature elle-même, où que vous alliez, vous verrez les poissons bondir et les oies voler (1). »

Le style de jardin agencé selon l'esprit zen et le *cha-no-yu* n'a évidemment rien à voir avec les imitations de paysages où l'on rencontre des pagodes miniatures et des cygnes de bronze. Il ne s'agit pas de donner l'illusion d'un panorama, mais de suggérer simplement l'atmosphère générale de la « montagne et de l'eau » dans un espace réduit, de manière à donner l'impression que la main de l'homme n'a fait que participer sans imposer sa volonté. Le jardinier zen ne cherche pas à modifier les formes naturelles, mais plutôt à suivre soigneusement leur tendance non-intentionnelle, même si cela exige la plus grande minutie et la plus grande habileté. En fait, le jardinier est constamment occupé à tailler, tondre, sarcler et soigner ses plantes, mais il le fait comme s'il était partie intégrante du jardin plutôt que comme un organisateur extérieur. Il n'interfère pas avec la nature car il est lui-même de la nature, et il cultive, comme s'il ne

(1) *Ts'ai-ken T'an*, 291 ; le livre de HUNG, « Conversation-de-racines-de-légumes », est un recueil d'observations diverses d'un poète du XVIe siècle dont la philosophie était un mélange de Taoïsme, de Zen et de Confucianisme.

cultivait pas. Ainsi donc, on aboutit à un agencement à la fois extrêmement artificiel et extrêmement naturel.

C'est dans les grands jardins de sable et de rochers de Kyoto, dont l'exemple le plus fameux est celui de Ryonaji, que cet esprit est le plus typiquement représenté. Il consiste en cinq groupes de rochers posés dans un rectangle de sable ratissé, bordé d'un petit mur de pierres et d'arbres. Il évoque une plage sauvage, ou peut-être encore une immense étendue d'eau parsemée de petites îles rocheuses, mais son incroyable simplicité suggère une sérénité et une pureté de sentiment si puissantes que le photographe peut même le reproduire sur la plaque. L'art qui préside à l'arrangement de tels jardins est appelé *bonseki*, en quelque sorte : l'art de faire « pousser les rochers ». Il nécessite des expéditions laborieuses au bord de la mer, en montagne et dans les rivières à la recherche de rochers modelés par le vent et l'eau en formes asymétriques et vivantes. On les transporte alors dans le jardin auquel ils sont destinés et on les dispose de telle manière qu'ils donnent l'impression d'avoir poussé là où ils reposent et de faire partie du jardin tout comme les dessins s'harmonisent avec la toile de fond dans les peintures Sung. Le rocher doit avoir l'air de se trouver là depuis toujours, et dans ce but, il faut lui donner l'aspect d'une antiquité couverte de mousses, mais plutôt que de planter la mousse sur le bloc, on le place d'abord dans un endroit où elle viendra le recouvrir d'elle-même, pour le transférer ensuite dans sa position définitive. Les rochers choisis par les artistes *bonseki* font partie des trésors nationaux les plus précieux, et sauf pour les déplacer, la main de l'homme ne les effleure jamais.

Les moines aimaient également agencer des jardins en profitant des conditions naturelles, disposer des rochers et des plantes le long d'un torrent, ou encore suggérer un canyon montagneux aux abords du monastère pour rompre l'atmosphère un peu austère du paysage. Ils étaient toujours très sobres et très discrets dans leur utilisation des couleurs, comme l'étaient avant eux les peintres Sung, car on voit rarement à l'état sauvage de vastes masses florales aux coloris variés. Quoique non symétrique, le jardin japonais suit une ordonnance bien définie et l'on n'y retrouve pas cette débauche de teintes crues qui est le propre de nombreux jardins occidentaux. Cette recherche dans la forme s'applique aussi à l'arrangement floral domestique qui vise moins à composer des bouquets de couleurs qu'à mettre en valeur l'harmonie de quelques branches.

Chacun de ces arts exige un apprentissage s'inspirant toujours des principes zen. La meilleure analyse que nous ayons à l'heure actuelle dans une langue occidentale, à cet égard, est l'ouvrage d'Eugen Herrigel, *Zen in the Art of Archery*, compte rendu personnel que fait l'auteur de sa propre expérience sous l'égide d'un maître archer japonais. Rappelons la lettre déjà mentionnée, sur le Zen et l'escrime (*kendo*), par le maître Takuan qui vivait au XVIIe siècle, traduite par Suzuki dans son ouvrage *Zen Buddhism and its influence on Japanese Culture.*

Le problème capital de chacune de ces disciplines est d'amener l'élève au point à partir duquel il peut réellement commencer. Herrigel mit près de 5 années à trouver la façon convenable de relâcher la corde de l'arc, car il s'agissait de le faire non-intentionnellement, comme un fruit mûr fait éclater son enveloppe. Il lui fallait résoudre le paradoxe de pratiquer inlassablement, sans jamais « faire effort », et de laisser partir la corde tendue, intentionnellement sans intention. Son maître l'incitait à travailler sans relâche, tout en cessant de s'efforcer, car l'art ne peut être assimilé que si la flèche « part d'elle-même », que si la corde est lâchée *wu-hsin* et *wu-nien*, spontanément et sans restriction ou « choix ». Après des années de patients exercices, vint un jour où il y parvint ; comment et pourquoi, Herrigel ne le comprit jamais.

Le maniement du pinceau dans la calligraphie et la peinture s'apprend de la même manière. L'instrument doit se mouvoir pour ainsi dire par lui-même et seule une pratique constante permet d'y parvenir. Tout effort doit être aboli. C'est le problème de l'escrime : il ne s'agit pas de prendre la décision d'une botte pour passer ensuite à l'action ; décision et action doivent être simultanées. C'était ce que voulait dire Dogen lorsqu'il parlait du bois et des cendres, car dire que le bois ne « devient » pas cendres signifie qu'il n'a pas l'intention de le devenir avant de l'être véritablement, et alors il n'est plus bois. Dogen soulignait que ces états étaient bien nettement différenciés, c'est pourquoi le maître de Herrigel ne voulait pas qu'il « confonde » la tension de l'arc et sa détente. Il lui recommandait de l'amener à son état de tension maximum et de cesser alors spontanément, sans se préoccuper de l'acte suivant. Parallèlement, le *za-zen* doit consister à être assis « dans le but d'être assis », et sans chercher à atteindre le *satori*.

La vision soudaine de la nature formant la substance du *haiku* se révèle pareillement, car lorsqu'on l'y recherche, on ne la trouve pas. Le poème authentique s'est composé spontanément et contient en lui tout l'univers, alors que le poème artificiel est comme un morceau de vie que l'on en aurait arraché délibérément.

Artistes et artisans de l'Extrême-Orient ont en fait analysé les techniques des maîtres à un degré tel que par une imitation volontaire, ils pourraient « presque tromper l'initié » si cela était possible. Se basant sur les seuls critères quantitatifs, il est pratiquement impossible de distinguer les copies des modèles originaux, tout comme des archers et des escrimeurs entraînés par d'autres méthodes peuvent égaler les exploits des *samouraï* soumis à la discipline zen. Mais alors, le résultat final diffère profondément, puisque, nous l'avons vu tout au long de cet ouvrage, le Zen ne poursuit aucun but, c'est un cheminement sans fin, sans repère vers lequel s'orienter. Voyager, c'est être vivant, mais parvenir quelque part, c'est être mort : « Un voyage sans encombre est préférable à l'arrivée », dit un proverbe.

Un monde dont le contenu n'est fait de plus en plus que de destinations sans cheminement intermédiaire, un monde qui n'attache de valeur qu'à des buts atteints de plus en plus vite devient un monde sans substance. On peut parvenir n'importe où et partout, et cependant, plus les buts s'avèrent réalisables, moins ils sont dignes d'être atteints car les lieux de destination sont trop abstraits, trop euclidiens pour que l'on puisse en jouir : c'est comme si l'on mangeait les deux extrémités d'une banane sans en savourer le corps. Les arts demandent à être pratiqués pour eux-mêmes plutôt que pour être maîtrisés. Mais par-dessus tout, la vraie joie qu'ils procurent réside dans ce qui se révèle fortuitement au cours de la pratique, et la joie du voyage est moins dans le fait de parvenir à destination que dans les surprises inattendues qui surviennent chemin faisant.

Une surprise préméditée est aussi paradoxale qu'un *satori* intentionnel et quiconque le poursuit est comme celui qui s'adresserait des présents de nouvel an de crainte que les autres l'oublient. Il faut avoir à l'esprit que le Zen incarne tout cet aspect de la vie situé hors de notre contrôle, malgré tous nos efforts et notre habileté pour le saisir, malgré tous nos stratagèmes dont le seul effet est de travestir le réel. Mais le sens ultime de la doctrine n'est pas un dualisme absolu, avec d'un côté, le monde assez stérile de l'action contrôlée, et de l'autre, le monde spontané de la surprise incontrôlée, car qui contrôle le contrôleur ?

Étant donné qu'il n'implique pas de dualisme ultime entre contrôleur et contrôlé, entre l'esprit et le corps, entre le spirituel et le matériel, ses techniques ont toujours un certain caractère « physiologique ». Que l'on pratique le Zen à travers le *za-zen* ou le *cha-no-yu*, ou le *kendo*, une grande importance est toujours accordée au mode de respiration. Non seulement c'est l'une des deux fonctions rythmiques du corps, c'est aussi le processus avec lequel l'intention et la spontanéité, l'action volontaire et involontaire s'identifient avec le plus d'évidence. Bien avant l'apparition de l'école zen, le *yoga* hindou et le taoïsme chinois pratiquaient déjà les exercices respiratoires en s'appliquant à *laisser* la respiration, sans la forcer, s'accomplir aussi lentement et aussi silencieusement que possible. Physiologiquement et psychologiquement, le rapport entre la respiration et l' « entendement » n'est cependant pas absolument clair. Mais si l'on considère l'homme comme un processus plutôt que comme une entité, comme rythme plutôt que comme structure, il est évident que la respiration est quelque chose qu'il fait, et par conséquent, qu'il *est* constamment. C'est pourquoi saisir l'air avec les poumons offre une analogie avec la préhension à l'égard de la vie.

La respiration soi-disant « normale » est irrégulière et

anxieuse. L'air est toujours retenu et jamais complètement éliminé, car l'individu semble incapable de la « laisser » parcourir entièrement son trajet pulmonaire. Il ne respire pas librement et sans contrainte. La technique consiste donc à encourager une relaxation complète, comme si le corps était débarrassé de son air par une grosse boule de plomb descendant jusqu'au sol à travers la poitrine et l'abdomen. On laisse ensuite l'inspiration suivante s'accomplir par simple action réflexe. L'air n'est pas inhalé activement, mais on lui permet simplement de pénétrer, pour le laisser librement ressortir lorsque les poumons sont convenablement remplis, l'image de la boule de plomb suggérant bien l'élimination spontanée par rapport à l'expiration forcée.

On pourrait aller jusqu'à dire que ce mode de respiration est le Zen lui-même dans son aspect physiologique. Toutefois, comme pour n'importe quel autre de ses aspects, l'effort motivé engendre l'inhibition et pour cette raison, ceux qui débutent dans cette technique éprouvent fréquemment la sensation angoissée d'être incapables de respirer à moins de maintenir cette fonction sous leur contrôle mental. Mais tout comme il n'est pas nécessaire de s'efforcer d'être en harmonie avec le Tao, de faire effort pour voir ou pour entendre, la respiration doit s'accomplir d'elle-même. Il ne s'agit pas tant d'un exercice respiratoire que d'un acte attentivement spontané et c'est toujours une profonde erreur que de l'envisager sous l'angle d'une discipline contraignante que l'on pratique avec un but en vue.

L'application de ce mode de respiration n'est pas réservée à certains moments seulement. Il est valable dans toutes les circonstances, comme la doctrine elle-même, et c'est ainsi que chaque activité humaine devient une forme de *za-zen*. La pratique du Zen n'est donc pas limitée aux arts formels et elle n'exige absolument pas de se livrer à la méditation assise proprement dite. Feu le Dr Kunihiko Hashida, éditeur des œuvres de Dogen et dont toute la vie fut consacrée à l'étude du Zen, ne pratiquait jamais le *za-zen*. Sa pratique personnelle de la doctrine était l'étude de la physique et pour définir son attitude, il avait coutume de dire que son activité était de « faire de la science » plutôt « qu'étudier la science ».

Chacun des arts inspirés par le Zen est, dans son domaine propre, une manifestation vivante de la qualité d'instantanéité ou de soudaineté de sa vision du monde. La « momentanéité » des peintures *sumi* et des *haiku*, et la totale présence d'esprit qu'exigent le *cha-no-yu* et le *kendo* met bien en évidence la raison pour laquelle le Zen s'est toujours désigné lui-même comme la voie de l'Éveil instantané. Ce n'est pas simplement parce que le *satori* se manifeste rapidement et fortuitement, car la notion de vitesse n'a rien à voir ici. La raison en est que le Zen est une libération à l'égard du temps, car si l'on ouvre ses yeux et si l'on voit clairement, il apparaît évident qu'il n'y a pas d'autre temps que cet instant, et que le passé et le futur sont des abstractions sans réalité concrète.

Tant que ceci n'est pas clairement perçu par l'esprit, il semble que toute notre vie soit limitée au passé et au futur et que le présent ne soit rien d'autre que la frontière infinitésimale qui les sépare. Il en découle la sensation de « n'avoir pas le temps », l'impression d'un monde si éphémère qu'il est déjà disparu d'avoir été vécu. Mais en s'Éveillant, en prenant « conscience de l'instant », on s'aperçoit que seul l'inverse est vrai : ce sont plutôt le passé et le futur qui sont des illusions fuyantes, et le présent, l'éternelle réalité. Nous nous rendons compte que l'écoulement linéaire du temps n'est qu'une convention de notre idéation verbale à sens unique, d'une conscience qui interprète le monde en grappillant des morceaux qu'elle appelle des objets et des événements. Mais chacune de ces prises partielles exclut le reste du monde, si bien que cette conscience ne peut avoir de vision approximative de l'ensemble qu'en en saisissant des bribes, les unes après les autres. Son impuissance sur la régulation de l'organisme humain démontre encore le caractère superficiel de cette conscience, car s'il lui fallait contrôler les battements du cœur, la respiration, les fonctions nerveuses, glandulaires, musculaires et sensorielles, il lui faudrait s'affairer sans répit, d'un organe à l'autre, de nerf en muscle et de glande en viscère, sans avoir de temps pour quoi que ce soit d'autre. Fort heureusement, cela n'est pas nécessaire et tout l'organisme est sous la dépendance de « l'esprit original » intemporel qui se charge de tout le processus vital, en coordonnant simultanément l'ensemble.

Il serait toutefois erroné de considérer séparément la conscience superficielle et la conscience originale, car la première est une activité spécialisée de la seconde. Elle peut alors s'Éveiller au présent éternel en cessant de vouloir le saisir, mais ceci ne peut se réaliser par un effort de concentration mentale sur le présent, car un tel effort n'aboutirait qu'à faire apparaître l'instant plus transitoire et plus fuyant encore. La prise de conscience du « Maintenant Éternel » s'accomplit selon le même mode que la clarté sensorielle et la libération respiratoire. Une vue claire n'a rien de commun avec la perception sensorielle : ce n'est que la prise de conscience que les yeux peuvent percevoir tous les détails par eux-mêmes, car tant qu'ils sont ouverts, on peut difficilement empêcher la lumière de les atteindre. Il n'y a pareillement aucune difficulté à avoir pleinement conscience du présent éternel dès que l'on a reconnu l'impossibilité d'avoir conscience de quoi que ce soit d'autre, que dans le fait concret, il *n'y a* ni passé, ni futur. Faire un effort de concentration sur le moment présent implique *ipso facto* qu'il y ait d'autres moments. Mais nulle part on ne peut les découvrir, et, en vérité, il est aussi facile de vivre dans le présent éternel que pour les yeux et oreilles de réagir à la lumière et au bruit.

Cet éternel présent est donc l'écoulement « intemporel » et paisible du Tao :

> *Telle une marée qui, mouvante, semble dormir,*
> *Trop pleine pour gronder ou écumer.*

Pour Nan-ch'üan, s'efforcer d'entrer en harmonie avec le Tao en détourne, quoiqu'en fait, on ne puisse s'en détourner et qu'il n'y ait personne qui s'en détourne. De même, on ne peut s'éloigner du présent éternel en cherchant à l'atteindre et cela seul montre bien qu'en dehors de ce présent, il n'y a pas de soi distinct qui le contemple et le connaisse. C'est pourquoi Hui-k'o ne put trouver son esprit pour le présenter à Bodhidharma. Aussi déconcertant que cela paraisse, et quels que soient les problèmes philosophiques résultants, un regard clair suffit à révéler son immanquable vérité. Il n'y a que ce *maintenant.* Il ne vient de nulle part ; il ne va nulle part. Il n'est pas permanent ; il n'est pas impermanent. Quoique mouvant, il est toujours immobile ; lorsqu'on tente de le saisir, il paraît s'enfuir, et pourtant il est toujours là, et l'on ne peut s'en échapper. Et lorsque nous nous retournons pour démasquer le soi qui connaît ce moment, nous nous apercevons qu'il s'est évanoui comme le passé. C'est pourquoi le Sixième Patriarche dit dans *T'an-ching :*

Dans cet instant, il n'y a rien qui se réalise. En cet instant, il n'y a rien qui cesse d'être. Ainsi, il n'y a pas de naissance-et-de-mort à interrompre. C'est pourquoi l'absolue tranquillité (du *nirvana*) est ce moment présent. Bien qu'il soit à ce moment, il n'y a pas de limite à ce moment, et ceci est la félicité éternelle [k] » (7).

Le cas échéant, ce moment peut être appelé « présent », mais seulement par rapport au passé et au futur, ou par rapport à quelqu'un pour lequel c'est le présent. Lorsqu'il n'y a plus ni passé ni futur et personne pour qui ce moment soit présent, qu'est-ce donc alors ? Quand Fa-ch'ang fut sur le point de mourir, un écureuil sur le toit jeta un cri perçant. « Ce n'est que cela, dit-il, et rien d'autre. »

Bibliographie

1. PRINCIPALES SOURCES.

Cheng-tao Ke (*Shodoka*).
Yung-chia Hsüan-chüeh (Yoka Genkaku), 665-713.
Taisho 2014.
Trad. Suzuki (6), Senzaki & McCandless (1).

Ching-te Ch'uan-teng Lu (*Keitoku Dento Roku*).
Tao-yüan (Dogen), 1004.
Taisho 2076. Nanjio 1524.

Daiho Shogen Kokushi Hogo.
Bankei Zenji, 1622-1693.
Ed. Suzuki et Furata. Daito Shuppansha, Tokyo, 1943.

Hsin-hsin Ming (*Shinjinmei*).
Seng-ts'an (Sosan), 606.
Taisho 2010.
Trad. Suzuki (1), vol. 1, et (6), et Waley in Conze (2).

Ku-tsun-hsü Yü-lu (*Kosonshuku Goroku*).
Tse (Seki), Sung dynastie.
Fu-hsüeh Shu-chü, Shanghaï, et in *Dainihon Zokuzokyo*, *Kyoto*, 1905-1912.

Lin-chi Lu (*Rinzai Roku*).
Lin-chi I-hsüan (Rinzai Gigen), 867.
Taisho 1985. Également in *Ku-tsun-hsü Yü-lu*, fasc. 1.

Liu-tsu T'an-ching (*Rokuso Dangyo*).
Ta-chien Hui-neng (Daikan Eno), 638-713.
Taisho 2008. Nanjio 1525.
Trad. Wong Mou-lam (1) et Rousselle (1).

Pi-yen Lu (*Hekigan Roku*).
Yuan-wu K'o-ch'in (Engo Kokugon), 1063-1135.
Taisho 2003.

Shen-hui Ho-chang I-chi (*Jinne Osho Ishu*).
Ho-tse Shen-hui (Kataku Jinne), 668-770.
Tun-huang MS, Pelliot 3047 et 3488.
Ed. Hu Shih. Oriental Book Co., Shanghaï, 1930.
Trad. Gernet (1).

Shobo Genzo.
Dogen Zenji, 1200-1253.
Ed. Kunihiko Hashida. Sankibo Busshorin, Tokyo, 1939.
Également in *Dogen Zenji Zenshu*, pp. 3-472.
Shinjusha, Tokyo, 1940.

Wu-men Kuan (*Mumon Kan*).
Wu-men Hui-k'ai (Mumon Ekai), 1184-1260.
Taisho 2005.
Trad. Senzaki & Reps (1), Ogata (1), et Dumoulin (1).

2. Ouvrages en langues européennes.

Anesaki, M., *History of Japanese Religion.* Kegan Paul, London, 1930.

Benoit, H., *The Supreme Doctrine.* Pantheon, New York, et Routledge, London, 1955.

Blyth, R. H. (1), *Zen in English Literature and Oriental Classics.* Hokuseido, Tokyo, 1948.
(2) *Haiku.* 4 vols. Hokuseido, Tokyo, 1949-1952.
(3) *Buddhist Sermons on Christian Texts.* Kokudosha, Tokyo, 1952.
(4) " Ikkyu's Doka ", *The Young East,* vols. II. 2 à III. 9. Tokyo, 1952-1954.

Chapin, H. B., " The Ch'an Master Pu-tai ", *Journal of the American Oriental Society,* vol. LIII, pp. 47-52.

Chu Ch'an (Blofeld, J.) (1), *The Huang Po Doctrine of Universal Mind.* Buddhist Society, London, 1947.
(2) *The Path to Sudden Attainment.* Buddhist Society, London, 1948.

Ch'u Ta-kao, *Tao Te Ching.* Buddhist Society, London, 1937.

Conze, E. (1), *Buddhism: Its Essence and Development.* Cassirer, Oxford, 1953. Trad. franç. *Le Bouddhisme dans son essence et son développement.* Payot, Paris.
(2) *Buddhist Texts Through the Ages.* Édité avec I. B. Horner, D. Snellgrove et A. Waley. Cassirer, Oxford, 1954.
(3) *Selected Sayings from the Perfection of Wisdom.* Buddhist Society, London, 1955.

COOMARASWAMY, A. K., " Who Is Satan and Where Is Hell? " *The Review of Religion*, vol. XII. 1, pp. 76-87. New York, 1947.

DEMIÉVILLE, P. (1), *Hobogirin*. 4 fasc. Édité avec S. Levi et J. Takakysu. Maison Franco-japonaise, Tokyo, 1928-1931.
(2) *Le Concile de Lhasa*. vol. I. Imprimerie Nationale de France, Paris, 1952.

DUMOULIN, H. (1), " Das Wu-men-kuan oder Der Pass ohne Tor ", *Monumenta Serica*, vol. VIII, 1943.
(2) " Bodhidharma und die Anfänge des Ch'an Buddhismus ", *Monumenta Nipponica*, vol. VII. 1951.

DUMOULIN, H., & SASAKI, R. F., *The Development of Chinese Zen after the Sixth Patriarch*. First Zen Institute, New York, 1953.

DUYVENDAK, J. J. L., *Tao Te Ching*. Murray, London, 1954.

ELIOT, SIR C., *Japanese Buddhism*. Arnold, London, 1935.

FIRST ZEN INSTITUTE OF AMERICA (1), *Cat's Yawn*, 1940-1941. First Zen Institute, New York, 1947.
(2) *Zen Notes*. First Zen Institute, New York, dès janvier 1954.

FONG YEOU-LAN (1), *Précis d'histoire de la philosophie chinoise*. Trad. française. Payot, Paris, 1953.
(2) *The Spirit of Chinese philosophy*. Tr. E. R. Hughes. Kegan Paul, London, 1947.

GATENBY, E. V., *The Cloud Men of Yamato*. Murray, London, 1929.

GERNET, J. (1), " Entretiens du Maître de Dhyana Chen-houei du Ho-tsö ", *Publications de l'École Française d'Extrême-Orient*, vol. XXXI. 1949.
(2) " Biographie du Maître Chen-houei du Ho-tsö ", *Journal Asiatique*, 1951.
(3) " Entretiens du Maître Ling-yeou du Kouei-chan ", *Bulletin de l'École Française d'Extrême-Orient*, vol. XLV. 1. 1951.

GILES, H. A., *Chuang-tzu*. Kelly & Walsh, Shanghaï, 1926,

GILES, L., *Taoist Teachings*. Trad. de Lieh-tzu. Murray. London, 1925.

GROSSE, E., *Die Ostasiatische Tuschmalerei*. Cassirer, Berlin, 1923.

HARRISON, E. J., *The Fighting Spirit of Japan*. Unwin, London, 1913.

HERRIGEL, E., *Zen in the Art of Archery*. Pantheon, New York, 1953.

HUMPHREYS, C., *Zen Buddhism*. Heinemann, London, 1949.

Hu Shih (1), " The Development of Zen Buddhism in China ", *Chinese Political and Social Review*, vol. XV. 4. 1932.
(2) " Ch'an (Zen) Buddhism in China, Its History and Methods ", *Philosophy East and West*, vol. III. 1. Honolulu, 1953.

Keith, Sir A. B., *Buddhist Philosophy in India and Ceylon*. Oxford, 1923.

Liebenthal, W., " The Book of Chao ", *Monumenta Serica*, Monog., XIII. Pékin, 1948.

Lin Yutang, *The Wisdom of Lao-tse*. Modern Library, New York, 1948.

Linssen, R., *Essais sur le Bouddhisme en général et sur le Zen en particulier*. 2 vols. Éditions Être Libre, Bruxelles, 1954.

Masunaga, R., " The Standpoint of Dogen and His Treatise on Time ", *Religion East and West*, vol. I. Université de Tokyo, 1955.

Murti, T. R. V., *The Central Philosophy of Buddhism*. Allen & Unwin, London, 1955.

Needham, J., *Science and Civilization in China*. Cambridge University Press, 1954 et suiv.

Nukariya, K., *The Religion of the Samurai*. Luzac, London, 1913.

Ogata, S., *Guide to Zen Practice*. Traduction partielle du *Mu-mon Kan*. Bukkasha, Kyoto, 1934.

Ohasama, S., & Faust, A., *Zen, der lebendige Buddhismus in Japan*. Gotha, 1925.

Okakura, K., *Le Livre du Thé*. Trad. franç. Payot, Paris.

Pelliot, P., " Notes sur quelques artistes des Six Dynasties et des T'ang ", *T'oung Pao*, vol. XXII. 1923.

Rousselle, E., " Liu-tsu T'an-ching ", *Sinica*, vols. V, VI & XI. 1930, 1931, 1936.

Sasaki, T., *Zen : With Special Reference to Soto Zen*. Soto Sect Headquarters, Tokyo, 1955.

Sengai, *India-Ink Drawings*. Oakland Museum, Oakland, 1956.

Senzaki, N., *Zen Meditation*. Bukkasha, Kyoto, 1936.

Senzaki, N., & McCandless, R., *Buddhism and Zen*. Philosophical Library, New York, 1953.

Senzaki, N., & Reps, P. (1), *The Gateless Gate*. Traduction du *Mu-mon Kan*. Murray, Los Angeles, 1934.
(2) *101 Zen Stories*. McKay, Philadelphia, s. d.

Siren, O., " Zen Buddhism and Its Relation to Art ", *Theosophical Path*. Point Loma, Calif., octobre 1934.

SOGEN ASAHINA, *Zen.* Sakane, Tokyo, 1954.

SOROKIN, P., (éd.), *Forms and Techniques of Altruistic and Spiritual Growth.* Beacon Press, Boston, 1954.

SOYEN SHAKU, *Sermons of a Buddhist Abbot.* Open Court, Chicago, 1906.

STCHERBATSKY, TH., *The Conception of Buddhist Nirvana.* Leningrad, 1927.

STEINILBER-OBERLIN, E., & MATSUO, K., *The Buddhist Sects of Japan.* Allen & Unwin, London, 1938.

SUZUKI, D. T. (1), *Essays in Zen Buddhism.* 3 vol. Luzac, London, 1927, 1933, 1934. Réimpr., Rider, London, 1949, 1950, 1951.
(2) *Studies in the Lankavatara Sutra.* Routledge, London, 1930.
(3) *The Lankavatara Sutra.* Routledge, London, 1932. Réimpr., 1956.
(4) *Introduction to Zen Buddhism.* Kyoto, 1934. Réimpr., Philosophical Library, New York, 1949.
(5) *Training of the Zen Buddhist Monk.* Eastern Buddhist Society, Kyoto, 1934.
(6) *Manual of Zen Buddhism.* Kyoto, 1935. Réimpr., Rider, London, 1950.
(7) *Zen Buddhism and Its Influence on Japanese Culture.* Eastern Buddhist Society, Kyoto, 1938.
(8) *The Essence of Buddhism.* Buddhist Society, London, 1947.
(9) *The Zen Doctrine of No-Mind.* Rider, London, 1949.
(10) *Living by Zen.* Rider, London, 1950.
(11) *Studies in Zen.* Rider, London, 1955.
(12) " Professor Rudolph Otto on Zen Buddhism ", *Eastern Buddhist,* vol. III, pp. 93-116.
(13) " Zen Buddhism on Immortality. An Extract from the Hekiganshu ", *Eastern Buddhist,* vol. III, pp. 213-23.
(14) " The Recovery of a Lost MS on the History of Zen in China ", *Eastern Buddhist,* vol. IV, pp. 199-298.
(15) " Ignorance and World Fellowship ", *Faiths and Fellowship.* Watkins, London, 1937.
(16) " Buddhist Symbolism ", *Symbols and Values.* Harper, New York, 1954.
(17) " Zen and Pragmatism ", *Philosophy East and West,* vol. IV. 2. Honolulu, 1954.
(18) " The Awakening of a New Consciousness in Zen ", *Eranos-Jahrbuch,* vol. XXIII. Rhein Verlag, Zürich, 1955.

TAKAKUSU, J., *Essentials of Buddhist Philosophy.* University of Hawaii, Honolulu, 1947.

WALEY, A., *Zen Buddhism and Its Relation to Art.* Luzac, London, 1922.

WATTS, A. W. (1), *The Spirit of Zen*. Murray, London, 1936. 2e éd., 1955.
(2) *Zen Buddhism*. Buddhist Society, London, 1947.
(3) *Zen*. Delkin, Stanford, 1948.
(4) *The Way of Liberation in Zen Buddhism*. American Academy of Asian Studies, San Francisco, 1955.
(5) " The Problem of Faith and Works in Buddhism ", *Review of Religion*, vol. V. 4. New York, mai 1941.

WENTZ, W. Y. E., *Tibetan Yoga and Secret Doctrines*. Oxford, 1935.

WILHELM, R. (1), *The Secret of the Golden Flower*. Traduction du *T'ai I Chin Hua Tsung Chih*, avec un commentaire de C. G. Jung. Kegan Paul, London, 1931.
(2) *The I Ching or Book of Changes*. 2 vols. Tr. Cary Baynes. Pantheon, New York, 1950.

WONG MOU-LAM, *The Sutra of Wai Lang* (*Hui-neng*) Luzac, London, 1944.

TEXTES CHINOIS

(*Lire horizontalement de gauche à droite*)

I. 1. LA PHILOSOPHIE DU TAO

[a] 人 [b] 自然 [c] 道 [d] 念 [e] 德

[f] 道可道非常道 [g] 精 [h] 爲

[i] 無爲 [j] 道法自然 [k] 玄

[l] 有一物上拄天下拄地。

黑似漆。常在動用中。 [m] 素

[n] 仁 [o] 悟 [p] 横心之所念 [q] 無心

[r] 心 [s] 无 [t] 本心 [u] 佛心 [v] 信心

I. 2. LES ORIGINES DU BOUDDHISME

[a] 仁 [b] 義 [c] 禪

I. 3. LE BOUDDHISME MAHAYANA

[a] 不生不滅 [b] 四法界

[c] 事 [d] 理 [e] 理事無礙
[f] 事事無礙

I. 4. ORIGINE ET DÉVELOPPEMENT DU BOUDDHISME ZEN

[a] 直指 [b] 頓悟 [c] 格義 [d] 坐禪
[e] 帝問如何是聖諦第一義、師曰廓然無聖、帝曰對朕者誰、師曰不識。 [f] 壁觀
[g] 二祖云、弟子心未安、乞師安心。磨云、將心來爲汝安。祖云、覓心了不可得。磨云、爲汝安心竟。 [h] 問答
[i] 教外別傳、
不立文字、

直指人心、
見性成佛。
[1]至道無難、唯嫌揀擇。
任性合道、逍遙絶惱、
繫念乖真。勿惡六塵、
六塵不惡、還同正覺、
智者無爲、愚人自縛。
將心用心、豈非大錯。
[k]來禮師曰、乞與解脱法門、
師曰、誰縛汝、曰無人縛、師
曰、何更求解脱乎。
[1]身是菩提樹、心如明鏡臺、
時時勤拂拭、莫使惹塵埃。

菩提本無樹、心鏡亦非臺、
本來無一物、何處惹塵埃、
來去自由通用無滯即是
般若三昧自在解脫名無
念行。若百物不思當令念
絕即是法縛即名邊見。
住心觀淨是病非禪。長坐
拘身於理何益。
起心著淨却生淨妄。何名
坐禪此法門中無障無礙
外於一切善惡境界、心念
不起名爲坐。
若有人問汝義問有將無對。

問無將有對、問凡以聖對、
問聖以凡對。二道相因生
中道義、汝一問一對。

[r]君不見絕學無爲道人、
不除妄想不求眞
無明實性即佛性、
幻化空身即法身。

[s]往問曰、大德坐禪圖什麼、
一曰、圖作佛、師乃取一塼
於彼庵前石上磨。一曰、師
作什麼。師曰、磨作鏡。一曰、
磨塼豈得成鏡耶。師曰、坐
禪豈成佛耶。 [t]唱

道不屬修若言修得修
成還壞即同聲聞若言不
修即同凡 泉云、平常心是
道。趙州云、還可趣向否。泉云、
擬向即乖。無 僧 雲水
無事 山僧與麼說意在什
麼處、祇爲道流一切馳求
心不能歇、止他古人閑機
境、道流取山僧見處坐斷
報化佛頭十地滿心猶如
客作兒等妙二覺擔枷
鎖漢羅 漢辟支猶如廁穢
菩提涅槃如繫驢橛。

佛法無用功處、祇是平常無事、屙屎送尿著衣喫飯困來即臥愚人笑我智乃知。你且隨處作主立處皆眞境來回換不得、縱有從來習氣五無間業自爲解脫大海。心外無法內亦不可得、求什麼物、你諸方言道有修有證、莫錯設有修得者皆是生死業、你言六度萬行齊修、我見皆是造業、求佛求法即是造地獄業。[bb]五位 [cc]正 [dd]偏
[ee]公案 [ff]疑情 [gg]汝學坐禪爲

學坐佛、若學坐禪禪非坐臥、
若學坐佛佛非定相於無住.
法不應取捨汝若坐佛即是
殺佛若執坐相非達其理。

[hh]生來坐不臥、
死去臥不坐、
元是臭骨頭。

II. 1. VIDE ET MERVEILLEUX

[a]至道無難、唯嫌揀擇、
但莫憎愛、洞然明白、
毫釐有差 天地懸隔、
欲得現前、莫存順逆、
違順相爭、是爲心病。

[b]受災如受福、受降如受敵。

[c]黃昏雞報曉、半夜日頭明。

[d]問終日著衣喫飯、如何免得著衣喫飯、師云著衣喫飯、進云不會、師云不會即著衣喫飯。

[e]寒即圍爐向猛火、
熱即竹林溪畔坐。

[f]雨中看杲日、火裏酌清泉。

[g]樹呈風體態、波弄月精神。

[h]經云但以衆法合成此身、起時唯法起、滅時唯法滅、此法起時不言我起、滅時

不言我滅、前念後念中念念念不相待念念寂滅。

[i]春色無高下、花枝自短長。

[j]長者長法身、短者短法身。

[k]老僧三十年前未參禪時、見山是山、見水是水、及至後來親見知識、有箇入處、見山不是山、見水不是水、而今得箇體歇處、依然見山秪是山、見水秪是水。

[l]空劫之時無一切名字、佛纔出世來便有名字、所以取相、大道一切實無凡聖、

普有名字皆屬限量、所以江西老宿云、不是心不是佛不是物。[m]汝但無事於心無心於事則虛而靈空而妙。

[n]宗門七縱八橫殺活臨時、僧便問、如何是殺、師云、冬去春來、僧云、冬去春來時如何、師云、橫擔拄杖、東西南北、一任打野榸。

[o]神通並妙用運水及搬柴。

II. 2. « ASSIS PAISIBLEMENT, SANS RIEN FAIRE »

[a]如刀能割不自割、
如眼能看不自看。

[b]兀然無事坐、春來草自生。

[c]青山自青山、白雲自白雲。

[d]妙用 [e]不可以有心得、
不可以無心求。

[f]去 [g]不生 [h]若虛空勿涯岸
不離當処常湛然、覓即知君
不可見、取不得、捨不得、不可
得中、只麼得、默時說、說時默、
大施門開無擁塞。

[i]一擊忘所知、更不假修治、
動容揚古路。

[j]不信只看八九月、
紛紛黃葉滿山川。

[k]相見呵呵笑、園林落葉多。
[l]若是本分人、須是有驅耕
夫之牛、奪飢人之食底手脚。
[m]驀直去 [n]念 [o]任運著衣裳、
要行即行、要坐即坐、無一念
心希求佛果。你諸方言道有
修有證、莫錯。設有修得者皆
是生死業。你言六度萬行齊
修、我見皆是造業、求佛求法
即是造地獄業、求菩薩亦是
造業、看經看教亦是造業、佛
與祖師是無事人。諸方說有
道可修有法可證、何法修何

道、你今用處欠少什麼物、
修補何處。
[p]爭如著衣喫飲、
此外更無佛祖。
[q]識得本心本性、
正是宗門大病。
[r]入林不動草、入水不立波。
[s]護生須是殺、殺盡始安居。
[t]一句定乾坤、一劍平天下。
[u]若人修道道不行、萬般邪境
競頭生、智劍出來無一物。

II. 3. ZA-ZEN ET LE KOAN

[a]本証妙修 [b]體 [c]用 [d]法身、

機關、言詮、難透、五位。

[e]孤掌難鳴 [f]有時奪人不奪境、有時奪境不奪人、有時人境俱奪、有時人境俱不奪。

[g]移花兼蝶到、達磨道不知。

II. 4. LE ZEN DANS L'ART

[a]易 [b]江月照松風吹、

永夜清宵何所爲。

[c]寂 [d]侘 [e]哀 [f]幽玄 [g]風流

[h]風穴和尚因僧問、語默涉離

微如何通不犯、穴云、

長憶江南三月裏、

鷓鴣啼處百花香。

[i]風定花猶落、鳥鳴山更幽。

[j]破鏡不重照、落花難上枝。

[k]無有生相剎那無有滅相、更無生滅可滅是則寂滅現前、當現前時亦無現前之量乃爲常樂。

Table des matières

Petite Bibliothèque Payot / nouvelle présentation

Sigmund Freud
Cinq leçons sur la psychanalyse, *suivi de* Contribution à l'histoire du mouvement psychanalytique / **1**

Marthe Robert
La révolution psychanalytique. La vie et l'œuvre de Freud / **2**

John Kenneth Galbraith, La crise économique de 1929 / **3**

Blandine Barret-Kriegel, L'État et les esclaves / **4**

Gérard Mendel, Pour décoloniser l'enfant / **5**

Johan Huizinga, L'automne du Moyen Age / **6**

Paul Diel, Le symbolisme dans la mythologie grecque / **7**

Jean-Paul Aron, Le mangeur du XIXe siècle / **8**

Sigmund Freud, Totem et tabou / **9**

Léon Chertok, L'hypnose / **10**

Sigmund Freud, Psychopathologie de la vie quotidienne / **11**

Gershom G. Scholem, La Kabbale et sa symbolique / **12**

Marcel Mauss, Manuel d'ethnographie / **13**

François Rivenc, Introduction à la logique / **14**

Sigmund Freud, Essais de psychanalyse / **15**

Sigmund Freud, Introduction à la psychanalyse / **16**

Erich Fromm, Le langage oublié / **17**

Mélanie Klein / Joan Riviere, L'amour et la haine / **18**

Paul Diel, Éducation et rééducation / **19**

Paul Diel, Le symbolisme dans la Bible / **20**

Commission « Efficacité de l'État » du Xe Plan présidée par **François de Closets,** Le pari de la responsabilité / **21**

Otto Rank, Le traumatisme de la naissance / **22**

Otto Rank, Don Juan, *suivi de* Le double / **23**

John Maynard Keynes
Essais sur la monnaie et l'économie / **24**

Albert Einstein, La relativité / **25**

Alfred Adler, Connaissance de l'homme / **26**

Sigmund Freud/William C. Bullitt
Le Président T. W. Wilson. Portrait psychologique/**27**

Bronislaw Malinowski
La sexualité et sa répression dans les sociétés primitives/**28**

Wilhelm Reich, Écoute, petit homme !/**29**

Margaret Mahler, Psychose infantile/**30**

Noam Chomsky, Le langage et la pensée/**31**

Paul C. Racamier, Les schizophrènes/**32**

Konrad Lorenz
Évolution et modification du comportement/**33**

Élisabeth Labrousse, La révocation de l'Édit de Nantes/**34**

Moses I. Finley
Démocratie antique et démocratie moderne/**35**

Christian David, L'état amoureux/**36**

Eric Berne, Analyse transactionnelle et psychothérapie/**37**

Albert Schweitzer, Les grands penseurs de l'Inde/**38**

Walter Benjamin, Charles Baudelaire/**39**

A. de Mijolla/S. A. Shentoub
Pour une psychanalyse de l'alcoolisme/**40**

Pierre Avril, Essais sur les partis politiques/**41**

Constantin Stanislavski, La formation de l'acteur/**42**

Piera Aulagnier, Un interprète en quête de sens/**43**

Michael Balint, Le défaut fondamental/**44**

Jean-G. Lemaire, La relaxation/**45**

Marie Moscovici, Il est arrivé quelque chose/**46**

Alfred Adler, Le sens de la vie/**47**

James G. Frazer, Mythes sur l'origine du feu/**48**

Robert Löwie, Histoire de l'ethnologie classique/**49**

D. W. Winnicott, L'enfant et sa famille/**50**

Ella Maillart, La voie cruelle/**51** (Voyageurs)

Colin Thubron, Les Russes/**52** (Voyageurs)

Nicolas Bouvier, Chronique japonaise/**53** (Voyageurs)

Redmond O'Hanlon, Au cœur de Bornéo/**54** (Voyageurs)

Gilles Lapouge, Les pirates/**55** (Voyageurs)

Louis Garneray, Corsaire de la République/**56** (Voyageurs)

Robert Louis Stevenson
La route de Silverado/**57** (Voyageurs)

Richard F. Burton/John Speke
Aux sources du Nil/**58** (Voyageurs)

Helen A. Keller, Sourde, muette, aveugle/**59** (Documents)

François Boureau, Contrôlez votre douleur/**60** (Documents)

Rabindranath Tagore
La maison et le monde/**61** (Documents)

Marc Ferro, Nicolas II/**62** (Documents)

Paul Kennedy
Naissance et déclin des grandes puissances/**63** (Documents)

Ernest Aeppli
Les rêves et leur interprétation/**64** (Documents)

A. Cohen, Le Talmud/**65**

Paul Diel, Psychologie de la motivation/**66**

Hélène Deutsch, Problèmes de l'adolescence/**67**

Erich Fromm, Le cœur de l'homme/**68**

Mirko Grmek, Claude Bernard/**69**

Alan W. Watts, Le bouddhisme/**70**

Paul Diel, La divinité/**71**

Ella Maillart
Des monts célestes aux sables rouges/**72** (Voyageurs)

Evelyn Waugh, Bagages enregistrés/**73** Voyageurs)

T. Berry Brazelton, Écoutez votre enfant/**74** (Documents)

Marina Yaguello, Les mots et les femmes/**75** (Documents)

Jérôme Spycket, Clara Haskil/**76** (Documents)

Régis Boyer, La saga de saint Olaf/**77** (Documents)

Paul Diel, La peur et l'angoisse/**78** (Documents)

Peter Fleming, Courrier de Tartarie/**79** (Voyageurs)

Louis Garneray, Le négrier de Zanzibar/**80** (Voyageurs)

Ouvrage imprimé sur presse CAMERON,
dans les ateliers de la S.E.P.C.
à Saint-Amand-Montrond (Cher)
en octobre 1991

ISBN 2-228-88449-9

— N° d'impression : 2300. —
Dépôt légal : novembre 1991.

Imprimé en France